Vivere la memoria

Michela Meschini / Gabriella Romani (a cura di)

Vivere la memoria

Edith Bruck tra letteratura, cinema, teatro

PETER LANG

Berlin · Bruxelles · Chennai · Lausanne · New York · Oxford

Bibliographic Information published by the Deutsche Nationalbibliothek
The Deutsche Nationalbibliothek lists this publication in the Deutsche Nationalbibliografie; detailed bibliographic data is available in the internet at http://dnb.d-nb.de.

Cover image credits:
The two smaller photographs of Edith Bruck in her younger years (top left and bottom left) are by Nelo Risi. The larger photograph (right) is by Michela Meschini.

Questo volume è stato pubblicato con il generoso contributo del Dipartimento di Studi umanistici dell'Università degli Studi di Macerata e di The Charles and Joan Alberto Italian Studies Institute, e con il patrocinio della Fondazione Centro di Documentazione Ebraica Contemporanea.

This volume is published with the generous contribution of the Dipartimento di Studi umanistici dell'Università degli Studi di Macerata and The Charles and Joan Alberto Italian Studies Institute, and with the support of the Fondazione Centro di Documentazione Ebraica Contemporanea.

Fondazione Centro di Documentazione Ebraica Contemporanea

978-3-631-90175-5 (Print)
978-3-631-90225-7 (E-PDF)
978-3-631-90226-4 (E-PUB)
DOI 10.3726/b20850

© 2025 Peter Lang Group AG, Lausanne (Switzerland)
Published by Peter Lang GmbH, Berlin (Germany)
info@peterlang.com

All rights reserved.
All parts of this publication are protected by copyright.
Any utilization outside the strict limits of the copyright law, without the permission of the publisher, is forbidden and liable to prosecution.
This applies in particular to reproductions, translations, microfilming, and storage and processing in electronic retrieval systems.

www.peterlang.com

Indice

Introduzione   7
Michela Meschini e Gabriella Romani

I. NEL NOME DELLA MADRE: MEMORIA, SCRITTURA, ESPERIENZA

Maternità e scrittura nell'opera di Edith Bruck   23
Adalgisa Giorgio

Il trauma della rinascita in *Lettera alla madre*   43
Jonathan Druker

Agire la nascita. La memoria letteraria di Edith Bruck   61
Natascia Mattucci

Maternità e corporeità femminile nell'opera di Edith Bruck.
Una prospettiva di genere tra memoria e ricerca del sé   75
Carla Carotenuto

II. UNA NARRATIVA FUORI DAGLI SCHEMI: LINGUA, POETICA, CRITICA

Chi ti parla così: la "lingua non mia" di Edith Bruck   91
Attilio Motta

Lettera da Francoforte: il dolore burocratico dopo Auschwitz   109
Chiara Nannicini

Un lungo racconto nutrito di poesia.
I versi dispersi nella narrativa di Edith Bruck 125
Michela Meschini

Il 'caso Bruck:' la ricezione critica dell'opera di
Edith Bruck in Italia e all'estero 147
Gabriella Romani

III. OLTRE LA NARRATIVA: TESTIMONIARE CON LA POESIA, IL TEATRO, IL CINEMA

"C'era una volta Auschwitz." La 'poesia vissuta' di Edith Bruck 169
Enza Biagini

Il teatro di Edith Bruck: una prima ricognizione 187
Eugenio Murrali

La parola si fa immagine. Il lavoro di Edith Bruck per il cinema 203
Denis Brotto

Note sugli autori 221

Indice dei nomi 227

Introduzione

Michela Meschini e Gabriella Romani

Ma anche i libri sono fatti di sangue e carne, mamma.
In specie i miei non sono frutti mentali.
(BRUCK 1988, 53)

Loro non sapevano e non avrebbero mai saputo
quanto fiato poteva avere una sopravvissuta.
(BRUCK 1995, 156)

Nella sua testa di notte si rincorrevano tanti pensieri, piani,
e una riserva di speranza, ma le sarebbero bastati per tutta la vita?
(BRUCK 2021a, 18)

Non è facile trovare modelli di riferimento per illustrare la vicenda letteraria di Edith Bruck, contrassegnata da aspetti di singolarità estetica e biografica che inducono a ipotizzare un carattere di unicità della figura dell'autrice nel panorama letterario contemporaneo. Dotata di quel 'dono della parola' che fa da sottotitolo a uno dei suoi libri più letti, la 'signora Auschwitz' della letteratura italiana ha progressivamente edificato, in oltre mezzo secolo di attività, un *corpus* prezioso che annovera più di trenta opere fra romanzi, racconti, testimonianze, raccolte poetiche e *piéces* teatrali, cui si aggiungono film e documentari per il cinema e la televisione. A far da collante a una produzione sorprendente, non solo per l'estensione cronologica ma anche per la ramificazione espressiva che la connota, è una durevole unità di ispirazione e contenuti che trova nella memoria della Shoah la sua motivazione più profonda. L'esperienza del male estremo, con cui l'autrice appena adolescente ha dovuto confrontarsi, è all'origine di un'incessante e multiforme narrazione, finalizzata a tenere in vita la memoria di un trauma incancellabile, che può essere esorcizzato solo nella reiterazione di un gesto narrativo che non cessi mai di interrogarne e riorientarne il senso nel presente. Un crimine imprescrittibile è stato perpetrato ad Auschwitz, un crimine che resta rilevante nel tempo e che non può essere mai archiviato, così afferma Vladimir

Jankélévitch, osservando come sia proprio l'insondabilità del perverso sistema concentrazionario nazista a provocare "una meditazione inesauribile," dal momento che "[n]on si finisce mai di approfondire questo mistero della malvagità gratuita" (Jankélévitch 1987, 22). Altrettanto imprescrittibile è il diritto al racconto per i sopravvissuti. La ferita inguaribile che Auschwitz ha aperto nelle loro esistenze chiede di essere continuamente riscritta, raccontata, ricordata. Ed è nel quadro di questa aporia narrativa, dove convivono l'ineffabilità del trauma e la sua incessante narrazione, la dolorosa difficoltà di testimoniare e la sua insopprimibile necessità, che si articola l'opera di Bruck nel suo insieme, offrendo spazi di riflessione etica e poetica che si propongono quali lasciti di un patrimonio immateriale affidato dalla scrittrice alle nuove generazioni. Alla nota formula adorniana sulla barbarie della poesia dopo Auschwitz (cfr. Adorno 1972, 22) – un concetto spesso frainteso e ridotto erroneamente all'impossibilità di creare cultura dopo la tragedia della Shoah – Bruck reagisce dialetticamente con un forte impegno etico e civile, nella convinzione che la testimonianza, sentita come un bisogno fisiologico e vissuta come un dovere irrinunciabile, possa trovare nell'espressione artistica nuova linfa vitale.

Come la maggior parte delle autrici e degli autori sopravvissuti al sistema concentrazionario nazista, anche Edith Bruck (nata Steinschreiber) comincia a scrivere all'indomani della liberazione: spinta dall'urgenza di disintossicarsi del male dei campi, racconta al mondo disattento e indifferente quanto l'apprendistato di Auschwitz, la terribile Università del male, le aveva insegnato sull'umanità e sul mondo. Per il primo libro dato alle stampe nel 1959, il romanzo-*memoir Chi ti ama così*, l'autrice, nata in Ungheria nel 1931 e lì vissuta fino alla deportazione nel 1944, sceglie la lingua italiana, la quale diventerà lo strumento indispensabile per raccontare e raccontarsi nei decenni successivi, fino ad oggi.

L'urgenza testimoniale provocata dal vissuto concentrazionario non si spegne con il romanzo d'esordio, ma al contrario trae da esso maggior slancio e si trasforma nella scelta di una missione narrativa che è inseparabile dalla sopravvivenza e accompagna interamente il percorso di vita di Bruck dopo Auschwitz. Da tale missione è scaturito un lungo e articolato racconto dell'esperienza concentrazionaria che non ha eguali, per estensione e varietà espressiva, in altre autrici e autori europei reduci dai campi. L'unico paragone plausibile è forse solo con l'esperienza letteraria e testimoniale di Primo Levi, il 'fratello del lager,' il compagno di testimonianza, l'amico scrittore. L'autore di *Se questo è un uomo* è spesso evocato da Bruck nelle sue opere, specie in quelle concepite e scritte a ridosso della sua improvvisa scomparsa, le quali ne richiamano la presenza fantasmatica nella cornice di sofferti monologhi sul rapporto inseparabile tra sopravvivenza e testimonianza (cfr. Bruck 1988, 81-82; 88-91).

Benché diversi per temperamento, estrazione sociale e paese di origine, Levi e Bruck, entrambi sopravvissuti alla prigionia ad Auschwitz, ma con diversi vissuti concentrazionari, si troveranno a seguire un percorso affine in quella missione narrativa cui si accennava sopra. Entrambi iniziano infatti a scrivere immediatamente dopo la liberazione, obbedendo a un'idea e a un bisogno concepiti nei lager; entrambi raggiungono una *readership* sul finire degli anni Cinquanta, un momento che coincide con un cambio di passo dell'attenzione sociale ed editoriale nei confronti delle testimonianze sui campi (cfr. Gordon 2012, 56-63). *Chi ti ama così* di Bruck esce nel 1959 per i tipi della casa editrice Lerici, nella collana "Narratori" diretta da Mario Luzi e Romano Bilenchi, ma il *memoir* è stato concepito nel primissimo dopoguerra in ungherese e solo dopo varie vicissitudini e riscritture vede la luce in italiano. *Se questo è un uomo* di Levi, sebbene già pubblicato nel 1947 dalla piccola casa editrice De Silva di Franco Antonicelli, rimane sostanzialmente sconosciuto al grande pubblico dei lettori fino all'edizione Einaudi del 1958, un'edizione che inaugura l'ingresso di Levi nel catalogo della autorevole casa editrice torinese e al contempo segna l'avvio della sua affermazione nazionale e internazionale come il maggior interprete letterario della Shoah. Nel 1962 Bruck pubblica, sempre per Lerici, la raccolta di racconti *Andremo in città* e l'anno dopo Einaudi pubblica *La tregua* di Levi, opere che confermano l'impegno dei due sopravvissuti a continuare a scrivere e trovare proprio nella letteratura il medium più idoneo per raccontare la loro esperienza concentrazionaria. Levi, come è ben noto, abbandonerà la professione di chimico verso la fine degli anni Settanta per dedicarsi completamente alla scrittura fino alla sua tragica scomparsa nel 1987 e la stessa Bruck, pur praticando diverse attività professionali nel corso della sua vita, tra cui quella di giornalista e regista, non verrà mai meno al suo impegno a testimoniare attraverso la scrittura, come dimostra il suo ultimo volume uscito nel 2024, intitolato *I frutti della memoria. La mia testimonianza nelle scuole*.

Sin dall'esordio letterario si crea tra Levi e Bruck un rapporto di profonda stima reciproca e affinità elettiva che porterà i due scrittori a frequentarsi e a confrontarsi su alcune delle questioni dirimenti alla loro identità di sopravvissuti: il lavoro di testimonianza nelle scuole italiane, la scrittura come forma di produzione di memoria e reazione alle emergenti forze negazioniste, il rapporto della diaspora ebraica europea con Israele, la lingua yiddish e l'ebraismo orientale, argomenti questi ultimi, per i quali Levi aveva maturato negli anni un crescente interesse sfociato, come è noto, nel romanzo *Se non ora, quando?* del 1982.

Come per Levi anche per Bruck è la volontà di far luce su "alcuni aspetti dell'animo umano" (Levi 1958, 9) il centro e il motore dell'incessante narrazione di Auschwitz. Mentre lo scrittore torinese ci offre dell'umanità "uno studio pacato" (Levi 1958, 9) e razionale, scandito da riflessioni antropologiche e filosofiche, Bruck ci propone narrazioni 'affettive,' con una scrittura interrogativa e non dichiarativa, dalla delicata potenza emotiva, dove per emozione non si intende una dimensione irrazionale del sentimento, bensì uno degli elementi costitutivi del pensiero etico, così come dimostrano gli studi filosofici e teorici sulle emozioni (cfr. Heller, Nussbaum, Lombardo) e le applicazioni critiche dell'*affect theory* (cfr. Gregg and Seigworth, Jervis). È nel campo dell'etica, infatti, che la narrativa di Levi e Bruck affonda le proprie radici per avviare un ragionamento sulla natura umana ed esortare i lettori a capire e in qualche modo a 'sentire' empaticamente, oltre che a conoscere, la realtà concentrazionaria da loro descritta.

Rispetto a Levi, si scorge infine una dimensione transnazionale più netta in Bruck, che mette in luce la complessità della sua identità artistica e biografica e la colloca in un contesto di soggettività multipla, mobile e plurilingue. Scrittrice italiana di origine ungherese, Bruck convoglia nella letteratura italiana la cultura dell'ebraismo mitteleuropeo e diventa un punto di incontro e confronto tra più realtà letterarie, per emergere negli ultimi due decenni come portavoce della narrativa contemporanea italiana. Gli studi di genere sulla letteratura concentrazionaria hanno dimostrato inconfutabilmente la specificità della voce femminile e Bruck, con la sua attenzione naturale alla dimensione affettiva della soggettività e con il suo repertorio tematico incentrato sui legami famigliari (il materno e la sorellanza, le dinamiche coniugali, la corporeità, la relazione amorosa), offre descrizioni della sua vita di donna deportata, imprigionata e sopravvissuta che non solo arricchiscono la nostra comprensione complessiva della Shoah ma restituiscono *agency* a chi cerca nella parola un riscatto dalle persecuzioni e sofferenze subite da giovane donna, povera ed ebrea (cfr. Giorgio, Kremer, Lucamante, Ofer e Weitzman).

INTRODUZIONE

In *Signora Auschwitz* la scrittrice descrive il peso della testimonianza come un'eterna gravidanza del 'figlio mostro,' in quanto "a chi ha Auschwitz come inquilino devastatore dentro di sé, scrivendone e parlandone non lo partorirà mai, anzi lo alimenta. Ma come scacciare, liberare il proprio corpo da quel macigno?" (Bruck 1999, 16) La metafora della gravidanza rende bene l'idea di come l'orrore dell'esperienza concentrazionaria non si esaurisca con la liberazione dai campi di sterminio ma pervada l'intera vita della sopravvissuta che, attraverso l'impegno di scrittura e *public speaking*, continua a interrogarsi e a interrogare gli altri non solo su come preservare la memoria senza esserne divorati, ma anche su come creare una memoria culturale, condivisa tra chi ha vissuto in prima persona la tragica esperienza della Shoah e chi può e deve farsene partecipe nel processo di postmemoria. La memoria, così come la postmemoria, rappresentano per Bruck un investimento immaginativo alimentato dalla speranza e dall'impegno a costruire insieme un futuro migliore, secondo un'idea trasformativa della memoria che trova corrispondenza nella riflessione filosofica (cfr. Ricœur 2000). Le 'cinque luci' – rari ma vitali momenti di speranza vissuti durante la prigionia che emergono dalla narrativa e testimonianza di Bruck – rappresentano simbolicamente la necessità dell'incontro con l'altro e la fusione in una condivisa umanità che tenga conto del bene quanto del male, della vita quanto della morte, dei limiti quanto delle opportunità di raccontare gli orrori dell'esperienza concentrazionaria.

Negli ultimi anni la popolarità di Edith Bruck come testimone e *public speaker* è cresciuta notevolmente: le sono state conferite tre lauree honoris causa,[1] numerose cittadinanze onorarie e prestigiosi riconoscimenti pubblici, fra i quali nel 2021 la medaglia all'Ordine al merito della Repubblica italiana e la medaglia dell'Ordine al merito della Repubblica Federale di Germania. Anche l'Ungheria le ha recentemente tributato locali riconoscimenti e alcune iniziative culturali. Le sue opere sono state tradotte in varie lingue europee, tra cui inglese, francese, spagnolo, tedesco, croato e, più recentemente, anche in ebraico. Grazie alle numerose traduzioni la sua opera ha circolato al di fuori

---

[1] Dall'Università di Roma Tre ha ricevuto la Laurea Honoris Causa in Informazione, Editoria e Giornalismo (21 novembre 2018), dall'Università di Macerata in Filologia moderna (24 ottobre 2019), dall'Università di Sassari in Scienze filosofiche (28 settembre 2023).

dei confini italiani. Le traduzioni in inglese di *Chi ti ama così*, *Lettera alla madre* e *Il pane perduto* hanno generato nel mondo accademico anglofono una prima, significativa risposta critica, senza però mai raggiungere un vasto pubblico di lettori, a differenza della Francia, dove è in corso di pubblicazione un'ampia selezione dei suoi libri, tra cui *Il pane perduto* (*Le Pain perdu*) e una raccolta antologica di poesie (*Pourquoi aurais-je survécu? Poèmes*), per la traduzione dell'intellettuale e scrittore René de Ceccatty.

Il successo editoriale de *Il pane perduto* nel 2021 è stato suggellato dall'assegnazione nello stesso anno di importanti premi letterari italiani, come il Premio Strega Giovani e il Premio Viareggio-Rèpaci, seguiti nel 2023 dal Premio Campiello alla carriera. Questi riconoscimenti dimostrano come la testimone non faccia più ombra alla scrittrice, ma al contrario ne consolidi il valore presso il pubblico dei lettori, ai quali si è aggiunto di recente Papa Francesco. La copertura mediatica della visita del Papa alla scrittrice, il 20 febbraio 2021, ha impresso un'accelerazione sostanziale all'*escalation* di popolarità che ha investito Bruck alla soglia dei novant'anni, rendendola un volto noto anche ai non-lettori e corroborando il successo editoriale de *Il pane perduto* che, seppur nei limiti del territorio italiano, può essere considerato un *long-seller*. Tuttavia, malgrado l'autrice sia diventata in Italia una delle voci più influenti sulla Shoah e la sua opera abbia acquisito uno spazio incontestabile nell'editoria italiana e nell'ambito scolastico, l'attenzione del mondo accademico e della critica letteraria continua a latitare. In altre parole, il successo di pubblico e l'incremento della popolarità mediatica ed editoriale non hanno reso giustizia al valore letterario e culturale di una scrittrice rappresentativa di una letteratura diasporica, transnazionale e di genere, sulla quale è sempre più necessaria e urgente una circostanziata e approfondita ricerca critica.

*

Il presente volume è l'esito di tali premesse e si colloca in continuità con il primo convegno accademico interamente dedicato alla figura e all'opera di Bruck – *Le forme della memoria. Edith Bruck tra letteratura, cinema, testimonianza* – che noi curatrici abbiamo organizzato presso l'Università di Macerata il 6-7 ottobre 2022. In quell'occasione, studiosi di varia provenienza disciplinare hanno illustrato le diverse anime espressive dell'autrice, cercando di valutarne la rilevanza nello scenario culturale e letterario contemporaneo, anche attraverso il confronto e il dialogo con la stessa Bruck, la cui partecipazione da remoto ha rappresentato un prezioso momento di confronto e di verifica delle esegesi proposte. La maggioranza dei convegnisti si era precedentemente occupata di alcuni aspetti dell'opera bruckiana, sulla quale però continua a mancare un approccio complessivo in chiave interdisciplinare e transnazionale. Pertanto, nel corso dei lavori è emersa l'opportunità di produrre uno studio critico che esplorasse analiticamente, ma secondo una visione di insieme, i vari ambiti della produzione di Edith Bruck –narrativa, poesia, teatro, cinema, televisione –, relazionandoli al più ampio contesto degli studi storici e filosofici sulla Shoah.

I ruoli di scrittrice e di testimone sono inscindibili nella carriera bruckiana: due identità, due funzioni pubbliche e anche due modi della scrittura che nascono e si evolvono insieme, sostenendosi reciprocamente. È questo assunto di base a guidare la concezione generale del libro, come attesta la formula del titolo che allude esattamente all'impossibilità di dissociare opera e vita, spinta creativa ed esigenza testimoniale. 'Vivere la memoria' implica infatti un'idea mobile e attiva della memoria, intesa non come culto del passato, ma come sua riscrittura, narrazione e risemantizzazione nel presente. Proprio perché vissuta e non monumentalizzata, la memoria, il 'pane quotidiano' di Bruck diventa arte, racconto, opera letteraria. Le indagini qui raccolte, pur tenendo conto di questa polarità costitutiva, evitano di subordinare l'opera alla vita, la scrittrice alla testimone, come spesso succede nel caso della valutazione di autrici e autori sopravvissuti alla Shoah, ma cercano al contrario di restituire alla pratica artistica la sua centralità e rilevanza all'interno della funzione testimoniale.

L'obiettivo principale del volume è infatti quello di stimolare un dibattito critico sulla figura di Edith Bruck, che prenda in esame i vari percorsi espressivi dell'autrice, li ponga in relazione fra di loro e con le coeve pratiche estetiche, interpretandone gli esiti nell'ambito della costruzione e trasmissione della memoria culturale della Shoah, ma anche in riferimento alla scrittura 'al femminile,' alle questioni di genere, all'autobiografia, al translinguismo della letteratura diasporica, agli studi sulla narrazione del trauma, alla teoria della postmemoria. Per il suo carattere 'multiplo,' l'opera di Edith Bruck si offre infatti come luogo di convergenza di temi e questioni centrali negli studi letterari contemporanei a vocazione transnazionale e transdisciplinare, stimolando letture critiche che trascendono la dimensione testimoniale. Attraverso le competenze specifiche messe in campo dalle autrici e dagli autori degli undici saggi inclusi, il volume offre dunque un'indagine a più voci sulla vasta e articolata produzione di Edith Bruck, senza nutrire alcuna pretesa di esaustività (mancano, ad esempio, studi sull'attività giornalistica dell'autrice, sulle sue esperienze traduttive dall'ungherese, sul suo ruolo di *public speaker* e interprete della Shoah, sulle tracce che la cultura dell'ebraismo ashkenazita ha lasciato nella sua opera). La nostra intenzione non è quella di esaurire lo studio del *corpus* bruckiano bensì di inaugurare una nuova fase di riflessione critica all'insegna della comprensività e della polivalenza tematica e disciplinare, in grado di interrogare le relazioni che l'opera di Bruck, nella sua varietà di produzione, instaura con il mondo culturale italiano ed europeo degli ultimi sessant'anni. Quali sono le specificità linguistiche, stilistiche e tematiche della narrativa e poesia di Bruck, sempre fuori dagli schemi ed escluse dal canone letterario nazionale, ma apprezzate dalla critica colta e con un notevole seguito di lettori? Come interpretare la vicenda di una scrittrice di origine straniera che sin dagli anni Sessanta diventa una delle voci più significative della narrativa testimoniale in lingua italiana? In che modo l'opera bruckiana esprime l'attualità della vita culturale e politica italiana degli ultimi decenni e contribuisce al dibattito nazionale e internazionale su temi attinenti tanto alla memoria della Shoah quanto alla disparità sociale, razziale e di genere? Questi sono solo alcuni degli interrogativi sollevati nel presente lavoro critico, al quale ci auguriamo ne seguiranno altri, in grado di ricondurre l'attenzione sui meriti letterari e sulla centralità culturale della scrittrice-testimone.

La ricognizione dell'opera bruckiana è organizzata in tre momenti, corrispondenti alle tre sezioni del volume, attraverso le quali vengono messe a sistema le riflessioni proposte dalle autrici e dagli autori dei saggi. La prima sezione, "Nel nome della madre. Memoria, scrittura, esperienza," raccoglie quattro contributi che esplorano il tema dominante del mondo narrativo e poetico di Bruck, ovvero il fantasma materno, con il suo corollario di motivi – la corporeità femminile, le metafore del parto e della nascita, la solitudine, il dolore, l'amore –, in un percorso che attraversa letteratura, psicoanalisi, filosofia. Il saggio di Adalgisa Giorgio, "Maternità e scrittura nell'opera di Edith Bruck," apre la sezione con una articolata disamina delle immagini della maternità e delle esperienze ad essa associate, quali gravidanza, aborto, nascita, sessualità, amore, ritenute fondative del *gender turn* negli studi sulla Shoah. Secondo la studiosa, maternità e gravidanza agiscono come veri e propri tropi narrativi nell'opera bruckiana e il loro continuo riorientamento nel corso del tempo non è dettato da mere ragioni estetiche ma scaturisce dalla naturale mobilità del vissuto memoriale dell'autrice e, pertanto, reca i segni inequivocabili dei mutamenti e delle trasformazioni sociali intervenute in Italia dagli anni Cinquanta ad oggi. La rielaborazione memoriale della Shoah compiuta attraverso le metafore del materno è funzionale, per Giorgio, alla creazione di una postmemoria culturale affiliativa, in grado di ispirare e guidare le nuove generazioni. Ne "Il trauma della rinascita in *Lettera alla madre*," Jonathan Druker affronta la questione del materno in relazione al 'trauma della rinascita,' attingendo gli strumenti teorici al crescente campo di ricerca dei *trauma studies*, dove la letteratura si trova a interagire con la psicoanalisi e la medicina. Druker considera l'arrivo di Bruck ai cancelli di Birkenau e il trauma della violenta separazione dalla madre il momento della 'rinascita,' cioè dell'inizio di un processo di sopravvivenza che si compie ripetutamente attraverso la scrittura e che consente all'autrice di affermare il valore della vita nonostante l'eredità traumatica dell'Olocausto. In "Agire la nascita. La memoria letteraria di Edith Bruck," Natascia Mattucci mette in comunicazione l'opera bruckiana con la riflessione filosofica di Hannah Arendt, individuando nel gesto narrativo, che accomuna entrambe le autrici, l'antidoto civile e politico contro le pratiche mortifere e liberticide dei regimi totalitari. Mattucci mostra come attraverso la parola letteraria, radicata nel valore civile della memoria, Bruck agisca continuamente la propria nascita, si rimetta al mondo, riviva le proprie origini ben oltre un passato monumentalizzato. A questa dimensione pubblica si accompagna una riflessione privata, quasi intima, che ripara le mutilazioni affettive che la violenza genocidaria ha prodotto. In "Maternità e corporeità femminile nell'opera di Edith Bruck. Una prospettiva di genere tra memoria e ricerca del sé," Carla Carotenuto propone un percorso di indagine sull'identità femminile che prende avvio da *Lettera alla madre*, attraversa narrativa e poesia e si conclude con l'analisi del romanzo *L'attrice*. Secondo Carotenuto, il femminile si esprime potentemente per il tramite di una corporeità che assume valenze plurime nell'opera bruckiana e connota *in primis* la relazione affettiva madre/figlia, ma anche la relazione di coppia e non ultima la realtà dei campi nazisti, dove le significazioni positive del corpo, come dispensatore di cure e di piacere, vengono ribaltate e annullate. Il corpo femminile può essere letto, in ultima istanza, come 'luogo di memoria' e forma di conoscenza in cui convergono le pratiche di ricostruzione del sé.

La seconda sezione, "Una narrativa fuori dagli schemi: lingua, poetica, critica," propone quattro affondi critici su alcuni aspetti ancora poco esplorati, quando non completamente trascurati, della narrativa bruckiana. Le peculiarità linguistico-stilistiche e l'originalità tematica della prosa testimoniano l'autonomia delle scelte espressive dell'autrice, contribuendo a rendere Edith Bruck una voce fuori dal coro nella narrativa italiana, come attesta lo studio di Gabriella Romani proposto nel saggio conclusivo della sezione. In "Chi ti parla così: la 'lingua non mia' di Edith Bruck," Attilio Motta offre una minuziosa ricognizione dei principali tratti linguistici dell'opera d'esordio di Bruck, *Chi ti ama così*, passando al vaglio le scelte lessicali, morfosintattiche e grammaticali compiute dall'autrice nel primo libro scritto in una 'lingua non sua,' l'italiano. Motta individua nell'essenzialità stilistica del *memoir* l'elemento fondamentale per la sua leggibilità e trasparenza testimoniale, ma anche il determinarsi di un'opposizione strutturale tra l'aberrante distorsione dell'ordine morale dei campi e la forma elementare con cui questa viene raccontata. Sotto il profilo stilistico *Chi ti ama così* rappresenta, secondo Motta, un'opera che può essere apparentata alle migliori prove della letteratura concentrazionaria italiana, a cominciare da *Se questo è un uomo* di Levi. In "Lettera da Francoforte: il dolore burocratico dopo Auschwitz," Chiara Nannicini porta l'attenzione sulla 'violenza burocratica' con cui le sopravvissute ebree hanno dovuto confrontarsi nel lungo e faticoso processo di 'reintegrazione' sociale, mettendo a confronto il romanzo di Bruck, *Lettera da Francoforte*, con l'opera di Simone Weil, Charlotte Delbo, Elvia Bergamasco e Liana Millu. Secondo Nannicini *Lettera da Francoforte* costituisce un approccio letterario al tema assolutamente inedito, per il modo in cui Bruck, attraverso specifiche scelte narrative che mirano a coinvolgere il lettore, affronta il soggetto dal punto di vista psicologico ed emotivo, pur ricostruendo al contempo un quadro realistico del contesto storico e dei processi istituzionali legati al riconoscimento dello statuto di ex-deportata. In "Un lungo racconto nutrito di poesia. I versi dispersi nella narrativa di Edith Bruck," Michela Meschini offre una ricognizione dei modi attraverso i quali la poesia penetra nella narrativa bruckiana, andando a tracciare un ideale 'filo poetico' che congiunge le varie opere dell'autrice, condensandone temi, motivi e intenzioni. A partire dall'acclamato *memoir Il pane perduto* e attraverso una scelta di testi rilevanti quanto a intertestualità poetica, Meschini ripercorre le tracce poetiche disseminate nella prosa bruckiana, interrogandone il ruolo e la funzione tematica nel contesto della narrazione di Auschwitz. L'interferenza della poesia con la prosa non è, secondo l'autrice, un elemento secondario della scrittura bruckiana, ma rientra in un progetto letterario che è indissociabile dall'esperienza traumatica della Shoah, nel quale analogamente alla memoria storica anche la memoria poetica è una condizione del racconto e il nutrimento intimo per la rielaborazione di un trauma che non si lascia mai dire fino in fondo. "Il 'caso Bruck:' la ricezione critica dell'opera di Edith Bruck in Italia e all'estero" di Gabriella Romani, che conclude la seconda sezione, analizza il modo in cui i critici in Italia e all'estero hanno accolto la narrativa di Bruck nel corso degli ultimi sessant'anni. Mentre in Italia è stata soprattutto la critica giornalistica ad occuparsi di Bruck, a partire dagli anni Novanta si sviluppa all'estero un considerevole interesse accademico verso l'autrice, ritenuta una delle voci più significative della narrativa italiana contemporanea e della Shoah. Definita spesso dai critici come scrittrice ungherese naturalizzata italiana, piuttosto che scrittrice italiana di origine ungherese, la figura di Bruck non può che interrogarci su come la letteratura italiana ci rappresenta nella contemporaneità, tenendo conto di un contesto sempre più complesso, mobile e ibrido di società globalizzate, non solo in senso economico e geopolitico ma anche culturale. Romani suggerisce una lettura in chiave transnazionale che recupera sia la dimensione nazionale che internazionale del profilo artistico e umano di Bruck.

La terza e ultima sezione, "Oltre la narrativa: testimoniare con la poesia, il teatro, il cinema," include tre studi che estendono il sondaggio critico all'attività poetica di Bruck e alle sue occasionali esperienze di scrittura e regia per il teatro, il cinema e la televisione. In "'C'era un volta Auschwitz.' La 'poesia vissuta' di Edith Bruck," Enza Biagini si sofferma sul patto autobiografico e testimoniale che investe oltre alla narrativa anche la scrittura in versi dell'autrice, tracciando una linea di continuità fra i due generi, fondata sull'aderenza alla verità della sua storia privata e pubblica. Biagini nota altresì come la poesia di Bruck si basi sulla narratività di un linguaggio poetico essenziale e disadorno che si fa strumento di racconto, di testimonianza e di denuncia, ma anche di possibilità di dialogo in assenza, per recuperare quel che resta da dire di una vita tutt'altro che rivolta al passato. Oltre alle raccolte comprese ne *I versi vissuti*, Biagini si sofferma sul poemetto *Specchi* e sulla recente silloge

Tempi, delineando un itinerario poetico che si sostiene su una serrata trama interna di rimandi, riprese, variazioni. "Il teatro di Edith Bruck: una prima ricognizione" di Eugenio Murrali presenta un'indagine introduttiva all'opera drammaturgica e all'attività di Bruck come regista teatrale. Nel ricostruire, attraverso la critica giornalistica, un'esperienza poco nota, circoscritta nel tempo e limitata nella quantità, l'autore offre un quadro dettagliato della realtà del teatro indipendente a Roma negli anni Settanta e mette in rapporto le tre *pièces* teatrali di Bruck con la sua copiosa produzione narrativa, individuando significative continuità tematiche nei motivi della casa e della genitorialità. La prospettiva femminista, nel cui segno si consuma il breve periodo teatrale bruckiano, dà come esito anche un radiodramma sulla suffragetta Emmeline Pankhurst, del quale Murrali fornisce una preziosa descrizione. Dei legami di Bruck con il mondo cinematografico e televisivo si occupa invece Denis Brotto, nel saggio "La parola si fa immagine. Il lavoro di Edith Bruck per il cinema," con cui si concludono la sezione e il volume. Lo studioso offre una visione d'insieme delle forme in cui si è espresso il rapporto di Bruck con il mondo del grande e piccolo schermo, ricostruendone a grandi linee ma con efficace precisione il contesto culturale e produttivo. Brotto si sofferma prima sull'adattamento cinematografico del racconto eponimo di *Andremo in città* per la regia di Nelo Risi, poi sulla realizzazione in veste di regista di due lungometraggi *Improvviso* e *Un altare per la madre* e di diversi documentari per la RAI, e infine sulla ricorrenza del tema cinematografico nei romanzi *Transit* e *L'attrice*. Secondo Brotto, il lavoro di Edith Bruck per il cinema e la televisione è un utile osservatorio per comprendere in profondità le diverse articolazioni entro cui l'autrice ha sviluppato una sua complessiva 'idea di racconto.' Le sue opere filmiche consentono, oggi con più chiarezza rispetto a quando furono realizzate, di scorgere affinità e connessioni con quelle letterarie, sia relativamente alle forme narrative, sia relativamente ai temi e al valore testimoniale della scrittura.

*

Nel congedare questo volume, desideriamo ringraziare le colleghe e i colleghi che hanno contribuito alla sua realizzazione con entusiasmo e professionalità, insieme ai *peer-reviewers* che hanno prontamente letto e valutato i saggi, nella convinzione che i lavori qui riuniti costituiscono un primo, fondamentale sondaggio critico sull'opera di Edith Bruck. L'auspicio con cui il volume va in stampa è che possa essere un utile strumento per proseguire il lavoro critico di scavo sull'opera bruckiana, e più in generale, sulla letteratura della Shoah in un'ottica transnazionale.

Un ringraziamento speciale, infine, lo dedichiamo a Edith Bruck, che ci ha accompagnato con la sua generosa amicizia nel periodo di gestazione e nascita del volume.

Bibliografia

Adorno, Theodor W., 1972, "Critica della cultura e società" [1949] in *Prismi. Saggi sulla critica della cultura*, Torino, Einaudi, 4–22.

Bruck, Edith, 1959, *Chi ti ama così*, Lerici, Milano.

Bruck, Edith, 1962, *Andremo in città*, Lerici, Milano.

Bruck, Edith, 1988, *Lettera alla madre*, Garzanti, Milano.

Bruck, Edith, 1995, *L'attrice*, Marsilio, Venezia.

Bruck, Edith, 1999, *Signora Auschwitz. Il dono della parola*, Marsilio, Venezia.

Bruck, Edith, 2021, *Il pane perduto*, La nave di Teseo, Milano.

Bruck, Edith, 2021, *Le Pain perdu*, traduction de René de Ceccatty, Sous-Sol, Paris.

Bruck, Edith, 2022, *Pourquoi aurais-je survécu? Poèmes*, choix de textes, traduction et préface de René de Ceccatty, Payot & Rivages, Paris.

Bruck, Edith, 2024, *I frutti della memoria. La mia testimonianza nelle scuole*, La nave di Teseo, Milano.

Giorgio, Adalgisa, 1999, "Strategies for Remembering: Auschwitz, Mother, and Writing in Edith Bruck" in *European Memories of the Second World War*, Helmut Peitsch, Charles Burdett, Claire Gorrara (a cura di), Berghahn Books, New York and Oxford, 247–255.

Gordon, Robert S. C., 2012, *The Holocaust in Italian culture. 1944–2010*, Stanford University Press, Stanford, CA.

Gregg, Melissa / Seigworth, Gregory J., 2010, *The Affect Theory Reader*, Duke University Press, Durham, NC.

Heller, Agnes, 2017, *Teoria dei sentimenti*, Castelvecchi, Roma.

Jankélévitch, Vladimir, 1987, "L'imprescrittibile" in *Perdonare?*, Giuntina, Firenze, 15–35.

Jervis, John, 2015, *Sympathetic Sentiments: Affect, Emotion and Spectacle in the Modern World*, Bloomsbury Academic, London and New York.

Kremer, Lillian, 1999, *Women's Holocaust Writing and Imagination*, University of Nebraska Press, Lincoln and London.

Levi, Primo, 1958, *Se questo è un uomo*, Einaudi, Torino.

Levi, Primo, 1963, *La tregua*, Einaudi, Torino.

Levi, Primo, 1982, *Se non ora quando?*, Einaudi, Torino.

Lombardo, Patrizia, 2008, "Introduction: The Intelligence of the Heart", *Critical Inquiry*, 50/4, 1–11.

Lucamante, Stefania, 2014, *Forging Shoah Memories: Italian Women Writers, Jewish Identity, and the Holocaust*, Palgrave Macmillan, New York.

Nussbaum, Martha C., 2001, *Upheavals of Thought: The Intelligence of Emotions*, Cambridge University Press, NY.

Ofer, Dalia, Weitzman, Lenore J. (eds.), 1998, *Women in the Holocaust*, Yale University Press, New Haven.

Ricœur, Paul, 2000, *La Mémoire, l'histoire, l'oubli*, Éditions du Seuil, Paris.

I. NEL NOME DELLA MADRE: MEMORIA, SCRITTURA, ESPERIENZA

Maternità e scrittura nell'opera di Edith Bruck

Adalgisa Giorgio

ABSTRACT
Questo saggio esamina il tema della maternità e le esperienze ad essa associate, come amore, sessualità, gravidanza, aborto e non-maternità, nell'opera di Edith Bruck nel contesto di una scrittura che aiuta a sopravvivere chi scrive e mira a trasformare chi legge. La prima sezione introduttiva delinea i cambiamenti nell'approccio critico alla maternità nella letteratura della Shoah in relazione alle problematiche del recupero memoriale, identificando il metodo di lavoro dell'autrice e i tropi narrativi relativi alle tematiche in questione ricorrenti nella sua produzione. Le due sezioni analitiche che seguono individuano trasformazioni e riorientamenti tematici nei vari testi. La seconda sezione si concentra sulla figura materna e sulla separazione delle protagoniste-*alter ego* di Bruck dalla madre ad Auschwitz. La terza sezione esamina la tematica dell'amore, della sessualità e dell'abuso sessuale. Il saggio si conclude con delle riflessioni sull'attualità dell'opera di Bruck e la sua capacità non solo di illuminare la Shoah e di tramandarne la memoria ma anche di ispirare e guidare le nuove generazioni.

> Per il vissuto e per le perdite inguaribili la
> migliore medicina non è il tempo, ma lo scrivere.
> (BRUCK 2019, 77)

> A stare a lungo tra i moribondi si impara ad amare la vita,
> è l'eredità del passato, è una lezione duratura in quel male assoluto.
> (BRUCK 2019, 80)

1. Introduzione: maternità, memoria e narrazione

L'eredità di un passato associato con la morte, l'amore per la vita e il potere salvifico della scrittura evidenziati nelle citazioni in esergo tratte da *Ti lascio dormire* (2019) sono elementi ricorrenti nell'opera di Edith Bruck che convergono nella tematica del materno e della maternità, privilegiata da questa scrittrice e presente in altre scrittrici della Shoah (Giorgio 1999a; Kremer 1999, 2004; Sanfilippo 2014). Si tratta di aspetti della vita delle donne collegati alla vita che nell'esperienza e negli scritti delle sopravvissute connotano invece la morte. Mentre infatti normalmente i primi gruppi a essere messi in salvo in situazioni di pericolo sono le donne, specie quelle in stato di gravidanza, e le bambine e i bambini, all'arrivo nei lager questi gruppi erano i primi a essere selezionati per la morte (Sanfilippo 2014, 66; Duffy 2020a, 91; Ségeral 2020, 113). Ciononostante, o proprio per questo, maternità e gravidanza sono diventate tropi della letteratura della Shoah indicanti non solo la "vulnerabilità femminile" ma anche il "prevalere della forza della vita" (Kremer 2004, 163; cfr. Kremer 1999, 11).

Gli studi sulla Shoah avevano trascurato o marginalizzato la persecuzione nazista delle donne, spesso persino negandone la specificità (Lucamante 2014; Duffy 2020b, 138–140), allo stesso tempo che l'esperienza femminile, inclusa la maternità, si faceva largo nelle testimonianze, nelle memorie e nelle ricreazioni finzionali della deportazione (Duffy 2020a, 91). Il *gender turn* negli studi sulla Shoah ha evidenziato intersezioni produttive tra gli studi di genere e quelli sulla memoria e sul trauma,[1] a loro volta riprese dalla critica letteraria con un duplice fine ed effetto. Da una parte sono servite a spiegare il conflitto tra desiderio di dimenticare e bisogno di ricordare e la difficoltà di riesumare la memoria repressa della deportazione e di elaborare il dolore della perdita delle persone care. Dall'altra hanno illuminato l'impatto transgenerazionale delle sofferenze e delle atrocità subite dalle sopravvissute sulla loro esperienza della maternità e su quella delle loro figlie: per esempio, il bisogno di alcune di realizzarsi attraverso la maternità (anche adottiva) e la scelta di altre di non diventare madri per interrompere il ciclo del trauma (LaCapra 2014; Herman 2015; Duffy 2020a; Ségeral 2020).

Se il tempo può aiutare le sopravvissute e i sopravvissuti a elaborare strutture psicologiche e narrative utili a supportare il peso delle esperienze più orrende e più represse e a esprimere l'indicibile – è il caso delle memorie differite ("deferred") raccolte a partire dagli anni Ottanta di infanticidi, accidentali o deliberati, da parte di madri e di padri nei ghetti, nei nascondigli e nei lager, allo scopo di salvare adulti e adulte (Horowitz 2014) –,[2] il tempo

---

[1] La bibliografia su queste discipline è vastissima. In ambito italiano, rimando alla sintesi di D'Alessandro 2023, Capitolo I. Mi limito a riferire che l'inizio del *gender turn* negli studi sulla memoria si fa risalire al numero speciale del 1987 della *Michigan Quarterly Review* dedicato a *Women and Memory* (a cura di Lourie, Stanton e Vicinus), seguito nel 2002 dal numero speciale di *Signs* dedicato a *Gender and Cultural Memory* (a cura di Hirsch e Smith).

[2] Sulla base delle testimonianze esaminate da Horowitz, più rare ma altrettanto laceranti, di padri che avevano soppresso la figlia o il figlio (Horowitz 2014, 144), Goda osserva che il dislocamento della memoria ha una dimensione di genere relativa a problemi universali di paternità oltre che di maternità (2014, 10).

non sembra aver lenito il dolore delle perdite di Edith Bruck. Le sue opere ritornano ripetutamente su elementi del suo vissuto con variazioni di opera in opera, in particolare la figura materna e la maternità e le esperienze a esse associate come l'amore, la sessualità, la gravidanza, l'aborto e la non-maternità.

Senza voler semplificare il complesso rapporto tra testimonianza e narrazione nella copiosa letteratura sulla Shoah apparsa a partire dal nuovo millennio e senza voler riprodurre le utili tassonomie, cronologiche e di genere letterario, proposte dalla critica relativamente all'emergenza e allo sviluppo di un canone letterario italo-ebraico e specificamente femminile (Lucamante 2014; Sanfilippo 2014; D'Alessandro 2023),[3] qui mi preme sottolineare che il recupero memoriale spesso avviene a stadi e che questo si riflette nella scrittura. Ciò che non era accessibile alla coscienza inizialmente può diventarlo nel corso degli anni mentre la riflessione in un momento successivo può portare a nuove e più lucide prospettive. Nella pratica psichiatrica, Judith Herman aveva osservato che i ricordi di chi ha assistito o è stata vittima di atrocità si presentano in frammenti difficili da ricomporre in un quadro coerente e che la susseguente verbalizzazione del trauma è anch'essa frammentata, ciò che può far sembrare inaffidabili le memorie recuperate (2015, 1–2). Questi processi sono utili a spiegare i confini sdrucciolevoli tra testimonianze e rielaborazioni narrative-finzionali della Shoah, incluso il ricorrente slittamento tra arte e vita nelle opere di Bruck osservato da Philip Balma (2014). La scrittura di Bruck nasce da due meccanismi: da una parte la sedimentazione involontaria della vita – "io parto sempre [...] da ciò che mi è accaduto [...] un piccolo episodio che mi ha ferito profondamente, che mi ha lasciato un segno indelebile" e che "forse tra due anni o tre diventerà un libro" –, dall'altra l'inclusione deliberata e ripetuta di un elemento già elaborato come la storia del fratellino perso nel lager (Bruck in Balma 2007, 76–80). Il metodo di lavoro di Bruck qui evidenziato si ricollega da una parte ai frammenti di memoria da ricomporre di cui parla Herman, dall'altra al fatto che, come ha sottolineato Zoë Waxman, le testimonianze non sono esplosioni spontanee di informazioni, ma attente rappresentazioni di esperienze ritenute adatte alla pubblicazione (2008, 128). Nelo Risi (2001, IX–X) racconta come centinaia di pagine confuse che portavano chiaro il segno di

---

[3] D'Alessandro 2023 offre un'ottima sintesi di questo canone e contribuisce ad esso proponendo una letteratura italiana emergente della postmemoria affiliativa.

essere state scritte in fretta e persino con furia, come se Bruck volesse liberarsi di un argomento doloroso che avrebbe riaperto vecchie ferite, fossero state ridotte a poco più di cento pagine, risultando nel racconto straordinario di *Chi ti ama così* del 1959. La prosa essenziale, insieme al tono distaccato, sicuramente contribuirono all'impatto di questo suo primo sforzo letterario. L'allontanamento, in seguito, da forme più apertamente memoriali-testimoniali a favore del romanzo, una forma che richiede struttura, e di altri generi come la lettera postuma che, come la poesia, permette di dare sfogo all'urgenza dei sentimenti, ha probabilmente contribuito alle trasformazioni di certi elementi autobiografici da un'opera all'altra. Sono emersi così dei tropi narrativi che hanno subito omissioni, aggiunte e riorientamenti nel corso degli anni, in base non solo a quanto di volta in volta Bruck aveva elaborato della sua esperienza della deportazione, ma forse anche a ciò che qualsiasi scrittrice poteva e non poteva raccontare sessant'anni fa e a ciò che si ha il dovere di raccontare oggi, non trascurando, naturalmente, le ragioni artistiche, la necessità cioè di ritoccare certi elementi per creare ogni volta un'opera coerente e autonoma.[4]

Questo preambolo ci aiuta nel compito di identificare il nucleo e l'evoluzione di certe tematiche legate al materno che ricorrono nell'opera di Bruck, tenendo conto del vissuto dilaniante dal quale sgorgano e dell'ispirazione artistica che ha portato l'autrice a sperimentare con generi letterari diversi e ibridi tra memoria, rielaborazione di vita vissuta e invenzione. Questo saggio esaminerà le tematiche della figura materna, della maternità, dell'amore e della sessualità nell'opera di Edith Bruck come esemplificazioni del processo di accumulazione e trasformazione appena descritto. Esse si intrecciano in tutta la sua produzione, diventando dominanti in certe opere. *Lettera alla madre* del 1988 rappresenta un romanzo seminale, insieme a *Madre e figlia* di Francesca Sanvitale (1980) e *Althénopis* di Fabrizia Ramondino (1981), dell'esplosione della relazione madre-figlia nella letteratura italiana delle donne degli anni Ottanta e Novanta (Giorgio 2002). *Lettera alla madre* scandaglia la madre

---

[4] Da non dimenticare le ragioni commerciali: da una parte Bruck sostiene di non essersi lasciata condizionare dai suoi editori, dall'altra ammette di essere stata relegata da loro nel ghetto della letteratura della Shoah. Al contrario, un editore americano si era rifiutato di pubblicarla perchè scriveva solo della guerra. La bassa commerciabilità dei suoi "scomodi" libri ne avrebbe ostacolato le traduzioni straniere (Bruck in Balma 2007, 80–83).

come fondamento identitario imprescindibile per la figlia attraverso la lente specifica della cultura ebraica e dell'esperienza della deportazione e allo stesso tempo illumina gli aspetti universali di questa relazione esplorati dalle filosofe femministe della differenza sessuale francesi e italiane (Giorgio 1999a, 1999b, 2002). Amore e sessualità prevalgono in *Mio splendido disastro*, pubblicato nel 1979 nel pieno delle lotte femministe, e si allargano a includere gravidanza e maternità nel 2009 in *Quanta stella c'è nel cielo*, un romanzo che esemplifica anche l'effetto trasformativo che l'autrice mira a suscitare nel suo pubblico. La sezione che segue sarà dedicata alla figura materna e alla separazione tra madre e figlia all'arrivo nel lager, un motivo ricorrente nella scrittura femminile della Shoah rilevato già nel 1986 da Marlene E. Heinemann. La terza sezione si concentra su amore, sessualità, gravidanza e maternità e ipotizza che l'evoluzione di queste tematiche nel corso del tempo sia una conseguenza delle trasformazioni sociali intervenute tra l'arrivo di Bruck in Italia nel 1954 e oggi, oltre che delle 'ragioni' personali ed estetiche appena esposte. Nelle conclusioni si offrono delle riflessioni sull'attualità dell'opera di Bruck e sulla sua capacità di ispirare le nuove generazioni e di cambiare il mondo.

2. La figura materna: *Chi ti ama così* (1959), *Lettera alla madre* (1988), *Il pane perduto* (2021)

Due tra i tropi materni ritrovati nelle testimonianze delle ex-deportate dalla critica femminista seguita al *gender turn* negli studi sulla Shoah sono il "maternal paragon" (modello di virtù materna) e la "maternal martyr" (la madre martire), a loro volta modellati sui tropi preesistenti dell'angelo del focolare e della *mater dolorosa*: le madri annientate nei lager sarebbero state idealizzate o viste come sante nella rievocazione filiale della vita precedente alla deportazione, mentre la maternità nel lager sarebbe stata ricordata come martirio (Stephens 2020, 97, 103). La critica più recente ha spostato il mirino dalla maternità esaminata all'interno di una visione delle donne come vittime prive di voce e agentività e in contesti narrativi manichei di bene e male e di vittime e carnefici, a un approccio più sofisticato che cerca nei testi il ribaltamento di certi tropi.

Come per la maggior parte delle madri e delle figlie che arrivavano nei lager (Heinemann 1986, 23), la separazione di Bruck e delle sue protagoniste e *alter ego* dalla madre avviene immediatamente all'arrivo ad Auschwitz.

Madre e figlia non si vedranno mai più. Le opere di Bruck non rientrano nella tipologia dell'idealizzazione della madre attraverso il racconto della vita che precede il lager. Né rientra nella tipologia della madre martire quel *tour de force* linguistico doloroso e straordinario che è *Lettera alla madre*. Bruck ci restituisce una figura materna che non è né vittima né *mater dolorosa*. Pur dovendo far fronte giorno dopo giorno alla povertà causata dall'incapacità del marito di portare a buon fine un affare e aggravata dall'antisemitismo crescente, la madre non è mai un modello di passività o sacrificio per la figlia. La bambina anela a una sua carezza, al contatto con il suo corpo, al racconto di una favola, ma la madre non ha tempo per queste frivolezze quando deve invece procurarsi legna, cibo e vestiario per la famiglia e candele e farina bianca per il pane del venerdì sera per "l'ingresso della festa di sabato" (Bruck 2009, 145). Dura e inflessibile verso il marito e la figlia, rigida nella sua fede religiosa, spietatamente realista, la madre è anche un esempio di intuizione, di coraggio, di rettitudine e di carità,[5] e fonte di protezione e di vita prima e dopo la morte. La madre acquista nuove sfaccettature, solo all'apparenza contraddittorie, di libro in libro, e diventa una figura 'vera,' allo stesso tempo semplice perchè umana, e complessa perché la sua storia "conteneva ogni storia e ogni sofferenza passata e presente" (Bruck 1999, 74).

In *Lettera alla madre*, la figlia ci dice che la madre la redarguiva per la sua arroganza nel volere una vita migliore della sua:

> Se ti dicevo che io non avrò la tua vita, preferivi di nuovo non rispondermi, nemmeno salutarmi al ritorno da scuola. Buttando lì un piatto con qualche avanzo: «Toh, sognatrice. Intelligentona. Scendi in terra!» o non dicevi niente. Non ti accorgevi di me, guardavi oltre, come Mengele il selezionatore. (Bruck 1988, 36)

Altrove è invece la madre a sperare che la figlia abbia una vita migliore della sua. Ne *Il pane perduto*, al di là degli improperi e delle punizioni, la madre riconosce che la figlia è la prima della classe anche se biasima la sua "curiosità poco sana" (Bruck 2021a, 12), mentre ne *La rondine sul termosifone* (2017) è proprio lei a incitarla a studiare:

---

[5] Cfr. *Quanta stella c'è nel cielo* (2009, 169–170) e i versi di "Mia madre:" "diceva di aprire la porta / a chi bussa / dare qualcosa / a chi tende la mano / e dove c'è da mangiare per due / c'è anche per tre" (Bruck 2021c, 19).

"Alzati! Alzati! La prima della classe non può arrivare per ultima! Sguscia fuori da questo maledetto letto. Devi studiare, sapere tutto per diventare qualcuno in questa schifosa vita. Su su!" ripeteva [...]. "[...] Io voglio che i miei figli abbiano una vita degna di essere vissuta, capisci? Non come la mia. Almeno potessi darvi il necessario [...]." (Bruck 2017, 70–71)

Se *Lettera alla madre* è un'accusa della figlia contro la madre per l'amore che le ha lesinato nei pochi anni vissuti insieme, è anche una sua difesa, un tentativo di giustificarla scrutandola nel contesto che l'aveva resa ciò che era. Questo non le fa tuttavia dimenticare le mancanze materne:

> Sta tranquilla, so che non sei stata una madre matrigna, solo povera e esasperata, ma nonostante capisca non dimentico. Che altro potrei ricordare di te? E che altro potevi fare tu in quella miseria. [...] mamma, io non so e non saprò mai se tu eri una madre amorosa o no. (Bruck 1988, 61)

La piccola poeta in erba aveva già fissato in versi, prima della deportazione, i contrari che vedeva incarnati nella madre – fonte di bene e di male, di felicità e di dolore, dispensatrice di rabbia, di maledizioni e di punizioni, ma anche di atti magici grazie ai quali svaniva la povertà: "Da sotto le tue mani usciva saporita anche l'acqua. I buchi scomparivano, la gallina si denudava, l'anatra cresceva di peso, la sedia non zoppicava più" (Bruck 1988, 81). In *Chi ti ama così*, *Lettera alla madre*, *Ti lascio dormire* e *Il pane perduto*, con l'avanzare della tragedia la madre severa e avara di carezze e di affetto comincia a far posto alla madre amorosa. Nell'attesa del paventato arrivo dei gendarmi che li strapperanno alla loro casa, poi nel ghetto e durante l'orrido viaggio verso Auschwitz, la madre prende in grembo la figlia, la pettina, le lega i capelli con un nastrino. Il rischio di esaltare la madre è reale, ma l'apoteosi può avvenire soltanto trasformandola in vittima: della povertà, della classe sociale, dell'inefficienza del marito, e tanto altro.[6] Invece, in *Lettera alla madre*, come nelle poesie de *Il tatuaggio* (1975), di *In difesa del padre* (1980) e di *Tempi* (2021c), la figlia chiama la madre a rispondere dei suoi comportamenti, non le dà tregua, non le concede mai di abbassare la testa, la mantiene battagliera fino alla fine, fino alla scena cruciale della separazione.

---

[6] *Ti lascio dormire* offre spunti interessanti per un confronto tra la madre di Bruck, povera e dall'educazione esclusivamente religiosa, e la madre del marito, Nelo Risi, borghese e intellettuale.

In *Chi ti ama così* (Bruck 1994, 25) e in "Un mese dopo" (Bruck 2010, 58), l'intervento materno è limitato alla preghiera al soldato di lasciarle la figlia minore, una preghiera che, se fosse stata esaudita, sarebbe stata la condanna a morte immediata della figlia. E così la salvezza di Ditke viene attribuita interamente al soldato, il quale le sussurra di spostarsi e la spinge con violenza nella fila delle adulte destinate ai lavori forzati: questa è la prima e la più importante delle "cinque luci nel buio" di cui Bruck parla durante le sue testimonianze nelle scuole, i cinque gesti di bontà che le permisero di sperare nell'umanità e di andare avanti (2021b, 27). In *Lettera alla madre* ritorna la voce materna imperiosa e autoritaria, che dà doppia dimostrazione dell'amore per la figlia, prima supplicando il soldato di non farsela portare via, evidentemente per poter vegliare su di lei, poi scacciandola e ordinandole di andare nell'altra fila per risparmiarle l'ira e i colpi del fucile del soldato. La figlia obbedisce per abitudine a piegarsi agli ordini materni e per risparmiare a sua volta alla madre i colpi del soldato (1988, 8–9). L'ordine materno – ricorre nella letteratura femminile della Shoah il motivo di un ultimo ordine gridato dalla madre alla figlia prima della separazione per incoraggiarla a vivere (Heinemann 1986, 23) – e l'atto di obbedienza filiale salveranno la giovane protagonista: "'Vai! Obbedisci! Vattene! Va via via obbedisci a tua madre!' E avevo obbedito. E perciò vivo. E sono felice di essere viva. Mi avevi partorito con dolore inesprimibile per la seconda volta" (Bruck 1988, 92). La metafora della nascita sostiene tutto il libro (Giorgio 1999a), un altro dei *topoi* materni della letteratura femminile della Shoah che si ritrovano nel romanzo (Heinemann 1986, 23–24, 105):

> Forse devo proprio a te quelle forze inspiegabili che nascevano dal nulla [...] quando avrei giurato che non avrei più potuto fare un solo passo. Che era finita, ma già camminavo, ricominciavo a vivere da capo, lavoravo, respiravo, con il tuo respiro mi ha ripartorito. Quante volte? Non so. (Bruck 1988, 17)

La figlia cerca di restituire la vita alla madre attraverso la figura retorica dell'apostrofe che le unisce in una forma di ventriloquia, una struttura verbale 'io-tu' che anima reciprocamente la madre morta e la figlia (Giorgio 1999a):

> se non parlo con te, non ti nomino mai, non litigo mai con te, ti dimentico, e se non scrivo e non ti scrivo ti lascio dimenticare. E se mi dimentico di te mi dimentico di me. Finché io ci sarò, tu ci sarai, finché tu ci sarai io ci sarò. Solo la morte spezzerà la corda ombelicale. Non mi senti nel tuo ventre? Non senti battere il mio cuore? Se non mi senti, non senti più niente. (Bruck 1988, 47)

Convergono varie 'ragioni' a determinare il ritorno alla scena della separazione e a reimmaginarla in modo diverso in opere diverse. Oltre alle ragioni di coerenza narrativa, si potrebbe ipotizzare che, a più di quarant'anni dagli eventi, Bruck avesse trovato la forza e le parole per raccontare quel momento atroce nei suoi particolari, incoraggiata anche, probabilmente, dalla rivalutazione della madre nella pratica e nella teoria femminista del periodo e in letteratura, insieme, infine, alla necessità e alla fatica di raccontare e all'impossibilità di esaurire l'esperienza di Auschwitz:

> Il sopravvissuto non è ascoltato molto neanche in famiglia; se non scrivesse, forse impazzirebbe. [...] Auschwitz poteva certamente aiutare [a diventare scrittrice] perchè è stata un'esperienza così estrema che è incontenibile. Allo stesso tempo, è irraccontabile. Puoi scrivere anche dieci, cento libri, ma tu non racconterai mai assolutamente, fino in fondo, quello che hai vissuto, quello che hai sofferto. È un buco nero tuo e universale. (Bruck in Balma 2007, 82)

Questo buco nero spiega non solo il ritorno continuo di Bruck alla scena della separazione ma anche gli oscillamenti tra accuse e amore incondizionato e tra toni accorati e angosciati che precludono l'idealizzazione della madre.

Il dolore inestinguibile per la perdita della madre e per l'impossibilità di sanare la loro relazione – in *Lettera alla madre* non c'è riconciliazione – ritorna in toni disperati nella lettera postuma al fratello in "Un mese dopo," quando Bruck si chiede se fosse stata veramente la madre ad affidare la vita della figlia più piccola alla figlia più grande (come aveva sempre affermato quest'ultima) e osa porre la domanda: "E se quel soldato tedesco non m'avesse strappata dal corpo della mamma che tenevo con tutte le mie forze?" (Bruck 2010, 58). La voce irata della madre, trasmessa dalla voce della figlia in indiretto libero, che impreca contro la bambina per aver attribuito a Dio le ingiustizie e la cattiveria umane, completa questa memoria lacerante:

> mocciosa, stupida, bestemmiatrice che merita di crepare e finire all'inferno, che doveva rimanere di traverso nel suo ventre e non venire mai al mondo, una con la quale il Signore ha voluto colpirla, punirla. Era tremendo e doloroso ascoltare la persona che ho amato di più nella mia troppo breve vita accanto al suo grembo caldo, la sua carne soda, le sue mani sporche di farina, i suoi occhi viola-azzurri, la sua nuca dolente, il suo raro sorriso così dolce e tenero che sembrava rompere in pianto. (Bruck 2010, 58–59)

In *Ti lascio dormire*, la lettera postuma indirizzata significativamente al marito scomparso, ci viene detto che l'ultimo pensiero e le ultime parole della madre erano state per il marito:

> E ho scoperto quanto gli voleva bene solo all'arrivo nell'"Aldilà", dove mi ha urlato: "Cerca tuo padre! Cerca tuo padre!", era scomparso in un attimo durante la selezione. Non aveva nominato né i miei fratelli, pure loro spariti nel caos infernale, né mia sorella maggiore; io ero attaccata a lei come una sanguisuga, ma lei non aveva occhi se non per mio padre. La mia mente era stata fulminata da un attimo di felicità e di pace, mai avrei detto che lo amasse tanto. (Bruck 2019, 75)

Ricordando la felicità della dodicenne a questa scoperta, l'adulta sottolinea indirettamente l'indifferenza materna verso la figlia anche in quel momento finale. Dopo circa ottant'anni, l'episodio ritorna compresso in poche righe ne *Il pane perduto*, questa volta in toni dolorosi ma pacati. La preghiera della madre al soldato di lasciarle la figlia e l'ordine alla figlia di ubbidirle sono presentati come simultanei e perciò contraddittori, mettendo in risalto la confusione e l'incertezza della madre, che non sa cosa sia meglio per la figlia e cerca allo stesso tempo di lasciarla andare e di tenerla con sé: "'No, no, no!' stringevo più forte il fianco di mia madre. 'Obbedisci! Obbedisci!' ripeteva la mamma e allo stesso tempo pregava il soldato di lasciarle l'ultima dei suoi figli" (Bruck 2021a, 41–42). Nella poesia "Madre-Dio" Bruck estende il motivo della madre salvatrice al presente e al futuro. La figlia elogia la madre per averle ridato la vita e la voce dopo l'infarto e l'ictus e la invoca perchè la protegga fino alla fine: "per [...] contare su di te / fino alla fine / mia unica Madre-Dio" (Bruck 2021c, 53). Il tentativo di ridare vita alla madre adempie infine all'imperativo della cultura ebraica di tenere viva la memoria del proprio passato e della propria origine.

3. Amore e abuso sessuale, gravidanza e maternità: *Chi ti ama così* (1959), *Mio splendido disastro* (1979), *Quanta stella c'è nel cielo* (2009)

Altri traumi attendono al varco le *alter ego* di Bruck dopo la liberazione: la seduzione e l'abuso sessuale da parte di un parente, la gravidanza a neanche sedici anni d'età e l'aborto che le viene imposto, tre matrimoni e tre divorzi all'età di soli vent'anni, violenza, prostituzione, altri aborti. Queste esperienze vissute in Cecoslovacchia e in Israele, che erano state compresse in poche pagine in *Chi ti ama così*, diventano centrali in libri successivi. Il periodo in Israele viene espanso ne *Le sacre nozze* del 1969, ritornando compresso nel capitolo "La realtà" de *Il pane perduto* (2021a, 81–97), libro in cui invece domina il racconto della deportazione nei vari lager che aveva occupato solo venti pagine di *Chi ti ama così* (capitoli 3 e 4). La quarantenne Nina, protagonista di *Mio splendido disastro*, ebrea di origine ungherese con un passato di deportazione, è ormai stabilita a Roma e sposata con un italiano. La sua è la storia di un rapporto coniugale difficile, complicato dall'amore totale e assoluto di lei e dal bisogno di autonomia di lui:

> Gli avrei accarezzato e baciato ogni millimetro del suo corpo asciutto, l'avrei accolto nel mio grembo, gli avrei tenuto la testa fragile sul mio seno largo, l'avrei allattato, avrei dato la vita per salvarlo. In me esisteva per lui ogni forma d'amore, ero una macchina d'amore, piena di tasti, un po' in disuso. (Bruck 1979, 66)

Il racconto si staglia da una parte contro i rapporti di genere del periodo caratterizzati dai labili confini tra amore, sesso, sessismo e molestie sessuali, dall'altra contro il passato detto e non detto di traumi personali e familiari che hanno determinato il modo di amare di Nina, come ci confesserà Bruck nella poesia "Noi:" "noi sopravvissuti [...] / se amiamo, noi amiamo duro / come se la persona amata / potesse scomparire da un momento all'altro / e noi pure" (1990, 53).

Affiorano le tematiche della maternità metaforica (come nel brano di *Mio splendido disastro* appena citato) e la non-maternità. Bruck tratta l'argomento in sordina e con variazioni, attribuendo la mancanza di figli e figlie a volte a una scelta della protagonista, altre volte a un'imposizione del marito o alle circostanze. Nina è una donna emancipata e intellettuale che, a differenza di altre donne nel romanzo, non ha bisogno di realizzarsi attraverso la maternità. Le sue osservazioni sul rapporto conflittuale tra la sorella, anche lei una sopravvissuta, e sua figlia suggeriscono che Nina ha forse evitato la maternità per non tramandare il trauma della postmemoria. Al contrario, la figlia di *Lettera alla madre* esporrà lucidamente le difficoltà di essere madri e padri per le sopravvissute e i sopravvissuti:

Non ho figli, lo sai [...]. Oggi credo, dico, mi consolo che è meglio così [...]. Gli avrei detto troppo dei Lager o troppo poco. O troppo tardi o troppo presto. Essere un genitore sopravvissuto non è facile e non è facile essere figli nati e segnati dall'esperienza dei genitori. [...] Quasi quasi li incolpano per il loro passato, eredità sicura. Io non so come e quando avrei raccontato ai miei figli dei Lager. E cosa avrebbero capito? Chi mai potrà capire Auschwitz? [...] È un bene che io non abbia dovuto raccontare niente ai miei figli. Forse non li ho avuti proprio per questo. (Bruck 1988, 17–18)

Lo stesso motivo diventa il fulcro del lungo racconto *Tracce*, apparso nel 1988 nello stesso volume di *Lettera alla madre*, con protagonista una scrittrice che visita Dachau ma che solo al ritorno a Roma ricorda che il padre era morto lì. I tratti del carattere del padre della protagonista e le circostanze della sua morte ricordano quelli del padre di Bruck e sono diventati a loro volta i tratti di Alex, il personaggio di un racconto che sta scrivendo e che viene riportato all'interno del racconto principale. Al contrario del padre della protagonista (e di Bruck), Alex era sopravvissuto alla persecuzione nazista e, avendo perduto la propria famiglia nei campi di sterminio, era emigrato negli Stati Uniti, dove si era formato una nuova famiglia a cui non aveva mai svelato la sua storia né il suo vero nome, Sandor (questo è anche il nome del padre di Bruck e di vari personaggi paterni nei racconti di *Andremo in città* del 1962). Il racconto tratta dell'insorgere nell'anziano Alex-Sandor della memoria repressa di Dachau e del suo bisogno di rivelare alla figlia la sua storia, e poi della difficoltà di padre e figlia di elaborare questo passato. In particolare, la figlia diventa preda di "una paura ignota, una tristezza ancestrale, come se la sua anima, in fondo, fosse congiunta, legata a un nastro nero" (Bruck 1988, 180). Sono sentimenti che si ritrovano tra le generazioni della postmemoria (cfr. Hirsch 1997, 2012; Hirsch e Spitzer 2010) e, come ha evidenziato Barbara D'Alessandro (2023, 275), tra le protagoniste e i protagonisti della letteratura della postmemoria. In *Lezioni di tenebra* (1997), per esempio, di Helena Janeczek, una scrittrice della Shoah 'di seconda generazione' (figlia, cioè, di una sopravvissuta, secondo la definizione di Hirsch), la madre da una parte ha detto troppo poco alla figlia delle sue sofferenze, dall'altra le ha impartito lezioni involontarie che le hanno segnato la vita forse addirittura attraverso le acque della placenta.

Due libri recenti di Bruck si reggono sull'idea dell'amore per un uomo come atto generativo e sentimento materno che sostituisce la mancanza di figlie e figli. Le protagoniste de *La rondine sul termosifone* e di *Ti lascio dormire* vivono l'esperienza di una "singolare maternità" (Bruck 2017, 127) verso un vecchio ritornato bambino: il marito affetto da demenza. Scomparsa l'"autosufficienza," d'altronde "più sbandierata che reale," di quando era sano (Bruck 2019, 83), la cura del marito riporta Bruck alle mancate maternità, alle nipoti e ai nipoti e ai gattini che sostituiscono i figli e le figlie, ai suoi traumi, alla perdita della madre e del padre:

> non faccio che chiedermi come e quando ha avuto inizio il mio travaglio con il parto di un vecchio bambino di cui sono diventata madre, moglie, sorella, infermiera, medico, prigioniera, memoria [...]. A volte non so più cosa sono, o cosa sento per un uomo molto, troppo amato, da più di mezzo secolo, e mi chiedo se è solo lui che tengo in vita o anche i miei amati morti annientati nel paese di Goethe quando avevano quasi la metà dei suoi anni. (Bruck 2017, 9–10)

Questo tema si riallaccia a quello della scrittura come parto e procreazione e alle tante metafore della gravidanza presenti nell'opera di Bruck, tra cui quella di Auschwitz come una "cattiva eterna gravidanza," un mostro che non riuscirà mai a partorire o non vorrà mai partorire (Bruck 1999, 16–18).

Le poche pagine di *Chi ti ama così* (1994, 67–72) che raccontano l'abuso sessuale, la gravidanza e l'aborto di Ditke all'indomani della liberazione costituiscono il nucleo generatore del romanzo *Quanta stella c'è nel cielo* del 2009, nel quale si espandono con cambiamenti significativi di personaggi ed eventi. La quindicenne Anita, come Ditke e Nina, arriva clandestinamente in Cecoslovacchia dopo aver peregrinato per vari paesi dell'Europa sconquassata dalla guerra. Anita trova nel bimbo della zia che la ospita il suo unico interlocutore e nella cura e nell'amore per lui e nel suo attaccamento a lei il conforto che non trova in famiglia e men che mai nel cognato della zia che vive nella stessa casa e che, senza alcun riguardo morale o legale per la sua minore età, la seduce e l'abusa, la mette incinta, l'inganna, la minaccia, quasi l'ammazza, e infine la porta a Praga per farla abortire. Anita, la cui sessualità sta sbocciando e che è assetata di contatti umani e di affetto dopo le atrocità della deportazione, cerca di resistergli, ma si convince di essere amata e di amarlo a sua volta e gli concede il proprio corpo (o pensa di averglielo concesso). In *Chi ti ama così* Ditke subisce il dolore fisico e morale dell'aborto imposto dal seduttore e consigliato dal medico (1994, 71). In *Mio splendido disastro* Nina accenna di aver vissuto questi stessi traumi a sedici anni (1979, 40, 146). In *Quanta stella c'è nel cielo*, invece, Anita si oppone dentro di sé all'aborto, un atto per lei paragonabile alla selezione nel campo di concentramento e che avverte "come un nuovo scempio, un nuovo annullamento del mio essere tornato alla vita" (Bruck 2009, 153). Decisa a voler "dare una vita alla vita," in presenza del suo seduttore, riesce a far capire al medico che non vuole abortire (Bruck 2009, 169). Il finale acquista un'aura quasi fiabesca, ma coerente con le "luci nel buio" che hanno sostenuto la vita e le testimonianze di Bruck (2021b, 27). Nelle ultime trenta pagine due atti di bontà da parte di persone che incontra sulla sua strada aiutano a cambiare il destino di Anita. Il medico simula l'aborto e le restituisce di nascosto i soldi datigli dal seduttore. Anita riesce a scappare e trova una seconda luce sul suo cammino, un conoscente che la fa partire per la Terra Promessa quella notte stessa. Il romanzo si chiude con una doppia immagine di speranza: il camion che comincia a salire dopo una lunga discesa nel buio e il coro dei suoi occupanti che si innalza verso l'alto con la preghiera che la terra cui sono ascesi e che hanno arato e seminato conceda il raccolto.

Bruck tratteggia la psicologia di Anita con sottigliezza e modernità, rendendola una figura autentica dal punto di vista storico e allo stesso tempo attuale, che può insegnare alle nuove generazioni non solo la Shoah ma anche l'amore e il rispetto per la donna in un'Italia e in un mondo in cui impera la violenza di genere. Ne *Il pane perduto* la vicenda di Anita in Cecoslovacchia è compressa in poche righe agghiaccianti:

> Perchè avevo scelto proprio lui, che mi aveva sverginato con un colpo che faceva venire in mente la macellazione kasher, per cui si tagliava la gola della gallina con un solo gesto e la si buttava ancora sanguinante nel cortile della sinagoga! [...] Perché quella violenza senza una carezza? Era lui a voler punire in me le donne o ero io a voler punire me stessa? Perché l'ho lasciato fare? Mi buttavo via, io? Volevo gettare alle ortiche la mia vita inutile, la mia giovinezza in un mondo abbrutito, i miei sedici anni difesi con tutte le mie forze e mi disprezzavo. O lo amavo? Ero malata? O assetata di amore, perché c'era una persona per la quale esistevo, mi desiderava anche se aveva altre donne, e godeva del suo piacere, senza conoscere il mio. Perché? Perché? (Bruck 2021a, 77)

Le domande che si pone l'adulta nel 2021 riassumono la psicologia dell'adolescente che sostiene la trama di *Quanta stella c'è nel cielo*. Esse non lasciano dubbi sulla terribilità dell'esperienza di Ditke-Anita, né sull'intenzione di Bruck di darci in *Quanta stella c'è nel cielo* una storia orrenda ma che lascia spazio alla speranza, perchè possa esser letta e recepita dal pubblico giovane cui si rivolge nelle testimonianze. In questo modo Bruck trasforma il suo passato in presente e futuro dei e delle giovani (Bruck 1999, 12), creando la postmemoria 'affiliativa' teorizzata da Hirsch (2012) – quella che va oltre la vita dei sopravvissuti e delle sopravvissute e al di là della loro linea genealogica per raggiungere anche generazioni che non appartengono al mondo ebraico. Ciononostante Bruck, consapevole che le memorie sono provvisorie e che il passato è soggetto a incessanti rielaborazioni e riscritture, rimane ferma nella sua convinzione che è impossibile, da parte sua, descrivere l'orrore e la sofferenza del lager nella loro interezza e, da parte di chi non li ha vissuti, rappresentarli in modo 'vero:'

> I libri di storia diranno numeri e fatti,
> le rappresentazioni sostituiranno le testimonianze,
> le mistificazioni sbiadiranno l'orrore.
>
> La verità di ciò che ho visto
> morirà con me. (in Segre e Pavoncello 2019, 57)[7]

E tuttavia, la speranza nel futuro che ha sempre sostenuto le sue testimonianze e la sua scrittura, bastandole che le sue opere servano a far "crescere nella propria moralità, nella propria coscienza" anche solo "due, tre, quattro, cinque, o sei persone" (Bruck in Balma 2007, 81), ci invita ad avere fiducia nelle possibilità positive della postmemoria culturale affiliativa di generare opere valide dal punto di vista etico ed artistico che permettano alle generazioni future di non perdere contatto con il passato della Shoah.

---

[7] Questi versi fanno parte del ritratto di Edith Bruck in prima persona composto da Anna Segre sulla base della sua testimonianza e pubblicato insieme a brevi ritratti poetici e a testimonianze-interviste con altre sopravvissute e altri sopravvissuti (Segre e Pavoncello 2019). Segre usa l'immagine di una "grande matrioska di dolore" che "svela ogni giorno una bambola / più piccola e diversa" che Bruck descrive ogni volta "convinta che sia l'ultima" (Segre e Pavoncello 2019, 57). Per un'analisi di testi narrativi di recente pubblicazione – testi ibridi tra storia-storiografia, giornalismo, diario, finzione, *autofiction*, narrativa e poesia – firmati da testimoni secondari o affiliativi (tra cui Segre e Pavoncello 2019, Levis Sullam 2018 e Tarabbia 2018) e per una discussione del loro valore etico-artistico, rimando al Capitolo V di D'Alessandro (2023, 345–419): "Le nuove generazioni, forme e problemi di rappresentazione."

4. Conclusione

Il fine della testimonianza è quello di tramandare la memoria della Shoah, di individuarne l'eredità nel presente e di produrre un cambiamento in chi ascolta perché non si verifichi mai più. Bruck sottopone l'esercizio della memoria al lavoro linguistico, stilistico ed etico della creazione letteraria, anch'essa votata al dovere di creare visioni alternative del mondo e di stimolare in chi legge la riflessione e il desiderio di cambiare se stesse e se stessi e il mondo. Perché leggiamo? Che succede quando leggiamo? La lettura ha un impatto su chi siamo e su ciò che diventiamo e quindi la produzione culturale contribuisce a cambiamenti di percezione dell'identità e di conseguenza ai cambiamenti politici e sociali (Rye 2001, 13-14). Allora, scrivere e leggere sono imprescindibili dal mondo e da ciò che siamo nel mondo.

In procinto di partire per la Palestina, Anita dice: "Io voglio scrivere, poesie, racconti, romanzi, favole, inventare un mondo che non c'è, rovesciare quello che sento sulla carta" (Bruck 2009, 191). Anita realizzerà il suo sogno e la sua missione, come dimostra il *corpus* di opere che ci ha regalato Edith Bruck. Queste ci raccontano una vita condizionata da circostanze storiche tragiche ma sostenuta dalla fede nell'umanità, e così ci incoraggiano a impegnarci a non lasciar morire la nostra umanità. Bruck ha scelto sempre più spesso la forma della lettera postuma, un genere dialogico che lancia una rete oltre la madre, il fratello, il marito o Dio a cui si rivolge, per raggiungere noi che leggiamo e indurci ad ascoltarla (Romani 2010, 176). E non a caso ha scelto come uno dei suoi temi privilegiati la maternità, il luogo in cui, come ci ricorda Jacqueline Rose, l'Occidente situa i suoi conflitti e i suoi fallimenti e in cui, infatti, seppellisce la sua umanità (2018, I).

Bibliografia

Balma, Philip, 2007, "Intervista a Edith Bruck", *Italian Quarterly*, XLIV/171–172, 75–87.

Balma, Philip, 2014, "Fictional Transitions: Blurring the Boundaries between Life and Art" in *Edith Bruck in the Mirror: Fictional Transitions and Cinematic Narratives*, Purdue University Press, West Lafayette, Indiana, 37–68.

Bruck, Edith, 1962, *Andremo in città*, Lerici, Milano.

Bruck, Edith, 1969, *Le sacre nozze*, Longanesi, Milano.
Bruck, Edith, 1975, *Il tatuaggio*, Guanda, Parma.
Bruck, Edith, 1979, *Mio splendido disastro*, Bompiani, Milano.
Bruck, Edith, 1980, *In difesa del padre*, Guanda, Milano.
Bruck, Edith, 1988, *Lettera alla madre*, Garzanti, Milano.
Bruck, Edith, 1990, *Monologo*, Garzanti, Milano.
Bruck, Edith, 1994 [1959], *Chi ti ama così*, Marsilio, Venezia.
Bruck, Edith, 1999, *Signora Auschwitz. Il dono della parola*, Marsilio, Venezia.
Bruck, Edith, 2009, *Quanta stella c'è nel cielo*, Garzanti, Milano.
Bruck, Edith, 2010, "Un mese dopo" in *Privato*, Garzanti, Milano.
Bruck, Edith, 2017, *La rondine sul termosifone*, La nave di Teseo, Milano.
Bruck, Edith, 2019, *Ti lascio dormire*, La nave di Teseo, Milano.
Bruck, Edith, 2021a, *Il pane perduto*, La nave di Teseo, Milano.
Bruck, Edith, 2021b, "Cinque luci nel buio" in *La mia università si chiama Auschwitz*, Edizione *RomaTrE-Press*, Roma, 25–34.
Bruck, Edith, 2021c, *Tempi*, prefazione di Michela Meschini, La nave di Teseo, Milano.
D'Alessandro, Barbara, 2023, *La letteratura della postmemoria in Italia (1978–2021)*, Lithos, Roma.
Duffy, Helena, 2020a, "Motherhood During and After the Holocaust: Testimonial and Fictional Perspectives", *The Journal of Holocaust Research*, 34/2, 91–94.
Duffy, Helena, 2020b, "The Silence of the Mothers: Art Spiegelman's *Maus* and Philippe Claudel's *Brodeck*", *The Journal of Holocaust Research*, 34/2, 138–154.
Giorgio, Adalgisa, 1999a, "Strategies for Remembering: Auschwitz, Mother and Writing in Edith Bruck" in Helmut Peitsch, Charles Burdett e Claire Gorrara (a cura di), *European Memories of the Second World War*, Berghahn Books, New York e Oxford, 247–255.
Giorgio, Adalgisa, 1999b, "Dall'autobiografia al romanzo. La rappresentazione della *Shoah* nell'opera di Edith Bruck" in Claire Honess e Verina Jones (a cura di), *Le donne delle minoranze. Le ebree e le protestanti d'Italia*, Claudiana, Torino, 297–307.

Giorgio, Adalgisa, 2002, "The Passion for the Mother: Conflicts and Idealisations in Contemporary Italian Narrative" in Adalgisa Giorgio (a cura di), *Writing Mothers and Daughters: Renegotiating the Mother in Western European Narratives by Women*, Berghahn Books, New York e Oxford, 119–154.

Goda, Norman J.W., 2014, "Introduction" in Norman J.W. Goda (a cura di), *Jewish Histories of the Holocaust: New Transnational Approaches*, Berghahn, New York e Oxford, 1–14.

Heinemann, Marlene E., 1986, *Gender and Destiny: Women Writers and the Holocaust*, Greenwood Press, New York e Londra.

Herman, Judith Lewis, 2015 [1992], *Trauma and Recovery: The Aftermath of Violence, from Domestic Abuse to Political Terror*, Basic Books, New York.

Hirsch, Marianne, 1997, *Family Frames: Photography, Narrative and Postmemory*, Harvard University Press, Cambridge, MA e Londra.

Hirsch, Marianne, 2012, *The Generation of Postmemory: Writing and Visual Culture After the Holocaust*, Columbia University Press, New York.

Hirsch, Marianne, Smith, Valerie (a cura di), 2002, *Gender and Cultural Memory*, *Signs*, 28/1.

Hirsch, Marianne, Spitzer, Leo, 2010, "The Witness in the Archive: Holocaust Studies / Memory Studies" in Susannah Radstone e Bill Schwarz (a cura di), *Memory: Histories, Theories, Debates*, New York, Fordham University Press, 390–405.

Horowitz, Sarah R., 2014, "'If He Knows to Make a Child...': Memories of Birth and Baby-Killing in Deferred Jewish Testimony Narratives" in Norman J.W. Goda (a cura di), *Jewish Histories of the Holocaust: New Transnational Approaches*, 135–150.

Kremer, S. Lillian, 1999, *Women's Holocaust Writing: Memory and Imagination*, University of Nebraska Press, Lincoln e Londra.

Kremer, S. Lillian, 2004, "Memorie di donne: esperienza e rappresentazione dell'Olocausto in termini di genere" in Roberta Ascarelli (a cura di), *Oltre la persecuzione. Donne, ebraismo, memoria*, Carocci, Roma, 151–175.

LaCapra, Dominick, 2014 [2001], *Writing History, Writing Trauma*, Johns Hopkins University Press, Baltimore.

Levis Sullam, Simon (a cura di), 2018, *1938. Storia, racconto, memoria*, Giuntina, Firenze.

Lourie, Margaret, Stanton, Domna, Vicinus, Martha (a cura di), 1987, *Women and Memory*, *Michigan Quarterly Review*, 26/1.

Lucamante, Stefania, 2014, *Forging Shoah Memories: Italian Women Writers, Jewish Identity, and the Holocaust*, Palgrave Macmillan, New York.

Risi, Nelo, 2001, "Introduction" in Edith Bruck, *Who Loves You Like This*, trad. di Thomas Kelso, Paul Dry Books, Philadelphia, VII-XII.

Romani, Gabriella, 2010, "Scrittrice italiana per caso" in Edith Bruck, *Privato*, Garzanti, Milano, 175–185.

Rose, Jacqueline, 2018, *Mothers: An Essay on Love and Cruelty*, Farrar, Straus e Giroux, New York.

Rye, Gill, 2001, *Reading for Change: Interactions between Text and Identity in Contemporary French Women's Writing (Baroche, Cixous, Constant)*, Peter Lang, Berna.

Sanfilippo, Marina, 2014, "Scrittrici e memoria della Shoah: Liana Millu e Edith Bruck", *Zibaldone. Estudios italianos*, 4/2, 60–71.

Ségeral, Nathalie, 2020, "(Re)Claiming Motherhood in the Wake of the Holocaust in Chava Rosenfarb's 'Little Red Bird' and Valentine Goby's Kinderzimmer", *The Journal of Holocaust Research*, 34/2, 111–124.

Segre, Anna, Pavoncello, Gloria (a cura di), 2019 [2010], *Judenrampe. Gli ultimi testimoni*, Elliot Edizioni, Roma.

Stephens, Carmelle, 2020, "Saints and Martyrs: Popular Maternal Tropes in Holocaust Memoir", *The Journal of Holocaust Research*, 34/2, 95–110.

Tarabbia, Andrea (a cura di), 2018, *Ultimo domicilio conosciuto*, Morellini, Milano.

Waxman, Zoë Vania, 2008, *Writing the Holocaust: Identity, Testimony, Representation*, Oxford University Press, Oxford.

Il trauma della rinascita in *Lettera alla madre*

Jonathan Druker

ABSTRACT

In *Lettera alla madre* (1988), memoriale di Edith Bruck sotto forma di romanzo epistolare autobiografico, la scrittrice rivolge un'apostrofe alla madre quaranta anni dopo la sua morte ad Auschwitz-Birkenau, e presenta 'il trauma della rinascita' come metafora per la sopravvivenza all'Olocausto. La figlia-narratrice conta tra le sue rinascite la liberazione dai lager nazisti e, qualche anno dopo, il suo arrivo a Roma dove trascorre "un avanzo di vita." Però il suo originario trauma della rinascita risale ai cancelli di Birkenau dove la madre, costretta dai colpi di un soldato nazista, allontana la figlia tredicenne e, così facendo, senza saperlo, la salva dalle camere a gas e la avvia verso una sopravvivenza che affermerà il valore della vita nonostante l'eredità traumatica dell'Olocausto. In definitiva, risulta che il peso del trauma nel romanzo viene bilanciato dalla resilienza della figlia-narratrice che dimostra la capacità di affrontare positivamente i ricordi traumatici.

> spogliata di ogni dignità nel dolore / sono rinata /
> dalle ceneri / come la fenice. //
> (BRUCK 2018, 186)

Introduzione: rinata dalle ceneri

In *Lettera alla madre* (1988), memorie di Edith Bruck sotto forma di romanzo epistolare autobiografico, la narratrice si rivolge alla madre quaranta anni dopo la sua morte ad Auschwitz-Birkenau dove viene deportata insieme al marito e ai figli. Della famiglia ebrea ungherese deportata sopravvivono solo la narratrice e Golda, una sua sorella maggiore, tutt'e due ancora adolescenti. Un compito urgente di questo commovente romanzo è raccontare alla madre scomparsa e ai lettori che cosa vuol dire essere sopravvissuta all'Olocausto, essere orfana rinata più volte all'ombra delle memorie traumatiche e della morte, come la fenice "rinata / dalle ceneri" nella poesia *L'ultima visita* che serve da epigrafe a questo saggio.[1] La narratrice conta tra le sue dolorose

---

[1] L'io poetico di *L'ultima visita* è dolorosamente rinato "dalle ceneri," un'espressione significativa nella poesia sull'Olocausto. Come un sopravvissuto traumatizzato che risorge dalle ceneri contaminanti dei forni crematori di Birkenau, l'io poetico non assomiglia del tutto alla fenice che risorge dalle ceneri purificate.

rinascite la liberazione dai lager nazisti nel 1945 e il suo arrivo a Roma nel 1954 dove trascorre "un avanzo di vita."[2] Tuttavia, il suo originario 'trauma della rinascita' risale al ventotto di maggio del 1944 quando davanti ai cancelli di Birkenau la madre, costretta dai colpi di un soldato nazista, allontana la figlia tredicenne. Senza rendersene conto, allontana la figlia dalle camere a gas, e la consegna ai lavori forzati e poi alla sopravvivenza, durante la quale la narratrice affermerà il valore positivo della vita nonostante il perenne dolore del trauma.

Mentre le precedenti letture del romanzo hanno prodotto delle interpretazioni avvincenti, la seguente analisi del testo si concentra su due motivi ricorrenti e finora trascurati, la rinascita e 'il trauma della rinascita.'[3] Nel romanzo autobiografico di Bruck il concetto della rinascita traumatica, intrecciato con la perdita della madre dalla quale la narratrice si sente abbandonata, è una metafora della sopravvivenza all'Olocausto, cioè della vita condizionata dai ricordi inquietanti, dal lutto, e dal senso di colpa rispetto a coloro che sono morti. Uno degli obiettivi di questo saggio è mostrare come Bruck, per mezzo delle soluzioni letterarie, rappresenta 'il trauma della rinascita' nel tentativo di farsi perdonare e di perdonare la madre che ha respinto e ha salvato la figlia.[4]

In molti libri di Bruck, come vedremo in *Lettera alla madre*, le attività procreative come la maternità e la scrittura si coniugano con il nascere e il

---

[2] Bruck 1988, 8. Anche se Bruck si sente a casa nel paese adottivo, sono d'accordo con Philip Balma quando scrive che i segni dell'emigrazione e del trauma sono sempre presenti nei testi dell'autrice ungherese-italiana (Balma 2014, 22–23).

[3] Giorgio inquadra *Lettera alla madre* nel contesto delle tante opere di Bruck (Giorgio 1999); Clementi include il romanzo in un'indagine sul rapporto madre-figlia nelle opere di scrittrici europee dell'Olocausto (Clementi 2013, 43–79); Fanning sottolinea quanto la figlia-narratrice insista nella sua identificazione con la madre (Fanning 2017, 56–58).

[4] *Trauma* (Caruth 1995) e *Unclaimed Experience* (Caruth 1996) rimangono i più influenti studi teorici del nesso tra il trauma e la letteratura. Le concezioni di Caruth, le quali informano quelle dell'autore di questo saggio, si basano sugli studi psicoanalitici di Sigmund Freud sull'isteria e sulle nevrosi di guerra. Secondo Caruth, il trauma "dislocate[s] the boundaries of our modes of understanding – so that psychoanalysis, and medically oriented psychiatry, sociology, history, even literature all seems to be called upon to explain, to cure, or to show why it is that we can no longer simply explain or simply cure" (Caruth 1995, 4). È appunto l'inspiegabilità dell'esperienza traumatica che spinge Bruck a adottare le tecniche della finzione autobiografica.

rinascere.⁵ Per l'autrice il parto è legato in senso metaforico alla testimonianza liberatoria anche se più tardi nella carriera scriverà che la memoria insuperabile di Auschwitz la occupa "come una gravidanza infinita."⁶ La nascita, dunque, è un concetto biologico e culturale che serve a realizzare uno degli scopi letterari di Bruck, cioè la rappresentazione del trauma della sopravvivenza all'Olocausto, e, in particolare, del trauma di un'adolescente-vittima del nazismo separata per sempre dalla propria madre. Certo la nascita è la fonte di nuova vita, di ottimismo e di speranza per il futuro. Tuttavia, sia nella sua manifestazione biologica sia nel suo significato psicologico è anche il meccanismo di una separazione lacerante, di una rottura traumatica che potrebbe affliggere tutti noi, come ha riconosciuto lo psicanalista Otto Rank nel suo libro *Il trauma della nascita*. Secondo Rank l'espulsione dall'utero è il primo passo verso l'autonomia ma è anche la ferita psichica originaria che si potrebbe riprodurre in altri momenti di dolorosa separazione e di crisi.⁷

C'è sicuramente una notevole differenza fra 'il trauma della nascita' e l'esperienza di chi sopravvive a un genocidio, di chi si sente rinato sebbene compromesso dopo aver perso la casa, la famiglia, la comunità e la propria identità. Secondo la terminologia diffusa di Dominick LaCapra, la nascita, cioè la separazione irrimediabile dalla madre, potrebbe suscitare 'il trauma strutturale,' ovvero il sentimento universale e inerente alla condizione umana riconosciuta da Rank. D'altro canto, la sopravvivenza all'Olocausto, o a una pulizia etnica o a una guerra, potrebbe suscitare 'il trauma storico,' il quale

---

5   Per uno studio filosofico dei legami tra la maternità e la creatività nel pensiero femminista, si veda *Partorire con il corpo e con la mente*, di Francesca Rigotti. Un obiettivo dello studio è di "pensare a una creatività ispirata davvero alla maternità, alla nascita e al parto" (Rigotti 2010, 145).

6   In *Signora Auschwitz*, del 1999, Bruck scrive della memoria traumatica di Auschwitz: "Mi occupava anche il corpo come una gravidanza infinita di un mostro che non potevo esorcizzare né con mille libri né con mille testimonianze, luogo del male per eccellenza" (Bruck 1999, 16).

7   Cfr Rank 1990. In più si veda la voce sul 'trauma della nascita' nel *Dizionario di medicina Treccani*: "Ogni tipo di separazione riprodurrebbe, nelle epoche successive della vita, in modi propri, tale evento iniziale. Inoltre, secondo Rank in esso sono rintracciabili le radici di ogni espressione culturale umana, poiché i simboli e le strutture culturali servirebbero semplicemente a superare tale trauma in modo da neutralizzarlo completamente." https://www.treccani.it/enciclopedia/trauma-della-nascita_%28Dizionario-di-Medicina%29/ ultimo accesso 06/12/2023.

non è affatto universale ma particolare (LaCapra 1999, 721–724). Sebbene siano utili le categorie di LaCapra non vanno applicate in modo rigido perché i testimoni utilizzano il lessico dei traumi precedenti per vivere e rappresentare l'esperienza del genocidio. Così fa Bruck quando impiega il concetto 'trauma della nascita' per poi elaborare quella della rinascita in *Lettera alla madre*.

Il tema della rinascita sotto il segno del trauma, un aspetto essenziale del romanzo, non è insolito nelle testimonianze canoniche dei sopravvissuti all'Olocausto. In *La notte* Elie Wiesel, gravemente malato dopo la liberazione di Buchenwald, passa "due settimane fra la vita e la morte" (Wiesel 2007, 112). Quando il giovane si riprende non si riconosce più: scrive di vedere allo specchio un cadavere vivente e di non poter dimenticare il suo terribile riflesso nei decenni seguenti. È un'immagine potente dello sdoppiamento psicologico, del sopravvissuto condannato a vivere all'ombra delle memorie traumatiche. Come quelle di Wiesel, anche le memorie della partigiana francese Charlotte Delbo fanno riferimento al senso della vista, o a ciò che non si vede, quando testimoniano della rinascita compromessa dei reduci e della loro patologia nascosta. Vent'anni dopo la guerra, in *Mesure de nos jours*, una compagna sopravvissuta di Delbo dichiara in una frase molto nota, *"Je suis morte à Auschwitz et personne ne le voit"* (Delbo 1971, 66).[8] Per Wiesel e Delbo è importante far vedere al lettore che i sopravvissuti 'rinati,' tormentati dal lutto e dal senso di colpa, si sentono per sempre come se fossero morti nei campi di concentramento nazisti. In *Lettera alla madre* è ugualmente urgente dimostrare che il trauma dell'Olocausto continua a condizionare la sopravvissuta decenni dopo il fatidico giorno della rinascita ai cancelli di Birkenau, dovuta dalla separazione dalla madre.

Tracce di memoria

Bisogna tenere presente che *Lettera alla madre*, un romanzo diviso in due parti collegate ma autonome, è una combinazione di autobiografia e finzione.[9] La prima parte del dittico è l'omonima *Lettera alla madre*, che Bruck definì "forse

---

[8] La compagna di Delbo si chiama Mado.
[9] Leigh Gilmore (2023) dimostra che molte scrittrici di memorie mettono alla prova i limiti generici dell'autobiografia veritiera in quanto rappresentano il loro trauma per mezzo della finzione autobiografica.

lo scritto più importante per me" (Bruck in Gillio 2010). La seconda, di cui la critica ha parlato meno, si intitola *Tracce*, cronologicamente precedente in quanto racconta gli eventi che portarono alla stesura della lettera indirizzata alla madre. Per rispettare la cronologia ne parleremo prima.[10] Sigmund Freud utilizza il termine 'traccia di memoria' (*Erinnerungsspur*) in *L'interpretazione dei sogni* (1899) e ancora in *Nota sul "notes magico"* (1925) per descrivere le memorie nascoste dell'inconscio e anche le tracce impresse sulla mente dagli eventi traumatici (cfr. Freud 2012, capitolo 7; cfr Freud 2000). Come nota Jacques Derrida, Freud sostiene che le tracce di memoria sono come una forma di scrittura poco leggibile, il che descrive in senso metaforico le testimonianze frammentarie di vittime del trauma sia strutturale che storico (Derrida 1967, 293–340). Con la scelta del titolo *Tracce* Bruck ci invita a leggere il testo attraverso la lente degli studi sul trauma psichico.

Diversa dalla prima parte del romanzo, in cui le memorie dolorose della narratrice sono più o meno accessibili, in *Tracce*, come ci si aspetterebbe, la sopravvissuta fatica nel corso di molte pagine a ritrovare i ricordi della madre scomparsa, di cui restano solo frammenti difficili da recuperare. Dice tuttavia che sarebbe un sollievo dimenticarli del tutto – "un'improvvisa amnesia per me sarebbe una vera vacanza" (Bruck 1988, 101) – poiché i ricordi rimangono invischiati nel senso di colpa del sopravvissuto.[11] Il rimorso sembra aumentare con il passare del tempo, con l'avanzare di un'età che la madre e gli altri familiari morti nei campi di concentramento non hanno mai raggiunto. Dei suoi cinquant'anni la narratrice dichiara:

> Invece di constatare semplicemente i miei anni, piuttosto li confesso, li ammetto come fosse una colpa. Una cosa rubata. Vengo invasa immediatamente da una vergogna profonda, come un traditore colto in flagrante. Ho bisogno di giustificarmi, di renderne conto a qualcuno, ma a chi? E di che cosa? (Bruck 1988, 102)

---

[10] L'inversione cronologica opposta è avvenuta nel 2010 quando *Lettera alla madre* è stata ripubblicata in *Privato*, un altro dittico epistolare. Questa volta la storia è seguita da una lettera al fratello scomparso, intitolata *Un mese dopo* e datata luglio 2008, che descrive eventi accaduti dopo quelli di *Lettera alla madre*. Può darsi che Bruck manipoli abitualmente la cronologia della vita per replicare un sintomo del trauma, cioè la rottura del tempo lineare.

[11] La mia lettura di *Tracce* è in debito con Giorgio 1999, 248–250.

Nonostante gli interrogativi è indubbio che la narratrice teme di non meritare la sua rinascita e i suoi tanti anni di vita, appunto perché, nel brano sopra citato, sopravvivere vuol dire sentirsi in colpa e indegni.

Tracce racconta due viaggi nel passato alle origini sia della perdita che della rinascita. Il secondo viaggio fa parte di una storia dentro la storia in un romanzo *fiction* ambientato negli anni Ottanta che la narratrice sta scrivendo su un sopravvissuto all'Olocausto. Dopo quarant'anni in America il protagonista ritorna nella sua nativa Ungheria per recuperare i ricordi perduti e la lingua perduta. Questo personaggio solitario e silenzioso assomiglia al padre di Edith Bruck che però non è sopravvissuto all'Olocausto.

Il primo viaggio, intrapreso dalla narratrice nel 1982, è un pellegrinaggio sconvolgente al luogo della sua "seconda" rinascita, la Germania. Per cercare di elaborare le memorie del padre scomparso la narratrice deve compiere un viaggio indesiderato nel passato, deve "tornare per andare avanti" (Bruck 1988, 113). E poi aggiunge: "Io non vado dai tedeschi e in Germania. Io vado da me stessa, sul luogo della mia seconda rinascita. Potevo anche dire...di essere nata in Germania senza mentire" (Bruck 1988, 130). Perché chiamarla il luogo della "seconda rinascita"? Come abbiamo detto, la prima rinascita dolorosa dell'autrice avviene alle porte di Birkenau nel 1944. Il 15 aprile 1945, alla liberazione di Bergen-Belsen, il suo settimo e ultimo campo di concentramento, la ragazza non è più una lavoratrice forzata, una bestia senza dignità che i nazisti possono estinguere quando vogliono. Sebbene lei sia ancora nel paese dei suoi persecutori, adesso è rinata come un'adolescente orfana che vivrà con l'eredità traumatica dell'Olocausto. Con amara ironia, e "senza mentire," la narratrice fissa il luogo della seconda rinascita nella patria degli assassini, una terra avvelenata che lei conobbe fin troppo bene durante la guerra avendola percorsa "in largo e in lungo a piedi nudi" (Bruck 1988, 131).

La destinazione principale del viaggio in Germania è Dachau, al campo di concentramento dove il padre e la figlia erano internati separatamente e dove morì il padre. Al sito commemorativo la narratrice individua i 'suoi' campi sparsi per centinaia di chilometri su una grande mappa dei lager tedeschi. "Vista così," dice della terra della sua rinascita, "la Germania era davvero un campo di concentramento" (Bruck 1988, 156). Ripercorrere il paesaggio della sua storia violenta la sconvolge, e così decide di finire la visita programmata di tre giorni dopo un solo giorno.[12] Tornata a casa a Roma, il senso di colpa del sopravvissuto e la smemoratezza rimangono: la narratrice si rende conto di non aver commemorato la morte del padre a Dachau, di non aver nemmeno recitato il Kaddish per lui (cfr. Bruck 1988, 161). Per stimolare i ricordi del padre scomparso, cioè le tracce di memoria poco visibili, rilegge il suo romanzo incompiuto sul sopravvissuto ungherese, Alex.

La resilienza psicologica

Sembra che il personaggio fittizio del romanzo, invecchiato e sempre più ossessionato dal suo passato, serva da controesempio per la stessa Bruck, o forse rappresenta il pessimismo dell'autrice rispetto al superamento del trauma della rinascita. Si legge che la sopravvivenza di Alex è condizionata dal lutto invece che dall'amore per la vita o dalle possibilità future. Con la perdita di tutta la famiglia ungherese, inclusa la prima moglie e i figli, Alex non è veramente rinato – è invece un abitante di una terra senza tempo. Così la sua esistenza intorpidita non gli sembra la vita autentica ma "un supplemento" privo di valore.

> Alex non aveva mai posseduto un orologio, non l'aveva mai voluto, come se il tempo per lui fosse fermato quando aveva perso tutti i suoi familiari. Quello che era venuto dopo nella vita era come un supplemento a una vita già vissuta e già compiuta. Sorpreso lui stesso di ritrovarsi vivo perché viveva, mangiava, lavorava, camminava; non c'era che vivere finché non si moriva di nuovo senza pretendere troppo dalla vita, senza essere né felici né infelici, semplicemente esistere perché si era sopravvissuti. (Bruck 1988, 180)

---

[12] Nonostante il disagio al campo, il viaggio sembra essere andato a buon fine, almeno per alcune ore. Sul treno di ritorno verso l'Italia, la narratrice si sente come se i ricordi velenosi fossero stati elaborati, come se l'ombra del trauma fosse svanita. Qui, alla ricerca di una nuova analogia, Bruck non rappresenta la sopravvivenza come una rinascita ma come un parto che libera la viaggiatrice da una lunga gravidanza indesiderata (come quella "infinita" menzionata prima). "Mi stendo sul letto come una partoriente che ha appena espulso un bambino dopo quarant'anni di gravidanza. Avverto un benessere leggero, quasi erotico, come se mi avessero stirato i nervi arricciati. La mia felicità di tornare a casa assomiglia a quei rari momenti di armonia totale" (Bruck 1988, 160).

L'incapacità di vivere pienamente nel presente sembra derivare dalla promessa fatta da Alex al suocero americano di non parlare mai dei suoi terribili ricordi dell'Olocausto e perfino di non parlare più l'ungherese. Per di più, Alex non ha mai veramente imparato a parlare l'inglese, la lingua del paese in cui vive da quarant'anni, e senza la capacità di esprimersi bene in nessuna lingua gli è difficile rielaborare il suo trauma (Bruck 1988, 163, 164) Secondo il metodo terapeutico descritto della psichiatra Judith Herman in *Trauma and Recovery*, per guarire dal trauma la vittima deve costruire una storia coerente con le proprie parole, una narrazione in grado di unire la vita precedente alla vita successiva alla catastrofe.[13] Si può ipotizzare che le numerose testimonianze di Bruck abbiano non solo una funzione pubblica ma anche quella privata: la rielaborazione del trauma potrebbe avere un valore terapeutico per la scrittrice che rinasce per mezzo della scrittura.

Finita la lettura del suo romanzo incompiuto la narratrice si sente delusa dal testo. In più il viaggio in Germania, un tentativo fallito di stimolare la memoria, non risolve la sua incapacità di affrontare il trauma. Tuttavia, il brano conclusivo di *Tracce*, trascurato da altri studiosi di Bruck, sembra indicare una via verso il futuro. Negli ultimi paragrafi la narratrice ritrova una pistola nell'appartamento (era stata menzionata in precedenza). Con l'intenzione di liberarsene subito, mette l'arma nella borsa ma un colpo partito per errore manda in frantumi lo specchio del bagno. Con questo finale, in cui la protagonista affronta la propria mortalità, Bruck lascia ai lettori una rappresentazione inaspettata sia del trauma che della resilienza psicologica.[14] Vedendosi allo specchio in frantumi la sopravvissuta riscopre la voglia di vivere.

---

[13] "In the second stage of recovery, the survivor tells the story of the trauma. She tells it completely, in depth and in detail. This work of reconstruction actually transforms traumatic memory, so that it can be integrated into the survivor's life story" (Herman 1992, 175). In un suo libro uscito recentemente Herman insiste ancora sul valore curativo della propria narrazione del trauma personale (Herman 2023, 1).

[14] Secondo Roger Luckhurst, il disturbo da stress post-traumatico "has a shadow condition that has been theorized in parallel with the emergence of trauma: resilience," la quale è definita una "positive adaptation within the context of significant adversity" (Luckhurst 2008, 210).

IL TRAUMA DELLA RINASCITA IN *LETTERA ALLA MADRE*

> Guardo il mio volto deformarsi nello specchio e i vetri volare in mille pezzi distruggendo la mia immagine che pare una stella scoppiata, una stella di cristallo a sei punti con un buco nero sulla fronte che però non sanguina. Solo lo specchio è colpito? È incredibile! È bello! [...] In un angolo sano dello specchio scorgo con stupore il mio volto intatto, ringiovanito. Nel mio sorriso di un tempo leggo una sorta di complicità, di chi è scampato a un ennesimo pericolo per un patto segreto, misterioso, con qualcuno di innominabile privo di immagine o forma come il nulla, un compagno eterno e invisibile. (Bruck 1988, 188)

Di solito lo specchio in frantumi è una metafora appropriata per la figura della vittima del trauma, ma in questo caso il significato dell'immagine è molteplice. Diversamente dallo specchio di Wiesel, in cui il testimone traumatizzato non si riconosce, quello di *Tracce* rivela il sorriso e il volto giovanile della protagonista resiliente, la quale riesce di nuovo a scappare dalla morte. Sopravvivere a un genocidio è traumatizzante, ma ci sono anche la vita e il futuro per chi ha la fortuna e la resilienza (e magari la protezione divina).

L'immagine finale di una rottura che consente la rinascita gradita e la liberazione potrebbe chiarire il significato dell'inizio di *Tracce*, dove la narratrice dice di essere intrappolata, "schiacciat[a] sotto un vetro nero infrangibile" attraverso il quale si vede il suo passato come "una nebbia fitta di cui [è] figlia" (Bruck 1988, 102). Il finale lascia intendere che, per mezzo della scrittura e dell'immaginazione, la frantumazione della memoria bloccata, in particolare dei ricordi della madre scomparsa, sia un passo positivo verso la formazione di un sé capace di dissolvere la nebbia del trauma almeno in parte. Risulta che il peso della catastrofe è bilanciato nel romanzo con una notevole resilienza da parte della narratrice, la quale dimostra la capacità di far fronte in maniera positiva alle indelebili memorie traumatiche.

Il luogo del trauma originario

Torniamo alla prima parte del romanzo, la quale è una toccante testimonianza del rapporto tra una figlia precoce, disubbidiente e irreligiosa, e la sua madre ebrea ortodossa – una donna poco affettuosa con tanti figli, pochi soldi e un marito sfortunato. La narrazione epistolare in seconda persona indirizzata alla madre scomparsa ad Auschwitz-Birkenau, una lettera mai recapitata e scritta in una lingua che la destinataria non conosceva, è la forma letteraria perfettamente adeguata a rappresentare una separazione traumatica. La sopravvivenza all'Olocausto è doppiamente dolorosa per la narratrice-figlia perché aveva un rapporto difficile con la madre prima della guerra, durante l'infanzia e la prima adolescenza. In più, al momento del suo arrivo al campo di concentramento nel maggio 1944, la ragazza aveva appena compiuto tredici anni e aveva il menarca, una delicata fase di passaggio alle soglie dell'età adulta.

Il conflitto madre-figlia non è insolito, ma la separazione precipitosa e violenta avvenuta nel campo di concentramento ha reciso ogni possibilità di un perdono reciproco futuro.[15] Sulla pagina iniziale del libro Bruck scrive, "L'unica certezza è che tra noi due c'è qualcosa di sospeso, forse è solo l'infinito silenzio, la lontananza mai congiungibile?" (Bruck 1988, 7). Così nasce l'esigenza di un dialogo immaginario di riconciliazione, in cui la madre possa ascoltare la figlia, e la figlia a sua volta possa lasciare che la madre le parli sia con dolcezza che con durezza (sempre con le parole italiane dell'autrice, si capisce).[16]

Nei primi paragrafi del libro la narratrice racconta l'esperienza più dolorosa della vita: la madre aggredita da un soldato nazista al suo arrivo a Birkenau caccia via la figlia con un ordine perentorio.

> Ti farò ripetere ciò che avevo sentito dalla tua bocca fino all'ultimo, fino all'ultima parola, il tuo testamento: "Obbedisci! Obbedisci!" gridavi lasciando la mia mano, il mio corpo, anzi spingendomi via da te, consegnandomi al soldato, alle sue botte per mandarmi dall'altra parte, nella direzione opposta alla tua. […] "Obbedisci!!!" mi cacciavi via mentre io infuriata mi dibattevo, strillavo come i maiali natalizi sotto il coltello dei padroni. Per colpa mia il soldato ti ha colpito, ti ha abbattuto, perdonami, ma come potevo lasciarti, lasciarmi portar via da te. (Bruck 1988, 8–9)

---

[15] Sul rapporto madre-figlia secondo la psicologia e la critica letteraria si veda Giorgio 2002, 11–45.

[16] Perché Bruck scrisse la lettera in italiano, una lingua che sua madre non conosceva e che aveva poco a che fare con l'Olocausto in Ungheria? Mentre l'uso dell'italiano è avvenuto per caso, testimoniare in una lingua diversa dall'ungherese faceva parte della strategia di Bruck per ottenere il necessario distacco dalle sue esperienze traumatiche, in modo da poter sopportare il dolore dei ricordi. "Non avrei mai potuto scrivere in ungherese quello che ho scritto in italiano," disse Bruck nel 2018. "Per me rimane una lingua sradicata. L'ungherese mi fa molto più male: mi fa male, mi riporta ricordi molto dolorosi, difficili da sopportare" (Sellari 2018, 41). È significativo che Bruck non si senta in grado di affrontare l'Olocausto nella lingua madre, dato che gran parte di ciò che scrive è per sua madre. (Per essere precisi, Bruck parlava l'ungherese a casa mentre i genitori parlavano yiddish tra di loro.)

In questo brano chiave Bruck rappresenta il momento di crisi, cioè 'il trauma della rinascita' originario, con il lessico del travaglio e del parto come se fosse una scena di nascita. La madre grida, spinge via la figlia (che strilla come un neonato o un maialino impaurito), e la consegna al soldato che fa da levatrice, lo stesso soldato che darà alla ragazza il benvenuto al mondo disumano del campo di concentramento. Come un atto di accusa la narratrice dice la cruda verità: le ultime parole gridate dalla madre, il suo testamento terribile, recapitano la figlia adolescente al nemico. Per la figlia cresciuta la colpa è reciproca – "Per colpa mia il soldato ti ha colpito" – anche se a tredici anni non aveva nessuna responsabilità per le scelte degli adulti.

È notevole come Bruck abbia il coraggio di contestare il mito della madre perfetta che rifiuterebbe di essere separata dal proprio figlio fino alla morte. La madre altruista è un personaggio tipico della letteratura dell'Olocausto come, per esempio, Bruna in *Alta tensione* di Liana Millu.[17] "Vieni dalla tua mamma!" comanda Bruna quando convoca il figlio tredicenne gravemente ammalato al recinto elettrico, dove "strettamente abbracciati," muoiono insieme per folgorazione in un improbabile atto di autodeterminazione. Sebbene il finale drammatico testimoni il coraggio straordinario di Bruna, l'ultima frase del racconto è una rappresentazione sentimentale e idealizzata dell'amore materno: "La testa della madre posava su quello del figlio come se volesse proteggerne il sonno" (Millu 1947, 93).[18]

Il romanzo di Bruck, invece, ritrae una madre reale con difetti e pregi, e una figlia adulta consapevole che per le vittime dell'Olocausto non c'erano buone scelte di fronte alla violenza nazista, che i perseguitati non potevano determinare il proprio destino. Così, senza conoscere le conseguenze, la figlia disubbidiente obbedisce alla madre una volta tanto ed è salva. "Né tu né io sapevamo che tu andavi nel gas e io ai lavori forzati, verso una probabile sopravvivenza che chissà come e perché s'è avverata" (Bruck 1988, 8). Però la narratrice non ricorda con nostalgia il giorno della sua salvezza, quello della rinascita traumatica e della morte della madre. È invece "un giorno eterno, senza tempo, [che] racchiude tutti i tempi" (Bruck 1988, 8). La frase

---

[17] A volte la madre egoista è rappresentata nella letteratura dell'Olocausto. Si veda, per esempio, *Da questa parte, per il gas*, un racconto nell'omonimo volume di Tadeusz Borowski.
[18] Per un'analisi del racconto si veda Druker 2023, 92–93.

fa pensare ad Alex, il personaggio fittizio di *Tracce* per cui il tempo si è fermato quando la famiglia è stata assassinata. Per molte vittime dell'Olocausto il proverbio 'il tempo guarisce tutte le ferite' non funziona perché il tempo non passa, perché i ricordi traumatici ritornano nei sogni e nei flashback come se appartenessero al presente.[19]

"Il latte d'Auschwitz"

Ad Auschwitz-Birkenau, il sito del suo abbandono, la narratrice di *Lettera alla madre* perse sua madre e anche la voglia di essere madre. "Dei figli non ne ho," dice, e poi domanda a sua madre, "come avrei potuto mettere al mondo qualcuno dopo la tua fine? Ho sempre abortito mamma" (Bruck 1988, 32). Sarebbe irresponsabile dare alla luce un bambino in un mondo così imprevedibile e pericoloso, e sarebbe straziante abbandonare la propria figlia nel modo in cui sua madre fu costretta a fare. Forse allora meglio non partorire figli affatto, e non dover insegnare loro Auschwitz, poiché non esiste né il modo giusto né il momento giusto per spiegare l'inspiegabile.

> Oggi credo, dico, mi consolo che è meglio così, sarei stata troppo madre, avrei amato troppo i miei figli, avrei avuto troppa paura per loro [...]. Gli avrei detto troppo dei Lager o troppo poco. O troppo tardi o troppo presto. Essere un genitore sopravvissuto non è facile e non è facile essere figli nati e segnati dall'esperienza dei genitori. [...] Io non so come e quando avrei raccontato ai miei figli dei Lager. E cosa avrebbero capito? Chi mai potrà capire Auschwitz? (Bruck 1988, 17–18)

A parte i pericoli dell'antisemitismo e l'enigma dell'Olocausto, un altro motivo per cui le vittime non vorrebbero avere figli ha a che fare con il modo in cui sarebbero "nati e segnati dall'esperienza dei genitori." Bruck fa riferimento qui all'idea ampiamente accettata che il trauma sia trasmissibile da una generazione all'altra, che i figli dei sopravvissuti ereditino le memorie di eventi catastrofici che non hanno vissuto, un fenomeno che Marianne

---

[19] Secondo Freud, il trauma psichico ha come risultato un disturbo della memoria, il quale altera la percezione del tempo e mina così la nostra capacità di superare un'esperienza sconvolgente. Chi ha subito un trauma profondo (chi soffre di quello che ora si chiama PTSD, disturbo post-traumatico da stress) "è indotto a ripetere il contenuto rimosso nella forma di un'esperienza attuale, anziché [...], a ricordarlo come parte del proprio passato" (Freud 1975, 33–34).

Hirsch ha chiamato 'postmemoria.'[20] Il trauma vissuto in prima persona è più dannoso di quello trasmesso dai genitori alla prole ma quest'ultimo può anche essere invalidante. Molti individui della seconda generazione dopo l'Olocausto, certamente non tutti, mostrano gli stessi sintomi delle vittime del trauma, per esempio il senso di colpa del sopravvissuto o l'ansia esagerata per la minaccia dell'antisemitismo eliminazionista. Quindi, secondo la terminologia di LaCapra, la loro nascita potrebbe suscitare il trauma "storico" e non solo quello "strutturale" riconosciuto da Rank.

In linea con i temi della maternità, della nascita e della rinascita, la metafora principale di Bruck per la trasmissione intergenerazionale del trauma dell'Olocausto è 'il latte d'Auschwitz,' un'espressione che fa venire in mente 'il latte nero' di Paul Celan.[21] Golda, la sorella della narratrice, anche lei sopravvissuta, ha una figlia di nome Sara a cui dava da bere 'il latte d'Auschwitz,' l'equivalente psicologico del latte materno traumatizzante. "Golda l'aveva tenuta al seno raccontandole di Auschwitz che ha succhiato con sangue e lacrime" (Bruck 1988, 18).[22] Ecco perché la nipote, che non ha esperienza diretta dell'Olocausto, condivide il pessimismo verso la vita di uno stimato scrittore sopravvissuto che si era ucciso recentemente (un riferimento velato a Primo Levi, scomparso poco prima che il romanzo fosse scritto). "Se avessi una figlia, forse sarebbe come Sara, la bellissima Sara che ha succhiato 'il latte d'Auschwitz' e nei suoi splendidi occhi c'è una specie di resistenza, di ostilità verso la vita come aveva un grande scrittore italiano amico che si è suicidato da poco" (Bruck 1988, 32–33). Sara, condizionata dalla postmemoria e forse predisposta al suicidio, "ha lo stesso sguardo [sempre inquieto dello

---

[20] Secondo Hirsch, "To grow up with such overwhelming inherited memories, to be dominated by narratives that preceded one's birth or one's consciousness, is to risk having one's own stories and experiences displaced, even evacuated, by those of a previous generation. It is to be shaped, however indirectly, by traumatic events that still defy narrative reconstruction and exceed comprehension. These events happened in the past, but their effects continue into the present. This is, I believe, the experience of postmemory and the process of its generation" (Hirsch 2008, 107). Si veda D'Alessandro 2023 per una ampia discussione della postmemoria nella letteratura italiana.
[21] "*Schwarze Milch*" è il motivo ripetuto in *Todesfuge* (*Fuga di morte*), forse la poesia sull'Olocausto più nota in qualsiasi lingua (Celan 1998, 63–65).
[22] E aggiunge: "È un bene che io non abbia dovuto raccontare niente ai miei figli. Forse non li ho avuti proprio per questo" (Bruck 1988, 18).

scrittore] eppure non è mai stata in Auschwitz, ha solo succhiato il latte di Auschwitz" (Bruck 1988, 48).[23]

Lo scrittore sopravvissuto (cioè Levi) si è arreso alla morte quando non poteva più scrivere, un evento che conferma ciò che sostiene Herman, che la forza vivificante risiede nell'atto di narrare. Con la sua forza procreativa ancora viva, la narratrice del romanzo non partorisce bambini ma libri, uno scandalo per sua madre scomparsa che ne direbbe: "Paragonare un libro ad un figlio! Una cosa morta di carta a una cosa viva e sacra di sangue e carne." E la figlia replica: "Ma anche i libri sono fatti di sangue e carne mamma. In spècie i miei non sono frutti mentali" (Bruck 1988, 42). Vale a dire che le sue testimonianze rappresentano le sofferenze di persone vere, che non sono solo racconti di immaginazione. Però partorire i libri sull'Olocausto non è sempre liberatorio per la vittima: la ripetizione narrativa potrebbe anche essere un sintomo di un trauma resistente all'elaborazione come 'il trauma della rinascita' originale della narratrice ai cancelli di Birkenau.[24] Alla madre dice, "Devo a te anche questa mia malattia di scrivere, e ad Auschwitz dove mi hai lasciato andare, anzi, mi hai spinto via, urlando di obbedire a uno che mi batteva con il fucile" (Bruck 1988, 78). Così come una coazione a ripetere freudiana, si ritorna per l'ennesima volta alla scena primaria del trauma, al rifiuto materno richiesto da Auschwitz, dove nasce l'irrefrenabile bisogno di scrivere e anche il dovere di testimoniare.

Conclusione: partorita per la seconda volta

La vita penosa dell'orfana sfollata alla fine della Seconda guerra mondiale ha richiesto molte rinascite, alle porte di Birkenau e nel campo di lavoro forzato, durante la liberazione di Bergen-Belsen e, nel 1948, in Israele – uno stato appena nato. E infine a Roma, nel 1954, dove una fermata provvisoria è diventata la dimora domestica, linguistica e culturale della scrittrice. Allora, negli

---

[23] La narratrice ricorda un incontro con una sopravvissuta canadese e sua figlia. "La canadese non esce mai di casa per paura di essere spiata, portata via. La figlia le dà ragione. Anche lei aveva succhiato il latte d'Auschwitz come Sara" (Bruck 1988, 34–35).

[24] Più tardi nella carriera, in *Signora Auschwitz*, Bruck scriverà, "E chi ha Auschwitz come inquilino devastatore dentro di sé, scrivendone e parlandone non lo partorirà mai, anzi lo alimenta" (Bruck 1999, 16).

anni Ottanta, dichiara, "Io vivo a Roma da una vita. La seconda? La terza? Diciamo da un avanzo di vita" (Bruck 1988, 8). Potrebbe essere un'eco del fittizio Alex per cui la sopravvivenza all'Olocausto non è che "supplemento a una vita già vissuta."

Eppure, la figlia è rinata giorno per giorno nel campo di lavoro forzato ad Auschwitz dove la morte incombe in ogni istante. La narratrice attribuisce le sue tante rinascite alle forze morali della madre, "forze inspiegabili che nascevano da nulla," che si risvegliano nella figlia proprio nel momento in cui pensa di arrendersi allo sfinimento. "Che era finita, ma già comminavo, ricominciavo a vivere da capo, lavoravo, respiravo, con il tuo respiro mi hai ripartorito. Quante volte? Non so" (Bruck 1988, 17). Sempre con riferimento al lessico del travaglio e del parto, la madre ripartorisce la figlia ancora e ancora con la forza del proprio respiro. L'atteggiamento della narratrice nei confronti della madre passa perciò da un atto di accusa alla gratitudine. In più, dopo l'ennesima rinascita traumatica, la narratrice, o meglio, la stessa Edith Bruck mostra una notevole resilienza psicologica che le permette di portare al mondo la propria testimonianza e di riscoprire la voglia di vivere. La narratrice si perdona e perdona la madre irritata a cui dice: "Quante volte mi hai rinfacciato di essere nata, ciò che ti rimproveravo anch'io, ma non lo farei più. Ti lascerei dire anzi, ti direi, ti dico, grazie. In fondo sono contenta di vivere" (Bruck 1988, 59).

Alla fine della lettera, dove conferma ancora la voglia di vivere, la narratrice decide di credere che la madre imperiosa non la respingeva ai cancelli di Birkenau. Anzi, si sacrificava per ripartorire la figlia. Con l'ordine perentorio – "Vai! Obbedisci! Vattene!" – la mandava al mondo come un neonato spinto per il canale del parto. Le dava la vita una seconda volta.

> Di colpe ne avevi, se sono colpe, solo con noi, tuoi figli piegati alla tua volontà fino all'ultimo, quando mi dicesti: "Vai! Obbedisci! Vattene! Va via via obbedisci a tua madre!" E avevo obbedito. E perciò vivo. E sono felice di essere viva. Mi avevi partorito con dolore inesprimibile per la seconda volta. (Bruck 1988, 92)

Con la consapevolezza dell'adulto Bruck riflette sull'incomprensione dell'adolescente e sul dolore sia della madre che della figlia. Avendo la capacità di recupero e la resilienza, la figlia cresciuta può accogliere la vita, anche se soffrirà per sempre del vuoto lasciato dalla madre scomparsa troppo presto e del loro rapporto irrisolto.

L'argomento principale di questo saggio è che 'il trauma della rinascita' funziona come una metafora della sopravvivenza all'Olocausto. Così il romanzo, in cui sono legati il trauma quotidiano della nascita e quello straordinario della morte violenta, racconta che cosa vuol dire essere una sopravvissuta 'rinata' all'ombra delle memorie traumatiche. Per Edith Bruck, e la narratrice resiliente che riscopre la voglia di vivere, sopravvivere vuol dire scrivere la propria storia per ritrovare la vita nella morte. In *Lettera alla madre* la memoria della madre scomparsa da quarant'anni è recuperata per mezzo della scrittura e con il potere dell'immaginazione e dell'amore. Con l'apostrofe alla madre muta – spiega Ursula Fanning – Bruck riporta in vita sua madre in un modo analogo a come la madre dava la vita alla figlia.[25] Scrivendo una lettera mai recapitata alla madre irraggiungibile, l'autrice la fa rinascere, riesce cioè a ricavare la presenza dall'assenza e a comunicare l'eredità traumatica anche se l'ascolto non è più possibile.

Bibliografia

Balma, Philip, 2014, *Edith Bruck in the Mirror. Fictional Transitions and Cinematic Narratives*, Purdue University Press, West Lafayette, Indiana.

Borowski, Tadeusz, 2008 [1947], *Da questa parte, per il gas*, a cura di G. Tomassucci, L'Ancora del Mediterraneo, Napoli.

Bruck, Edith, 1988, *Lettera alla madre*, Garzanti, Milano.

Bruck, Edith, 1999, *Signora Auschwitz. Il dono della parola*, Marsilio, Venezia.

Bruck, Edith, 2010, *Privato*, Postfazione di Gabriella Romani, Garzanti, Milano.

Bruck, Edith, 2018, "Monologo" [1990] in *Versi vissuti. Poesie (1975–1990)*, a cura di Michela Meschini, eum, Macerata, 181–233.

Caruth, Cathy, 1995, *Trauma Studies. Trauma. Explorations in Memory*, Johns Hopkins University Press, Baltimore.

Caruth, Cathy, 1996, *Unclaimed Experience. Trauma, Narrative and History*, Johns Hopkins University Press, Baltimore.

---

[25] "[With] the technique of apostrophe...Bruck thus brings her mother to life in a manner analogous to the mother's giving life to the daughter" (Fanning 2017, 57).

Celan, Paul, 1998, *Poesie*, traduzione di Giuseppe Bevilacqua, Mondadori, Milano.

Clementi, Federica K., 2013, *Holocaust Mothers and Daughters. Family, History and Trauma*, Brandeis University Press, Waltham, Massachusetts.

D'Alessandro, Barbara, 2023, *La letteratura della postmemoria in Italia (1978-2021)*, Lithos, Roma.

Delbo, Charlotte, 1971, *Mesure de nos jours*, Les Éditions de Minuit, Paris.

Derrida, Jacques, 1967, "Freud et la scène de l'écriture" in *L'écriture et la différence*, Seuil, Paris, 293-340.

Dizionario di medicina Treccani, 2010, <https://www.treccani.it/enciclopedia/elenco-opere/Dizionario_di_Medicina>, ultimo accesso 5 maggio 2024.

Druker, Jonathan, 2023, "Mothers and Daughters in the Holocaust Writing of Edith Bruck, Liana Millu and Giuliana Tedeschi", *Italica. The Journal of the American Association of Teachers of Italian*, C/1, 87-97.

Fanning, Ursula, 2017, *Italian Women's Autobiographical Writings in the Twentieth Century: Constructing Subjects*, Fairleigh Dickinson University Press, Lanham, Maryland.

Freud, Sigmund, 1975, *Al di là del principio di piacere*, Bollati Boringhieri, Torino.

Freud, Sigmund, 2000, "Nota sul 'notes magico'" in *Inibizione, sintomo e angoscia e altri scritti. 1924-1929*, Opere, X, Bollati Boringhieri, Torino.

Freud, Sigmund, 2012, *L'interpretazione dei sogni*, traduzione di Daniela Idra, Mondadori, Milano.

Gillio, Gian Mario (a cura di), 2010, "Quando il privato diviene di pubblico interesse", intervista a Edith Bruck, *Confronti*, 3 novembre 2010.

Gilmore, Leigh, 2023, *The Limits of Autobiography. Trauma and Testimony*, Cornell University Press, Ithaca, New York.

Giorgio, Adalgisa, 1999, "Strategies for Remembering: Auschwitz, Mother and Writing in Edith Bruck" in Helmut Peitsch, Charles Burdett and Claire Gorrara (a cura di), *European Memories of the Second World War*, Berghahn Books, Oxford, 247-255.

Giorgio, Adalgisa, 2002, "Writing the Mother-Daughter Relationship. Psychoanalysis, Culture, and Literary Criticism" in Adalgisa Giorgio (a cura di), *Writing Mothers and Daughters: Renegotiating the Mother in Western European Narratives by Women*, Berghahn Books, Oxford, 11-45.

Herman, Judith Lewis, 1992, *Trauma and Recovery. The Aftermath of Violence – From Domestic Abuse to Political Terror*, Basic Books, New York.

Herman, Judith Lewis, 2023, *Truth and Repair. How Trauma Survivors Envision Justice*, Basic Books, New York.

Hirsch, Marianne, 2008, "The Generation of Postmemory", *Poetics Today*, XXIX/1, 103–128.

Lacapra, Dominick, 1999, "Trauma, Absence, Loss", *Critical Inquiry*, XXV/4, 721–724.

Luckhurst, Roger, 2008, *The Trauma Question*, Routledge, London.

Millu, Liana, 1947, *Il fumo di Birkenau*, Giuntina, Firenze.

Rank, Otto, 1990, *Il trauma della nascita. Sua importanza per la psicoanalisi*, SugarCo, Milano.

Rigotti, Francesca, 2010, *Partorire con il corpo e con la mente. Creatività, filosofia, maternità*, Bollati Boringhieri, Torino.

Sellari, Francesco, 2018, "Edith Bruck, laureata a Roma Tre: ragazzi, diffidate di chi urla di più", *Il Corriere della Sera*, 21 novembre, 41.

Wiesel, Elie, 2007 [1958], *La notte*, traduzione di Daniel Vogelmann, Giuntina, Firenze.

Agire la nascita.
La memoria letteraria di Edith Bruck

Natascia Mattucci

ABSTRACT
Questo contributo offre una prima proposta di dialogo con gli scritti di Edith Bruck attraverso alcuni dei temi più cari ad Hannah Arendt: violenza, racconto, nascita, appartenenza. Una riflessione che tesse un filo tra letteratura e filosofia per mettere in luce come la lezione più civile e politica che si possa ricavare dalla 'comprensione' di regimi liberticidi e mortiferi abbia a che vedere con il modo di agire la propria nascita nel mondo. Entrambe le autrici hanno praticato la rinascita attraverso il gesto narrativo come luogo in cui fermare ciò che altrimenti rischierebbe di potersi ripetere.

Per una memoria poetica

Appartengono a Edith Bruck i versi che ho scelto come epigrafe per una raccolta di saggi del 2010 (cfr. Mattucci, Santoni 2010) dedicati alla lezione politica e morale di Auschwitz nel contemporaneo: "Parliamo, madre, la tua bocca incenerita / non mi dirà più né verità né menzogne / sono rimasta sola, oltre la mia finestra / svolazzano i panni stesi come i tuoi stracci" (Bruck 1975, 41). Versi tellurici che dicono di una lacerazione dell'io e del mondo forse mai sanabile, malgrado l'atto, quasi impossibile, di rivolgere parole a un volto incenerito. Parole affidate alla raccolta *Il tatuaggio* che si innalzano oltre il silenzio mortifero di una bocca – quella materna – ammutolita per sempre dalla violenza nazista e raccontano di un dolore persistente. In molte delle poesie contenute in questa raccolta, il genocidio degli ebrei d'Europa si intreccia al diario privato, "la storia tremenda e solenne di un popolo 'tatuato' e la storia minuta, immobile, febbrile di una donna rimasta sola" scorrono l'una accanto all'altra, scrive Giovanni Raboni, "come se le sottili torture patite nel presente rimbalzassero di continuo contro una memoria di dolore stratificata e ormai rocciosa, simbolica" (Raboni 1975, VII-VIII). La poesia di Bruck non scansa né la morte, né la disumana violenza degli umani, perché, come evidenzia la stessa poeta, "la sofferenza mi stimola a esprimermi, a scrivere per non soffocare" (Bruck 1975, IX). La vita, difesa e amata nel suo essere nuovo inizio possibile, è il "rifugio" costruito giorno per giorno nella consapevolezza del potere che il male indelebile esercita avanzando come un'ombra verso quel riparo (Bruck 1975, 73).[1] L'intreccio poetico tra la memoria della distruzione del popolo ebreo e le pieghe del vivere quotidiano in cui quel dolore si nasconde rinvia, ieri come oggi, alle radici dell'inaridimento e della mediocrità umana che hanno prodotto la catastrofe.

Bruck non testimonia una volta per tutte. La sua memoria è una narrazione continua che prospettive e stagioni altre della vita rimettono in questione. Una memoria aperta come una ferita insuturabile che poesia e prosa scandagliano alla ricerca di una genesi che spesso riporta al rapporto spezzato con la figura materna. Il suo filo non ricuce, ma analizza l'io e il mondo con interrogativi ripetuti, esitazioni e dubbi affidati a 'versi vissuti'. Questa psicanalisi poetica assume contorni netti grazie a uno stile a tratti disadorno che si apprezza nella letteratura che meglio ha narrato la disumanizzazione, come nel caso di Primo Levi e Varlam Šalamov. Una letteratura che continua a interrogarci sulle lezioni che la memoria offre al presente. Il conflitto tra totalitarismo e democrazia che ha segnato il Novecento ha fatto milioni di vittime il cui ricordo non è andato perduto anche grazie all'umanesimo critico di donne e uomini che con la loro vicenda, umana e intellettuale, hanno permesso di costruire il senso dei fatti (cfr. Todorov 2001). Per educare nel presente, il lavoro della memoria deve conoscere i rischi a cui può essere esposto. Nell'ultimo Levi de *I sommersi e salvati* il tema della fragilità della memoria torna con forza attraverso il sogno dei prigionieri intimoriti dalla paura che il racconto delle proprie vicissitudini sia accolto con incredulità e scetticismo anche dai propri affetti (cfr. Levi 1997). Dal sogno emerge, nel contempo, la consapevolezza della enormità di quanto vissuto e il sospetto che la lezione di quella catastrofe possa essere consegnata all'oblio. La voce dei superstiti è stata una delle fonti principali su cui ricostruire un genocidio del quale solo chi ha visto realmente il fondo, senza fare ritorno al mondo dei vivi, potrebbe rendere una testimonianza integrale. Il nucleo della testimonianza diventa proprio quel che è intestimoniabile: il non poter dire in modo esaustivo il progetto intenzionale e totale di deumanizzazione di un popolo in cui la morte fisica era un tassello all'interno di una terribile scala di deprivazione dell'identità (cfr. Agamben 1998, 80).

---

[1] Il riferimento è tratto dalla poesia *Ogni giorno*.

A questa paura dell'oblio dei testimoni si accompagna quella di un'alterazione che può persino condurre a falsificare il ricordo. Le riflessioni leviane raccontano di una memoria ridotta a strumento fallace e fragile, soggetto a scoloriture che possono comprometterne l'attendibilità. Una vulnerabilità quasi fisiologica confermata da una seconda paura, opposta ma comunque connessa a quella dell'incredulità, rappresentata dal rischio che l'eccessiva evocazione di un ricordo crei uno stereotipo a surrogato della stessa esperienza (cfr. Levi 1997, 1006-1007). La memoria di un evento sbiadisce anche per eccesso di luce, quando la retorica ne svigorisce la veridicità e svuota la forza empatica delle parole. Levi ha tracciato la traiettoria di alcune delle incognite alle quali le ermeneutiche della Shoah sono esposte, specie nell'epoca della post-memoria e della ritualizzazione consumistica delle politiche della memoria. Un'epoca in cui a raccontare sono sempre meno i deportati e sempre di più generazioni lontane anagraficamente dai fatti, cresciute nella piena digitalizzazione delle esistenze. In quest'era le paure dell'oblio o dell'eccesso di luce appaiono entrambe fondate, le vediamo sia nel ritorno del negazionismo e dell'eterno cospirazionismo, sia nei rischi dell'inflazionismo mnestico, proliferato con una crescita del mercato della memoria – cinematografico, museale e turistico – non sempre pedagogicamente utile.

Perché la lezione morale che la conoscenza dei mali estremi del XX secolo sia un seme fecondo in ogni tempo, gli scogli che la navigazione nel ricordo dovrebbe evitare sono quelli della sacralizzazione e della trivializzazione, come Todorov ha intuito (cfr. Todorov 2001). La tentazione potrebbe portare a ritenersi depositari del bene in un vero e proprio culto museale, quasi intoccabile, del passato stesso, con il conseguente anatema verso chiunque si addentri nel lavoro ermeneutico di comprensione. Non meno pericolosa è la banalizzazione della memoria, in una indistinzione del tempo storico dove tutto si assomiglia e compara, fino a mascherare il passato per annullare il presente. È Varlam Šalamov, testimone e narratore del Gulag sovietico, a scrivere che la prosa del futuro dovrà avere qualcosa di diverso dal passato dopo questi eventi per conservare una attendibilità capace di interrogare il lettore (cfr. Šalamov 1999, 120). Non tutte le espressioni artistiche o letterarie riescono a dilatare il volume dell'immaginazione, favorendo quegli esercizi di estensione morale senza i quali la comprensione del passato rischia di immiserirsi, nella migliore ipotesi, a semplice erudizione. Le poche opere che nel corso degli anni hanno contribuito ad alimentare il lavoro dell'immaginazione sono quelle che hanno saputo lacerare le certezze dei lettori attraverso fratture che non rassicurano con la pretesa impossibile del tutto dire e del tutto mostrare. L'opera portata a termine non è interamente testimoniabile, ma questo non esonera dal tentare incessantemente di immaginare l'inimmaginabile, come continua a fare Edith Bruck con la sua riflessione.

Le opere della scrittrice, al pari delle altre memorie letterarie succitate, interrogano oggi più di ieri sui modi e sulle scelte pedagogiche e civiche nel rapporto con la storia della violenza nazifascista quando l'Europa non vivrà più all'"ombra di Auschwitz" (Burgio 2010, 10). Alberto Burgio ha scritto qualche anno fa della riemersione del razzismo in Europa, malgrado la memoria della Shoah. "La tragedia dello sterminio l'ha protetta, almeno in apparenza, dalle seduzioni della 'razza', scomparsa, se non altro, dal discorso pubblico e dal sistema di riferimento dell'azione politica" (Burgio 2010, 10). C'è stato qualcosa di tossico in questa illusione immunitaria rispetto al ritorno della violenza razzista, soprattutto se questa è interpretata come una pagina eccezionale nella storia della modernità europea e poco più di un inciampo nelle vicende italiane. La pianificazione burocratica della cancellazione di milioni di esseri umani, con la collaborazione di vari Stati europei, non può circoscrivere il razzismo politico a patologia episodica in una storia di rispetto delle differenze. La storia del razzismo politico è storia di come si pensa, legittima e organizza l'esclusione di una popolazione, gruppo o minoranza. Per comprendere la sua perversa normalità occorre assumere il metro del tempo lungo e cogliere i nessi, ampiamente sperimentati nella persecuzione di ebrei e neri, tra etichettamento sociale, catalogazione umana e gerarchizzazioni normative. Occorre altresì prestare attenzione al risveglio di sentimenti elementari capaci di scatenare forze primordiali in nome di comunità di nativi e consanguinei che inchiodano l'umano a un biologismo asfittico (cfr. Car, Mattucci 2021, 28). Bruck, nei suoi versi più recenti, mette in guardia dalla tolleranza verso l'antisemitismo in una "Europa unita solo sulla carta", in cui "Gli stati, i politici / dalla vista corta / e dalla memoria debole / minimizzano" (Bruck 2021c, 20–21). La poeta si interroga sul senso odierno di slogan quali "prima gli italiani / prima gli americani", su chi è che decida la gerarchia tra nazioni ricordando con amarezza che "Per amore delle patrie / sono pieni i cimiteri" (Bruck 2021c, 40).

Nella prospettiva sin qui delineata rispetto al valore civile della memoria, l'opera di Bruck è continuo agire la missione testimoniale in chiave letteraria ben oltre un passato monumentalizzato. A questa dimensione pubblica si è sempre accompagnata una riflessione privata, quasi intima, che restituisce le mutilazioni negli affetti e nei legami che la violenza genocidaria ha prodotto. Testimonianza storica e confessione diaristica si tengono insieme in una scrittura 'vissuta' che rinasce ogni volta affondando lo sguardo nelle pieghe del male umano senza consegnarsi alla disperazione o all'abulia. Hannah Arendt, tra le prime ad aver conferito una dignità filosofica al ritratto biografico (cfr. Arendt 1988), scrive di come vi siano esistenze che per via di circostanze talora drammatiche acquistano un valore esemplare diventando il crocevia in cui si appaesano eventi di portata storica. Sono i 'tempi bui' della prima metà del XX secolo, tempi di catastrofi e disastri, ma anche di esistenze che con la loro opera sono riuscite a far brillare una luce (cfr. Arendt 2023). I ritratti di vita di alcune donne e uomini profondamente segnati da apolidia, esclusione, misconoscimento, trasformano le cose solo accadute in cose dette e consegnano la loro storia a occhi così avvezzi al buio da far fatica a distinguere. Le parole possono occultare o schiudere, soprattutto di fronte all'estremo. È Arendt stessa a ricordare che

> fino al momento esatto in cui la catastrofe toccò tutto e tutti essa era dissimulata, non dalla realtà ma dalle parole, le parole ingannevoli e meravigliosamente efficaci di quasi tutte le personalità ufficiali che, di continuo e con molteplici e fantasiose varianti, trovavano spiegazioni esaurienti per ogni sgradevole evento e per ogni giustificato timore. (Arendt 2023, 22)

Se la caratteristica della sfera pubblica, come la filosofa ha ribadito a più riprese, è quella di "far luce sulle questioni umane" (Arendt 2023, 22), garantendo un luogo in cui gli individui possano mostrare "chi" sono attraverso parole e azioni, allora quella luce viene spenta quando le parole insabbiano la realtà e la verità. Affidare alle parole l'esistenza di vite a loro modo esemplari per la fiamma che hanno saputo accendere è un modo per non cedere al dominio del buio. Rileggere Bruck alla luce di alcune riflessioni di Arendt può avviare un fecondo dialogo a distanza tra chi ha continuato a guardare al dramma della storia per "rinascere" attraverso le parole. Quelle di Bruck scaturiscono dalle occasioni della vita, mescolando storia e intimità in epoche differenti (Meschini 2018, 15), facendo della scrittura un appello a un confronto ampio che può evocare tanto i morti quanto le generazioni future.[2]

A chi abbia maturato un'abitudine ai testi filosofici e letterari che aiutano la comprensione del totalitarismo nazista l'incontro con la poesia e prosa di Bruck consente una riflessione ancor più profonda. Si tratta di una sorta di costellazione benjaminiana che permette di tenere fisso il pensiero simultaneamente a cose diverse analizzando una questione fin dove questa si lega ad altre svelando come tutte in realtà fossero già insieme. Una costellazione di senso che getta una luce sul filo che lega letteratura e filosofia quando si guarda alle proprie spalle mentre si è trasportati in avanti dal tempo. La memoria poetica di Bruck mostra l'esigenza, già arendtiana, di osservare il mondo a partire dal punto di vista di 'una' vita che nelle tante esistenze racchiuse si fa crocevia esemplare delle perdite e rinascite dell'umanità. Lo si avverte nella ricomposizione dei ricordi personali di un passato che versi e prosa trasformano in un percorso di senso sugli eventi che fa irruzione nel tempo di ogni lettore. La memoria poetica è una testimonianza nel presente di un passato che, come nel racconto della deportazione ad Auschwitz e della decimazione della famiglia, si fa il giorno eterno senza tempo che racchiude tutti i tempi (cfr. Bruck 2021b). È a partire da questa via che si può sottolineare come la memoria letteraria di Edith Bruck operi, sin dai primi scritti, agendo la propria nascita attraverso la lente narrativa. Rinascere continuando a raccontare ciò che è passato in giudicato è una via per riattraversarne le origini e mettersi il fardello del proprio tempo sulle spalle.

Letteratura, immaginazione, appartenenza

Il senso della nascita e rinascita come mettersi al mondo è l'incrocio in cui vita e opera di Hannah Arendt ed Edith Bruck si incontrano. A pochi anni dall'arrivo a New York, dopo la fuga da un'Europa quasi interamente nazificata, Arendt consegna a un intenso saggio, *Noi rifugiati*, la testimonianza di profuga d'eccezione che condensa in un esempio particolare la situazione

---

[2] Cfr. Bruck 1975, 70: "Perché sarei sopravvissuta / se non per testimoniare / con la mia vita / con ogni mio gesto / con ogni mia parola / con ogni mio sguardo. / E quando avrà termine / questa missione? / Sono stanca della mia / presenza accusatrice, / il passato è un'arma / a doppio taglio / e mi sto dissanguando. / Quando verrà la mia ora / lascerò in eredità / forse un'eco all'uomo / che dimentica e continua e ricomincia…".

degli apolidi in generale (cfr. Arendt 2022). Le vite dei rifugiati ebrei, chiamati a dimenticare il passato in cambio di una nuova casa in un paese diverso, sono spezzate dal ricordo di affetti lasciati nei ghetti o uccisi nei campi di concentramento e sterminio. Non è facile riannodare la trama di queste esistenze in contesti lontani, tra infinite difficoltà quotidiane, a volte insormontabili. Arendt racconta lo sforzo di nascondere la propria provenienza e il tentativo di assimilarsi all'interno di una nuova nazione. È un saggio breve di rara forza, scritto quando lo sradicamento di chi è in esilio è una ferita che può essere rimarginata solo attraverso lunghi *iter* assimilativi, oppure restare drammaticamente aperta. La ricerca di un posto nel mondo in cui rinascere è la condizione che accompagna il peregrinare di Edith Bruck dopo la sconfitta nazista, la liberazione dei campi da parte degli alleati e l'esperienza tragica della marcia della morte. Il ritorno in un'Ungheria ferita e muta apre una distanza rispetto al mondo dei vivi che non vuole ascoltare altro dolore. Bruck si sente "di un'altra specie" e avverte che l'avanzo di vita rimastole è un peso anche per i familiari superstiti induriti dalla violenza subita (Bruck 2021a, 68). Lo spaesamento dei rifugiati ha le sembianze di un non sapere cosa fare della vita o come ricominciare a vivere. Non si stava più bene né con se stessi, né con gli altri, come se qualcosa nelle loro esistenze si fosse definitivamente rotto (cfr. Bruck 2021a, 76). Anche la giovane patria israeliana, "il Paese che non è ancora un Paese" (Bruck 2021a, 83) fatica a essere il posto nel mondo di una giovane Edith Bruck che, dopo l'esperienza concentrazionaria, non sembra trovarsi a proprio agio da nessuna parte.

Senza mai abbandonare apolidia ed esclusione politica come studiosa, Arendt troverà negli Stati Uniti la sua patria, almeno elettiva, e alla fine degli anni Cinquanta metterà a punto un'analisi concettuale di prim'ordine sul senso politico dell'esistenza nell'opera *La condizione umana* (cfr. Arendt, 2006). L'esperienza nazionalsocialista rimane il fondo critico, oltre il limite costitutivo della dimensione umana, con il quale pensare per ricominciare un nuovo inizio umano e politico. La domanda su un possibile spazio di azione in una società ripiegata sulla difesa degli interessi materiali muove la riflessione sulla condizione umana. Il Novecento è raccontato spesso come il secolo della violenza armata, accresciuta nella sua capacità di annichilire vita e spazi di convivenza grazie alla potenza tecnologica. Questo connubio tra tecnica e violenza ha compromesso la spontaneità di cui ogni esistenza potrebbe essere portatrice per cancellare le differenze.

Arendt ha appreso la lezione totalitaria e l'ha messa a frutto individuando il nocciolo più politico dell'umanità. In quest'ottica stabilisce un legame originale tra nascita, inizio e azione, facendo del suo pensiero una 'filosofia della vita'. Con ogni nascita viene al mondo una novità che reca in sé la possibilità di mutarlo e rigenerarlo in quanto nuovo inizio: "il cominciamento inerente alla nascita può farsi riconoscere nel mondo solo perché il nuovo venuto possiede la capacità di dar luogo a qualcosa di nuovo, cioè di agire" (Arendt 2006, 8). Senza il fatto della nascita la novità sarebbe indistinguibile e l'azione sarebbe considerata alla stregua del comportamento. L'azione intesa come cominciamento è la sola dimensione della condizione umana che si caratterizza per la sua costitutiva libertà, vale a dire per la capacità di dar vita all'imprevedibile. È come se agendo si venisse al mondo più di una volta: se la prima nascita incarna l'evento naturale di inserimento nella sfera mondana, nella quale arriva qualcuno di assolutamente nuovo che prima non c'era, attraverso l'azione, invece, si rinasce ogni volta facendo apparire qualcosa di inedito che interrompe il corso delle cose. La capacità di agire ci ricorda che non siamo nati per morire ma per incominciare, che la nascita, e non la morte, è la nostra dimensione costitutiva. Questa capacità di agire l'imprevisto si attualizza anche con il racconto. È Arendt stessa a sottolineare, ed è tra le prime a farlo, che con la parola e con l'azione rinasciamo ogni volta sobbarcandoci la nuda realtà della nostra apparenza fisica originale. "Agire, nel senso più generale, significa prendere un'iniziativa [...], iniziare [...] mettere in movimento qualcosa" (Arendt 2006, 128), ed è la presenza degli altri a stimolarne l'impulso.

Edith Bruck, come Arendt, continua ad agire la sua nascita attraverso le parole. Agire la nascita significa iniziare qualcosa per amore della vita senza rimuovere la selezione biologico-razziale portata a termine dal nazionalsocialismo. Il gesto narrativo è un lavoro che chiama l'immaginazione a riattraversare il dolore della perdita per suturare una lacerazione che non può essere detta una volta per tutte. Le parole decantate dalla memoria letteraria hanno faticosamente sottratto ciò che è irreparabile all'afasia che spesso accompagna il trauma della violenza. Quella nazista ha incontrato periodi di oblio, discussioni sull'irrappresentabilità di un orrore che oltrepassa la comprensione e rimette in discussione l'eredità culturale moderna. Non è un caso se dopo Auschwitz in molti si siano interrogati sulla funzione della letteratura, del cinema e della filosofia del passato per tentare di rappresentare ciò che ha cambiato per sempre il futuro. Arendt e Bruck scrivono per la vita con lo sguardo costantemente rivolto alle politiche della morte – tanatopolitiche – che hanno rappresentato l'estremo dei regimi totalitari. Agiscono il fatto di essere nate attraverso il racconto libero e sofferto di un estremo che appare come un'eredità senza testamento. In *Lettera alla madre*, Bruck offre una confessione pubblica, quasi una riflessione *en plein air*, alla donna verso la quale avverte un "legame indissolubile, ma anche un'estraneità a volte insopportabilmente dolorosa" (Bruck 2022, 11). Le racconta dell'amore irrazionale per la vita sperimentato nelle privazioni del Lager, nelle marce della morte, delle vite vissute fino all'arrivo a Roma. Quella fede che ha disciplinato le azioni materne dalla nascita alla prematura morte violenta non è mai riuscita a guidare Bruck:

> Se ha vinto fino all'ultimo la tua fede, mamma, per te morire non era niente, l'atteso passaggio verso la vera vita […] Come vorrei che tu dicessi che io ho torto, che hai sempre avuto ragione tu, che sono io che sbaglio a non credere nella bacchetta magica di Dio, che se c'è dovrebbe essere una specie di Mengele del cielo!.
> (Bruck 2022, 26–27)

La costellazione tematica che lega Arendt e Bruck attraverso il fondo totalitario e il senso dato alla nascita si allarga ad altri interrogativi cari a entrambe: il valore della letteratura, la patria, il rapporto con l'ebraismo e la memoria. Nella lettera immaginaria alla madre, Bruck scrive che la vita agita, quella resa significativa dai legami, ha bisogno di poesia e arte per non essere "irrespirabile" (Bruck 2002, 35).[3] Ad Auschwitz, infatti, le poesie mandate a memoria da bambina l'avevano abbandonata, come pure tutte le cose belle. In una situazione estrema l'immaginazione, intesa come la facoltà che permette di muoversi nel tempo nutrendosi della ricerca di bellezza, non può che spegnersi.

Arendt è tornata più volte nell'ambito della sua vasta produzione sul rapporto tra letteratura e immaginazione. La letteratura può essere un elemento determinante nell'attivare una rammemorazione che argini almeno dal punto di vista morale il ripetersi di situazioni politiche tragiche. La narrazione talvolta riesce a rendere manifesta la verità segreta degli avvenimenti più della

---

[3] Bruck 2022, 35: "Tu non sai quanta verità può contenere un solo verso."

storia. Non perché descriva o padroneggi con realismo, ma perché il senso di un evento può essere penetrato solo quando le facoltà percettive riescono ad averne un'immagine. L'immaginazione è quella particolare capacità di costruire immagini mentali per stare dove non si è, rendendo presente ciò di cui non si ha esperienza diretta. La letteratura, mediante la descrizione persuasiva, può consentire un salto immaginario nelle vite altrui, aprendo all'immedesimazione nei sentimenti raccontati. Arendt lo sottolinea con particolare enfasi in occasione del discorso pronunciato per il conferimento del premio Lessing quando, tra i temi toccati, si concentra sul rapporto tra racconto, letteratura e immaginazione. La filosofa è stata tra le prime a percorrere la via transdisciplinare che solleva la realtà verso la speculazione passando per l'arte. Da avida lettrice, il suo pantheon artistico è popolato da scrittori come Faulkner, Conrad, Melville, Dostoevskij, Simenon, Kafka, con i quali sviluppa la forza dell'identificazione immaginaria, quella che permette di mettersi col pensiero e i sentimenti al posto degli altri e di esclamare "sì, è così che andarono le cose" (Arendt 2023, 43).

Appartenenza e patria sono questioni aperte per gli ebrei diasporici. Edith Bruck ricorda come "nonostante Auschwitz" gli ebrei siano esseri umani uguali agli altri, "niente di più", anche se continuano a essere guardati e giudicati differentemente (Bruck 2022, 57). Così in nome della patria e della ragion di Stato, gli israeliani potranno fare quel che gli altri popoli hanno sempre fatto quando si tratta di difesa e confini, ma saranno valutati con altri occhi. Quel giudizio tende a generalizzare quando si tratta di ebrei e governo israeliano, facendo un unico fascio di chi vive nello Stato e di chi vive fuori. La patria rimane una contraddizione insanabile per gli ebrei. Bruck è lacerata da domande senza risposta su come poter occupare un territorio, dividerlo con giustizia, quando "c'è troppo sangue in mezzo, troppa differenza, troppa poca buona volontà, e ancora meno umiltà" (Bruck 2022, 57). La poeta osserva con amarezza che nel mondo potrebbe esserci posto per tutti, se solo lo si volesse. Israele avrebbe dovuto rappresentare la memoria del suo popolo e la zattera del mondo, per dirla con Primo Levi. Non è così per Bruck, giunta nella terra sognata dalla madre quando il paese somiglia ancora a un bambino bisognoso di cure e di tutto, come i sopravvissuti desiderosi di affetto, comprensione e, soprattutto, di protezione costante. La storia politica, tuttavia, prenderà un'altra direzione e al posto di psicanalisti e madri amorose, il piccolo paese sempre in guerra sarà popolato da armi ed eserciti.[4] La patria di Bruck finisce con l'essere una casa romana non sua ma a lungo abitata, disseminata di oggetti conosciuti con una storia da scrivere. Come per il collezionista-scrittore Walter Benjamin, le cose hanno in sé un giacimento narrativo in attesa di essere sollecitato. Per Bruck oggetti e abiti possono raccontarle tutto perché sanno di lei, hanno una memoria e una voce proprie. Buttarli sarebbe come plastificare il passato e con esso i segni della vita. La casa romana rappresenta il nido conosciuto a memoria attraverso il quale rimettersi al mondo con le parole.

Hannah Arendt ha indagato sin dai primi scritti il senso profondo dell'appartenenza, muovendo dalle vite desolate dei tanti che si trovano, per le cause più diverse, a essere senza patria, senza casa, senza mondo. Non avere un posto nel mondo in cui poter costruire legami e rendere la vita significativa è una condizione profondamente disumana. La comprensione del senso della perdita e mancanza è il sentiero che conduce la filosofa a riflettere su quanto l'umanità difesa dai diritti fondamentali abbia a che vedere con il potersi sentire a casa in un posto nel mondo. Una condizione quasi naturale per le maggioranze nazionali, un miraggio per le minoranze e per i tanti apolidi che si riversano in Europa dopo il collasso dei vecchi imperi. Il tema della patria non poteva non misurarsi con la questione ebraica. Le riflessioni a proposito di una possibile 'espressione politica' del popolo ebraico incontrano una formulazione più compiuta in alcuni scritti coevi alla fondazione dello Stato di Israele. Come già esposto in altra sede (cfr. Mattucci 2013, 129), Arendt discute la tendenza sionista a risolvere la questione ebraica con il ritorno alla terra d'origine, sottolineando quanto le sorti della Palestina siano congiunte a quelle degli ebrei della diaspora in un'Europa liberata. In questo orizzonte, la fondazione deve prendere le distanze da una comunità di sangue o da una "solidarietà della paura", ma deve alimentare legami, anche nella difesa comune, che evitino al "popolo del libro" di rimanere un "popolo della carta" (Arendt 2002, 33). L'analisi della filosofa muove dal tentativo di immaginare per il periodo post-bellico una politica dei popoli nel segno della pluralità, solidarietà e amicizia, criticando aspramente le derive nazionaliste e sovraniste. Una delle sue eredità più feconde e inascoltate riguarda la costitutiva impossibilità da parte degli Stati nazionali di tutelare popolazioni miste.

---

[4] Bruck 2022, 84. "E doveva scorrere il latte e il miele come nelle tue favole, non il loro sangue ancora o sangue altrui per mano loro."

La questione del senso dell'appartenenza ritorna con forza in occasione delle tante polemiche seguite alla pubblicazione del reportage sul processo al criminale nazista Adolph Eichmann (cfr. Arendt 1992). A ridosso della diffusione del resoconto, Arendt è travolta soprattutto da accuse di tradimento e minimizzazione delle sofferenze del popolo ebraico, rivoltele anche da persone un tempo amiche. Si incrinano, ad esempio, i rapporti con l'ebraista Gershom Scholem che, nel chiederle conto dello spostamento di prospettiva da una radicalità del male totalitario a una sua banalizzazione, la rimprovera di non amare il popolo ebraico (Arendt 1993, 215). Arendt replica di non essere animata da alcun genere di amore per popoli o collettività e di coltivare il solo amore che le sembra sensato, quello per le persone e, in particolare, per i suoi amici. Ai fanatismi che possono sorgere dall'amore astratto verso collettività, preferisce l'affettuoso rispetto dotato di un volto concreto e nutrito da legami reali. L'essere ebrea ha sempre rappresentato uno di quei dati di fatto indiscutibili della sua vita che non ha mai desiderato modificare o ricusare, come una gratitudine di fondo per tutto ciò che è così com'è.

In una poesia che appare una domanda aperta ai governi, Bruck fa eco alle preoccupazioni di Arendt scrivendo: "Una vita vale l'altra / ed è cara anche a coloro / che contano di meno / delle nazioni privilegiate / più armate / più progredite / ma non imparano niente / dai propri errori / sono rimasti all'ABC" (Bruck 2021c, 40). Arendt e Bruck consegnano al proprio tempo e a quello futuro moniti dinanzi a forme di dominio e violenza che generano nuovi profughi e antiche sofferenze. Le loro domande aperte si misurano con 'il cosa' e con 'il come' delle narrazioni, consapevoli che il legame con la memoria rimane attivo quando sa schiudere una lezione per il presente nel rispetto delle differenze umane. Rispetto che inizia cercando di immaginare quanto possa ferire uno sguardo storto, specie quando si tratta dell'"ennesimo episodio di razzismo contagioso" (Bruck 2021a, 22).

Bibliografia

Agamben, Giorgio, 1998, *Quel che resta di Auschwitz. L'archivio e il testimone*, Bollati Boringhieri, Torino.

Arendt, Hannah, 1988, *Rahel Varnhagen. Storia di una donna ebrea*, Il Saggiatore, Milano.

Arendt, Hannah, 1992, *La banalità del male. Eichmann a Gerusalemme*, Feltrinelli, Milano.

Arendt, Hannah, 1993, "Eichmann a Gerusalemme. Uno scambio di lettere tra Gershom Scholem e Hannah Arendt" in *Ebraismo e modernità*, Feltrinelli, Milano, 215–228.

Arendt, Hannah, 2002, *Antisemitismo e identità ebraica. Scritti 1941–1945*, a cura di Marie Luise Knott, Edizioni di Comunità, Torino.

Arendt, Hannah, 2006, *Vita activa. La condizione umana*, Bompiani, Milano.

Arendt, Hannah, 2022, *Noi rifugiati*, Einaudi, Torino.

Arendt, Hannah, 2023, *L'umanità in tempi bui*, Mimesis, Milano-Udine.

Bruck, Edith, 1975, *Il tatuaggio*, Guanda, Parma.

Bruck, Edith, 2018, *Versi vissuti. Poesie (1975–1990)*, a cura di Michela Meschini, eum, Macerata.

Bruck, Edith, 2021a, *Il pane perduto*, La nave di Teseo, Milano.

Bruck, Edith, 2021b, *La mia università si chiama Auschwitz*, RomaTre Press, Roma.

Bruck, Edith, 2021c, *Tempi*, Prefazione di Michela Meschini, La nave di Teseo, Milano.

Bruck, Edith, 2022 [1988], *Lettera alla madre*, La nave di Teseo, Roma.

Burgio, Alberto, 2010, *Nonostante Auschwitz. Il "ritorno" del razzismo in Europa*, Deriveapprodi, Roma.

Car, Ronald, Mattucci, Natascia, 2021, "'Razzismo eterno'? La persistenza delle radici tra passato e presente", *Heteroglossia*, 17, 15–35.

Levi, Primo, 1997, "I sommersi e i salvati" in *Opere*, II, a cura di Marco Belpoliti, Einaudi, Torino.

Mattucci, Natascia, Santoni, Claudia (a cura di), 2010, *Esclusione, identità, differenza. Riflessioni su diritti e alterità*, Clueb, Bologna.

Mattucci, Natascia, 2013, "La patria ebraica. Hannah Arendt e Primo Levi a confronto" in Natascia Mattucci, Andrea Rondini (a cura di), *Hannah Arendt e Primo Levi. Narrazione e Pensiero*, PensaMultimedia, Lecce, 115–146.

Meschini, Michela, 2018, "Rinascere nella parola. Prospettive critiche sulla poesia di Edith Bruck" in Edith Bruck, *Versi vissuti. Poesie (1975–1990)*, 5–21.

Raboni, Giovanni, 1975, "Presentazione" in Edith Bruck, *Il tatuaggio*, Guanda, Parma, VII-VIII.

Šalamov, Varlam Tichonovič, 1999, *I racconti di Kolyma*, I, Einaudi, Torino.

Todorov, Tzvetan, 2001, *Memoria del male, tentazione del bene*, Garzanti, Milano.

Maternità e corporeità femminile nell'opera di Edith Bruck. Una prospettiva di genere tra memoria e ricerca del sé

Carla Carotenuto

ABSTRACT
Nel saggio è analizzata la rappresentazione dell'identità femminile in alcune opere significative dell'attività letteraria di Edith Bruck, contestualizzata a livello socioculturale nell'ambito della letteratura italiana contemporanea in un'ottica di genere. In questo percorso, in cui intratestualità, intertestualità ed extratestualità si compenetrano, specifica attenzione è riservata alla dimensione della maternità e alla corporeità muliebre, anche nella relazione madre-figlia, alla luce del connubio tra l'esperienza vissuta, la necessità della scrittura e la funzione della memoria attraverso cui è ricostruito il passato individuale, familiare e collettivo. Prendendo avvio da *Lettera alla madre*, l'indagine attraversa narrativa e poesia, concentrandosi in particolare su *Il pane perduto*, *Tempi*, *Versi vissuti*, *Specchi* e *L'attrice*, romanzo in cui lo stretto rapporto femminilità-corporeità-memoria è rielaborato in una suggestiva chiave cinematografica.

Soggettività femminile e corpo materno

Il fitto intreccio tra scrittura e vita è peculiare della produzione letteraria al femminile: "il lavoro attorno a se stesse e alla propria identità è la condizione prima della scrittura. Un lavoro che richiede non la ricomposizione ma la considerazione critica delle proprie lacerazioni, di un disagio sociale che si trasforma sempre in sofferenza esistenziale" (Cutrufelli, 1995, 153),[1] e contraddistingue l'opera di Edith Bruck a partire dal trauma della deportazione e della separazione dal corpo materno (durante la selezione ad Auschwitz), primo oggetto di amore. Un corpo tondo, da rispettare e custodire, un "corpo grande" dove l'autrice, ammette, avrebbe "voluto tornare" (Bruck 2022a, 94) ricucendo anche la cicatrice della prima separazione dalla madre, sancita dal taglio del cordone ombelicale: il metaforico *reditus ad uterum* ridisegna la nostalgia originaria della madre tramite l'immagine dell'utero nel "corpo=vaso", "simbolo centrale del Femminile" (Neumann 1981, 48).

---

[1] Cfr. inoltre Zancan 1988; Carotenuto 2012.

Ogni desiderio diventa, per Luce Irigaray, "abisso se la dimora *in utero* è censurata e se le separazioni da quella prima dimora e prima nutrice restano ininterpretate, impensate, nelle loro perdite e cicatrici" (Irigaray 1989a, 26). "È una madre-grembo" (Meschini 2018, 13), un corpo desiderato, con "le braccia appetitose" (Bruck 2022a, 86), offerto in modo provocatorio ai figli come cibo per fronteggiare la povertà, ma preservato dalla scrittrice quale oggetto di venerazione:

> Io ti guardavo un po' divertita all'idea di mangiarti, di darti un bel morso, poi mi rendevo conto che ti avrei fatto tanto male e mi facevi già pena, quasi mi mettevo a piangere nel dirti che non ti mangerei nemmeno se morissi di fame, ti lascerei così bella tonda, cicciotta con la pelle vellutata e le cosce grosse. Tu eri intera così, perfetta, con le braccia giuste per te, con le gambe su misura, i fianchi forti, la faccia tonda e rosea come una mamma bambola. Una bambola pronta al sacrificio, prima per Dio, poi per i figli. (Bruck 2022a, 86)

L'ipotetica fagocitazione del corpo della madre diventa, dopo la sua morte, mezzo per annullarne la distanza, per vincerne l'estraneità e ristabilire sul piano simbolico "il primo corpo a corpo con la madre" della "vita intrauterina" (Irigaray 1989a, 25): "Per sentirti, a me basta che cucini qualcosa che cucinavi tu, lo faccio, e me lo mangio tutto con appetito sfrenato come se mangiassi il tuo corpo" (Bruck 2022a, 101). "Non ci siamo scelte, per caso siamo madre e figlia, e poiché tu eri mia madre io ti ho amato e ti amerò per sempre come nelle favole" (Bruck 2022a, 12). Desiderio "folle" (Irigaray 1989a, 20), proprio del rapporto madre-figlia descritto con intensità da molte autrici del secondo Novecento come Francesca Sanvitale, che in *Madre e figlia* (1980) adotta una modalità narrativa all'inizio 'favolosa' (cfr. Carotenuto 2012, 118, 130–132): "Amo il suo corpo anche vecchio, anche morto, anche decomposto. Solo il corpo di mia madre è per me un corpo d'amore" (Sanvitale 1994a, 4).

Un corpo, però, che nella vita di Bruck ha marcato il divario dalla figlia, mendicante dell'amore materno incapace di manifestarsi con parole e gesti affettuosi riservati solo alla devozione religiosa, assicurata pur tra incombenze domestiche e necessità pratiche. Lontananza, noncuranza, severità, incomprensione, da un lato, e vicinanza, ricerca di attenzione, indulgenza, affetto, dall'altro, caratterizzano la relazione materna-filiale nel segno della somiglianza/diversità e della conflittualità, sperimentata a più livelli fino alla rivendicazione di autonomia dell'autrice. "Vuoi che io sia come vuoi tu, sulla tua misura, devo rinnegarmi per piacerti o mi rinneghi" (Bruck 2022a, 111).

Forse anche il mio corpo sarebbe più sano se tu mi avessi baciato di più dappertutto come avevo visto fare le mamme con le loro bambine nude dopo il bagno. Tu non hai mai baciato la mia pancia, i miei piedini, il mio sesso, il mio sedere. Mi hai mai accarezzata tu? Non me lo ricordo proprio, io che mi ricordo anche del colore scolorito del tuo grembiule e le toppe sul seno e sulla tasca destra. (Bruck 2022a, 78)

Io porto gli stessi abiti per dieci, per vent'anni come te. [...] Al contrario delle donne e degli uomini, io amo le rughe, mamma. Che volto è un volto senza segni, senza qualcosa di scritto inciso su un volto? È come non avere un volto, non aver avuto un passato. Se tu non avessi avuto quelle pieghe profonde intorno alla bocca, non mi ricorderei più della tua bocca, del tuo naso sopra la bocca, dei tuoi occhi vigili. (Bruck 2022a, 94)

Il contrasto sembra aggravato dal distacco violento tra le due reso definitivo dall'uccisione materna nel campo di concentramento (cfr. Bruck 2021b): un trauma personale e collettivo posto alla base del processo di rielaborazione memoriale in cui la presenza della madre viene sublimata decretandone l'"ordine simbolico" (Muraro 2022; cfr. Caporossi 2009, 77–107).

Madre/figlia: un legame ambivalente

Nel vissuto di ogni donna la lacerazione interiore conseguente alla perdita della madre innesca un travagliato percorso di autoanalisi e ridefinizione del sé che trova nella memoria e nella scrittura gli strumenti privilegiati. Nell'affrontare una delle transizioni chiave più difficili del familiare (cfr. Scabini, Cigoli 2000), un "lutto eterno" (Bruck 2021a, 25), la scrittura assolve una funzione terapeutica tracciando sulla raffigurazione della relazione madre-figlia una fitta trama intertestuale nella letteratura al femminile:

non mi ero mai accorta quanto, attraverso il rapporto madre-figlia, la scrittura femminile avesse creato legami, avesse unito mondi poetici e si fossero quasi ripetute situazioni emotive, rappresentazioni, sentimenti, persino parole come se fili sotterranei legassero i testi in una costellazione omogenea con varianti. Per quanto mi riguarda non nego che la scrittura di *Madre e figlia* sia stata un'esperienza interiore oltre che narrativa, un percorso che cercava di chiarire a me stessa la mia identità di donna. (Sanvitale 1994b, 204)

Nel suddetto romanzo *Madre e figlia* di Sanvitale (1994a), di matrice autobiografica, la descrizione iniziale della fragile Marianna, madre di Sonia, ormai defunta, avvia il racconto memoriale del complesso legame scandito "in un gioco di specchi" (Zancan 1988, 81; Sanvitale, 1994b) da amore, odio, dedizione, vicinanza, rifiuto, distacco, con scambio di ruoli (diffuso nei casi di cura) e sensi di colpa connessi a difficoltà, malattie, separazioni (cfr. Carotenuto 2012, 130–140). La rielaborazione del rapporto con la madre, anche nella dimensione corporale del femminile e della scrittura, consente a Sonia di ricomporre a fatica la propria soggettività (cfr. Carotenuto 2012, 130–140; Chemotti 2009a; Sambuco 2014, 97–126).

Simili sono le motivazioni dell'indagine psico-fisica intrapresa da Delia a seguito della notizia del decesso improvviso della madre Amalia ne *L'amore molesto* (1992) di Elena Ferrante: nell'*incipit* la connessione tra la morte dell'una e la ricorrenza della nascita dell'altra (cfr. Ferrante 2012, 9) suggerisce l'interdipendenza tra le due figure del Femminile, cui è riconducibile l'immagine del mare (cfr. Neumann 1981). Sebbene con implicazioni e costrutti narrativi differenti, anche in questo caso la ricostruzione memoriale permette alla figlia di reinterpretare il passato, ridefinire il materno attraverso una graduale e dolorosa acquisizione di consapevolezza che include l'identificazione con il corpo della madre e l'affermazione della genealogia femminile (cfr. Chemotti 2009b, 271–282; Sambuco 2014, 153–176).

In modo analogo Bruck delinea il *"continuum* genealogico dove ogni madre è madre di una figlia, ma anche figlia di una madre" (Cavarero 2000, 225; cfr. Irigaray 1989a;[2] Neumann 1981) e si riconosce, a distanza di anni, simile alla genitrice per molti aspetti e atteggiamenti tranne che nella fede, benché esprima un profondo senso religioso (cfr. Bruck 2017, 11–13; *Lettera a Dio*, Bruck 2021b, 119–123): "ti riconosco nei miei occhi / che sanno di

---

[2] Irigaray postula una duplice genealogia femminile: familiare e culturale. "C'è una genealogia di donne nella nostra famiglia: abbiamo una madre, una nonna, una bisnonna materne e delle figlie. Di questa genealogia di donne, dato il nostro esilio nella famiglia del padre-marito, tendiamo a dimenticarne la singolarità e perfino a rinnegarla. Cerchiamo di situarci in questa genealogia femminile per conquistare e custodire la nostra identità. Non dimentichiamo nemmeno che abbiamo già una storia, che certe donne, anche se era culturalmente difficile, hanno segnato la storia, e che troppo spesso noi non ne abbiamo conoscenza" (Irigaray 1989a, 30). Nel caso di Bruck la genealogia femminile annovera, a livello familiare, bisnonna, nonna, madre, sorelle e nipoti.

pianto / nel mio viso tondo dagli zigomi alti / nei fili bianchi tra i capelli [...] / nel mio cuore che si spaventa per un nonnulla / nelle mie braccia mature e tenere" (Bruck 2018, 55); "solo in te mi riconosco allo specchio, anche se più vecchia da poter essere tua madre, e che madre! Ti bacerei la fronte alta fasciata da fazzoletti sbiaditi [...] la bocca da parola mai tinta di rosso, gli occhi viola-azzurri" (Bruck 2017, 72). L'autrice individua nella distanza della madre e nel tragico strappo mortale le ragioni della scrittura con cui cerca di soddisfare l'incessante bisogno di comunicazione rimasto inascoltato, colmare lo spazio e il tempo negati repentinamente, vincere la solitudine: "Parliamo, madre" (Bruck 2018, 77); "Se tu mi avessi ascoltata una sola volta fino in fondo, forse non ti scriverei adesso, forse non avrei scritto mai nessun libro, la devo a te anche questa mia malattia di scrivere, e ad Auschwitz dove mi hai lasciato andare, anzi, mi hai spinto via, urlando di obbedire[3] a uno che mi batteva con il fucile" (Bruck 2022a, 96). In questo sofferto vissuto si può forse cogliere l'attesa del ricongiungimento finale che possa decretare la ricomposizione della "coppia (naturale e spirituale) madre-figlia" (Irigaray 1989b, 212), caratterizzante l'archetipo del Femminile (cfr. Neumann 1981),[4] la cui separazione tramite il maschile è associata all'inizio del potere patriarcale (cfr. Irigaray 1989b, 215). Nel riesaminare la propria storia, il gesto materno di allontanamento all'arrivo "nell'inferno terreno" (Bruck 2021a, 61), in principio incompreso, si configura per Bruck come atto di amore verso una possibile salvezza: "mi desti la prova d'amore / sfidando i colpi di una belva umana / anche tu madre leonessa a carponi" (Bruck 2018, 54); "so che tu sei stata / e sei la mia salvezza" (Bruck 2021a, 52). Un secondo doloroso parto per la madre, una seconda nascita per la figlia che ne acquista consapevolezza dopo l'orrore della Shoah; alla rigida educazione materna e alla povertà infantile sono infatti riconducibili quelle forze e quella resilienza indispensabili alla sopravvivenza.

---

[3] Obbedienza/indipendenza, distanza/vicinanza, severità/ammirazione, somiglianza/diversità contrassegnano varie relazioni tra madre e figlia a sfondo autobiografico, come quella descritta da Francesca Duranti ne *La Bambina* (Duranti 1985; cfr. Carotenuto 2012, 85–97).

[4] Secondo Neumann, per quanto concerne il mito di Demetra e Kore, il ritrovamento della figlia da parte della madre insieme al ricongiungimento delle due costituisce il "primo elemento essenziale dei misteri eleusini e dei misteri matriarcali" (Neumann 1981, 305). In Bruck la ricerca è condotta da lei in qualità di figlia.

"Obbedisci! Obbedisci!" gridavi lasciando la mia mano, il mio corpo, anzi, spingendomi via da te, consegnandomi al soldato, alle sue botte per mandarmi dall'altra parte, nella direzione opposta alla tua. Né tu né io sapevamo che tu andavi nel gas e io ai lavori forzati, verso una probabile sopravvivenza che chissà come e perché s'è avverata. (Bruck 2022a, 12–13)

Sulla scorta di María Zambrano, Adriana Cavarero precisa come l'essere umano oscilli "in questa tensione fra il nascere e l'esistere […] essendo l'esistere ciò che lo consegna all'individualità di se stesso, e il nascere ciò che invece leggero lo sostiene nell' 'immensità della vita […]'" (Cavarero 2000, 226).

L'ambivalenza del Femminile e della relazione materna-filiale (cfr. Neumann 1981; Carotenuto 2012) è altresì ravvisabile nell'anelito di Bruck alla patria, anzi "matria",[5] promessa che la induce, da sopravvissuta, a raggiungere Israele sulla scia del favoloso racconto materno contraddetto, però, dalla realtà (cfr. Bruck 2021b): "doveva scorrere il latte e il miele come nelle tue favole, non il loro [di soldati armati] sangue ancora o sangue altrui per mano loro" (Bruck 2022a, 84); "La mia debolezza di sentimenti subito feriti, umiliati, era colpa tua, sei stata tu a illudermi, a garantirmi la felicità, la solidarietà per chi varca la soglia sacra" (Bruck 2022a, 85). Nella figurazione del sangue sono addensate con grande efficacia le diadi morte/nascita, sofferenza/amore, maternità/filiazione: il sangue è anche quello mestruale, che invade l'interiorità del femminile, grondante sulle gambe della giovane protagonista durante la deportazione e all'atto della separazione dalla madre. Fattore identitario di valore simbolico plurimo (cfr. Neumann 1981), il sangue connota altri dolorosi distacchi tra madre e figlia, come quello rappresentato nel citato romanzo *L'amore molesto* di Ferrante, allorché Delia, portando a spalla la bara materna, avverte "quel fiotto segreto del ventre" (Ferrante 2012, 16).

In Bruck l'incessante bisogno di rinsaldare il legame con la madre, di destarne l'attenzione, in vita rivolta altrove, l'impellente necessità di 'farsi conoscere' e di riappacificarsi con la sua memoria avvalorano la riedizione nel 2022 di *Lettera alla madre*, introdotta da un suo messaggio epistolare in cui si allude all'inversione dei ruoli e all'unità madre-figlia nella scrittura, intesa quale possibile rinascita (cfr. Meschini 2018, 13): "Adesso sei tu che potresti essere mia figlia e potrei sgridarti io. Ma io racconto al mondo di noi, invece tu hai passato la tua breve vita (bruciata), in confronto alla mia, a parlare con

---

[5] Per il concetto di "matria" si rinvia a Contarini 2012.

Dio" (Bruck 2022a, 7). L'assenza lancinante della madre viene contrastata dalla sua presenza nella memoria e nella scrittura, capace di renderla eterna – riconoscendone l'unicità ("tu sei l'Unica per me", Bruck 2022a, 97) – e restituirle sul piano simbolico la vita sottratta con violenza: "madre amata che vivi in me, e sulle mie pagine, madre-carta" (Bruck 2022a, 8). "Madre-mater / è come marmo, eterno / non svolazza in aria / come una farfalla / dalla vita breve" (Bruck 2021a, 67).

Sull'identificazione "madre-carta" si fonda la funzione materna della scrittura, definita dall'autrice "uterina", "di sangue" (Bruck in Meschini 2022, 283): l'atto compositivo è una gestazione[6] sofferta e complicata, la testimonianza una "gravidanza infinita" nell'impossibilità di espellere in modo definitivo il "figlio-mostro concepito ad Auschwitz" (Bruck 2023; cfr. Lucamante 2012, 161). Il corpo di Bruck reca su di sé e dentro di sé i segni dell'atrocità della storia: è corpo stigmatizzato (cfr. Goffman 2012) nel contesto concentrazionario (cfr. Bruck 2021b) e nello stesso tempo è corpo testimoniale, la cui peculiarità si palesa, a detta di Stefania Lucamante, in *Lettera da Francoforte*: "La ferita rimane eternamente visibile sul corpo sin dal giorno della scomparsa dei suoi genitori, sin dal giorno in cui Ditke ha lasciato il suo villaggio: non si richiuderà mai" (Lucamante 2012, 172). Corpo ridotto a cosa: indifeso, vessato, 'disponibile' ed esposto "allo sguardo altrui", diventa 'corpo estraneo' (Marzano 2010, 81)[7] nella drammatica transizione dalla dimensione privata e individuale a quella collettiva.

---

[6] In quanto tale è ascrivibile alla dimensione materna, propria del femminile, capace di esprimersi in modi e forme diversi rispetto a quelli convenzionali: "È necessario anche che noi scopriamo ed affermiamo che siamo sempre madri dal momento che siamo donne. Mettiamo al mondo qualcosa di diverso dai figli, generiamo qualcosa che non è il bambino: amore, desiderio, linguaggio, arte, società, politica, religione" (Irigaray 1989a, 28–29). La funzione generativa femminile, in un'accezione più ampia, è sottolineata altresì da Papa Francesco in più occasioni: "Il mondo 'ha bisogno di guardare alle madri e alle donne per trovare la pace, per uscire dalle spirali della violenza e dell'odio, e tornare ad avere sguardi umani e cuori che vedono'" (Papa Francesco in Lenzi 2024).

[7] Michela Marzano esamina la reificazione del corpo anche nei lager, con riferimento a Primo Levi deportato ad Auschwitz (cfr. Marzano 2010, 78–82); per approfondimenti sul legame tra Levi e Bruck si rimanda a Meschini 2022. All'amico, l'autrice dedica la poesia *Una passeggiata con Primo Levi* (Bruck 2021a, 57–58).

Nel ricordo materno la scrittrice apre la raccolta *Tempi* con l'epigrafe dedicatoria a Noemi Di Segni (*"mia madre avrebbe detto che Dio l'ha fatta in buon umore"*, Bruck 2021a, 15) e presenta come terza la poesia *Mia madre*, delineata nella sua disponibilità all'accoglienza oppure altrove associata alle arance. In *Madre-Dio* l'accostamento, accennato in *Lettera alla madre*, ribadisce la sua incessante capacità generatrice, manifesta in ogni circostanza della vita filiale, pur nella sua finitezza: "Dio-cenere" (Bruck 2021a, 53), o madre con la "bocca incenerita" (Bruck 2018, 77), immagine ricorrente, allude con mestizia alla tragica fine della donna ad Auschwitz.

> Eri sempre tu
> che mi hai rimesso alla luce
> dopo essere precipitata
> nell'abisso nero
> per un infarto,
> mi hai restituito la parola
> dopo un ictus
> per lodarti, per invocarti
> e contare su di te
> fino alla fine,
> mia unica Madre-Dio
> (Bruck 2021a, 53).

Nell'"abisso nero / per un infarto" descritto in *Specchi* il corpo femminile è "corpo-pacco" (Bruck 2005, 72) sottoposto a intervento chirurgico, spogliato ("il mio corpo-oggetto / venne afferrato da mani robuste / trasportato / sul letto del Pronto Soccorso / dove mi strapparono di dosso / gli indumenti", Bruck 2005, 64–65), indifferenziato accanto agli altri "corpi indifesi / abbandonati" nelle "mani sbadate" di "infermieri vampiri / che volevano sangue e sangue" (Bruck 2005, 68–69) nell'ospedale, luogo di internamento dove si rinnovano l'umiliazione, la negazione della dignità, il brutale meccanismo di potere (cfr. Foucault 1999), il "timore della morte": "estraendo un rasoio dalla tasca / [un'infermiera] mi tagliò ogni pelo / come ad Auschwitz / umiliata a dismisura / come allora / come fosse accaduto ieri / ancora una volta" (Bruck 2005, 72). L' "oggettificazione" e la "medicalizzazione" del corpo femminile suggeriscono un'ulteriore connessione con la rappresentazione narrativa di Sanvitale in *Madre e figlia* (cfr. Sanvitale 1994a; Sambuco 2014, 110–113).

Nella produzione di Bruck il corpo femminile riveste altre significazioni durante i suoi incontri, il 20 febbraio 2021 e il 27 gennaio 2022, con Papa Francesco (cfr. Bruck 2022b). Il corpo della scrittrice, in passato vilipeso, disumanizzato, sottoposto a sopraffazioni pure nella coppia (in riferimento ai primi matrimoni: cfr. Bruck 2021b, 90-94), è coprotagonista del riavvicinamento tra cristianesimo ed ebraismo in vista della riconciliazione rappresentata dal lungo abbraccio e dal pane da lei offerto: il "pane perduto" nell'adolescenza, a causa dell'irruzione dei gendarmi in casa (cfr. Bruck 2021b, 29-30), "può essere sempre riscattato" (Papa Francesco, 2022, 13). Questo pane, sul quale si condensano i significati ricoperti nelle due religioni, da emblema della madre ne diviene l'essenza: "il pane della mamma" (Bruck 2021a, 41); "il pane tuo, mamma, pane – tu, mamma!" (Bruck 2022a, 8). L'associazione-identificazione, evidente sin dal primo libro *Chi ti ama così* ("*A mia madre per il pane che aveva il più buon sapore del mondo*", Bruck 2015, 5) e fondamentale ne *Il pane perduto* (Bruck 2021b), correla la storia privata con quella collettiva, la vicenda della famiglia ebrea dell'autrice in Ungheria con quella biblica del popolo ebraico.

Corpo individuale e corpo collettivo si sovrappongono infine nell'ebrea Linda Stone de *L'attrice*, soggetto/oggetto (cfr. Marzano 2010; Bock 1988) di spettacolarizzazione (allusione autobiografica alle esperienze di ballo, cfr. Bruck 2021b) e lucro in occasione di un film con valore testimoniale a Dachau incentrato sulla sua deportazione; nel contempo soggetto/oggetto di piacere sessuale (cfr. Foucault 1999). La donna sollecita lo sguardo e il piacere dell'agente amante,[8] attratto dal "misto di passione e violenza" (Bruck 1995, 13) del suo corpo erotico (cfr. Melandri 2011) che, in quanto "corpo-immagine" (Marzano 2010, 10), ne determina l'autocompiacimento davanti allo specchio:[9] "confessò a se stessa in gran segreto che quel corpo era ancora toccabile, godibile" (Bruck 1995, 10). Dopo la rivelazione dell'identità ebraica dell'attrice, il rapporto sessuale con Frank cambia e sono ripristinati i ruoli tradizionali: il passionale "assalto" (Bruck 1995, 13) di Linda subito dall'uomo, in una sorta

---

[8] "Il dover fare i conti con questa immagine coattiva, con il vedersi vista, complica il rapporto femminile col corpo aggiungendosi al carico simbolico della maternità" (Rossanda 2018, 74).
[9] L'erotizzazione e la fascinazione del corpo femminile sono raffigurate, in modalità differenti, sia in *Madre e figlia* di Sanvitale (1994a), in una spiccata dimensione speculare, sia ne *L'amore molesto* di Ferrante (2012).

di rivalsa del femminile sul maschile dominatore, è sostituito dal gioioso atto amoroso intrapreso da Frank, rispettoso del corpo della compagna "come fosse un santuario, un luogo proibito da scoprire, da esplorare, da conoscere e possedere, per una volta senza essere posseduto" (Bruck 1995, 139). La disperazione e il pianto dell'"amplesso violento" (Bruck 1995, 35) lasciano il posto al riso dell'unione armoniosa, segno della complicità e comprensione raggiunte.

Ma è un corpo femminile, abbellito e travestito, abusato sessualmente in passato nel contesto familiare e domestico da parte di uno zio[10] (tra i liberatori a Bergen Belsen), il quale lo ha mercificato affidando in cambio di denaro la giovane nipote al suo vecchio amico Jakob;[11] un corpo sottoposto a violenze inferte, oltre che nel lager, nella relazione di potere (cfr. Foucault 1999) instaurata dal suo primo impresario. La crisi identitaria, accennata all'inizio del romanzo, ostacola la realizzazione del film (cfr. Romani 2010, 181) nella contrapposizione di matrice pirandelliana tra forma e vita, di cui Linda si riappropria assumendo il suo nome originario Judith Adler e leggendo, con l'insofferenza della *troupe* e del custode del Dachau Memorial, il lunghissimo elenco dei campi di concentramento disseminati in Europa. In modo irreversibile viene dunque svelato il processo mistificatorio attuato per molti anni dall'attrice mediante il mascheramento dell'identità e la sua professione, che le ha consentito di fuggire dalla storia e di essere, almeno sulla scena, altra da sé. La confessione stupisce pure la fedele governante Kate, "madre-amica" (Bruck 1995, 64) dedita alla cura della protagonista (prima considerata "una bambina vuota, viziata, isterica", Bruck 1995, 59) con cui

---

[10] Si tratta di un motivo autobiografico evocato nella poesia *Sorella Zahava* de *Il tatuaggio* (cfr. Bruck 2018, 79–80) e in *Lettera alla madre* (cfr. Bruck 2022a, 104–105). Spesso la violenza subita da una figlia in ambito familiare o da conoscenti di famiglia diventa occasione di recriminazione verso la madre inconsapevole, assente o distante, con casi di rimozione (cfr. Ferrante 2012). Le molestie sessuali di adulti su minori (anche in Sanvitale 1994a) sono in genere accompagnate da silenzi, reticenze, omertà, tra incredulità soprattutto materne e sensi di colpa di figlie ritenute inattendibili: la "violenza antica del mondo dei padri" denunciata da Dacia Maraini (2018b, 39; cfr. Maraini 2018a).

[11] L'attività di sarto di Jakob, ex marito di Linda, sottolinea in modo emblematico la centralità conferita al corpo nella vicenda narrata. Anche Ferrante ricorre alla figura di sarta per evidenziare, al di là di richiami autobiografici, la funzione essenziale del corpo nella relazione madre-figlia e nella definizione dell'identità femminile (cfr. Ferrante 2012).

ella condivide l'emarginazione e la diversità, ma in questo caso il colore della pelle nera è uno stigma visibile impossibile da celare (cfr. Goffman 2012).

Nota conclusiva

L'analisi condotta attesta come il corpo femminile, che in opere recenti si caratterizza soprattutto quale datore di cura,[12] ricopra nella produzione bruckiana diverse valenze in quanto soggetto e oggetto della storia personale, familiare, collettiva. La prima relazione fondamentale, quella materna-filiale, e i tragici fatti storici segnano in modo indelebile l'identità di Edith Bruck come donna e come scrittrice. Esperienze del sé ricondotte a unità grazie alla memoria, facoltà che connette il passato con il presente (cfr. Fabietti, Matera 2000), fino ad assumere fisicità e a identificarsi con il corpo stesso dell'autrice, a sua volta non solo "un elemento fisico" ma, come rilevato da Sambuco in Sanvitale (cfr. Sanvitale 1994a), anche "un'entità immaginaria capace di determinare significato nella costituzione dell'identità di genere" (Sambuco 2014, 113). Un corpo che diventa quindi 'luogo di memoria'[13] e forma di conoscenza: corpo-memoria-identità.

Bibliografia

Bock, Gisela, 1988, "Introduzione. Corpi, donne e storia" in Gisela Bock, Giuliana Nobili (a cura di), *Il corpo delle donne*, Transeuropa, Ancona, 7–21.

Bruck, Edith, 1995, *L'attrice*, Marsilio, Venezia.

Bruck, Edith, 2005, *Specchi*, Edizioni di Storia e Letteratura, Roma.

Bruck, Edith, 2015 [1959], *Chi ti ama così*, Marsilio, Venezia.

Bruck, Edith, 2017, *La rondine sul termosifone*, La nave di Teseo, Milano.

---

[12] Ne *La rondine sul termosifone* (cfr. Bruck 2017) e in *Ti lascio dormire* (cfr. Bruck 2019) prevale la raffigurazione del corpo femminile quale soggetto di cura (*caregiver* familiare e badante) nei confronti del marito della scrittrice, sino all'estremo saluto a causa dell'Alzheimer. I due libri delineano l'intensa unione di due autori e poeti, Edith Bruck e Nelo Risi, che con la forza evocativa della parola hanno dato corpo alla scrittura.

[13] Ringrazio la collega Michela Meschini per il confronto critico.

Bruck, Edith, 2018, "Il tatuaggio" [1975] in *Versi vissuti. Poesie (1975-1990)*, a cura di Michela Meschini, eum, Macerata, 35-115.

Bruck, Edith, 2019, *Ti lascio dormire*, La nave di Teseo, Milano.

Bruck, Edith, 2021a, *Tempi*, Prefazione di Michela Meschini, La nave di Teseo, Milano.

Bruck, Edith, 2021b, *Il pane perduto*, La nave di Teseo, Milano.

Bruck, Edith, 2022a [1988], *Lettera alla madre*, La nave di Teseo, Milano.

Bruck, Edith, 2022b, *Sono Francesco*, Prefazione di Papa Francesco, Postfazione di Noemi Di Segni, La nave di Teseo, Milano.

Bruck, Edith, 2023 [1999], *Signora Auschwitz. Il dono della parola*, La nave di Teseo, Milano.

Caporossi, Patrizia, 2009, *Il corpo di Diotima. La passione filosofica e la libertà femminile*, Quodlibet, Macerata.

Carotenuto, Carla, 2012, *Identità femminile e conflittualità nella relazione madre-figlia. Sondaggi nella letteratura italiana contemporanea. Duranti, Sanvitale, Sereni*, Metauro, Pesaro.

Cavarero, Adriana, 2000, *Corpo in figure. Filosofia e politica della corporeità*, Feltrinelli, Milano.

Chemotti, Saveria, 2009a, "Francesca Sanvitale: madre e figlia, una doppia agnizione" in *L'inchiostro bianco. Madri e figlie nella narrativa italiana contemporanea*, Il Poligrafo, Padova, 215-226.

Chemotti, Saveria, 2009b, "Elena Ferrante: il corpo a corpo con la madre" in *L'inchiostro bianco. Madri e figlie nella narrativa italiana contemporanea*, 271-298.

Contarini, Silvia, 2012, "Matria, Patria, Dismatria", *Nazione Indiana*, 23 agosto, <https://www.nazioneindiana.com/2012/08/23/matria-patria-dismatria/> ultimo accesso 28 dicembre 2023.

Cutrufelli, Maria Rosa, 1995, "Il filo della scrittura" in Patrizia Cordin, Giovanna Covi, Paola Giacomoni, Ada Neiger (a cura di), *Femminile e maschile tra pensiero e discorso*, Università degli Studi di Trento, Trento, 149-160.

Duranti, Francesca, 1985 [1976], *La Bambina*, Rizzoli, Milano.

Fabietti, Ugo, Matera, Vincenzo, 2000, *Memorie e identità. Simboli e strategie del ricordo*, Meltemi, Roma.

Ferrante, Elena, 2012 [1992], *L'amore molesto*, e/o, Roma.

Foucault, Michel, 1999 [1976], *La volontà di sapere*, Feltrinelli, Milano.

Goffman, Erving, 2012 [1963], *Stigma. L'identità negata*, ombre corte, Verona.

Irigaray, Luce, 1989a [1987], "Il corpo a corpo con la madre" in *Sessi e genealogie*, La Tartaruga, Milano, 17–32.

Irigaray, Luce, 1989b [1987], "Una possibilità di vivere. Limiti al concetto di neutro e di universale nelle scienze e nei saperi" in *Sessi e genealogie*, 205–231.

Lenzi, Enrico, 2024, "L'appello. Il Papa: il mondo ha bisogno delle donne e delle madri per costruire la pace", *Avvenire*, 1 gennaio, <https://www.avvenire.it/papa/pagine/francesco-il-mondo-ha-bisogno-delle-donne-per-costruire-la-pace>, ultimo accesso 5 gennaio 2024.

Lucamante, Stefania, 2012, *Quella difficile identità. Ebraismo e rappresentazioni letterarie della Shoah*, Iacobelli, Guidonia.

Maraini, Dacia, 2018a [1990], *La lunga vita di Marianna Ucrìa*, Rizzoli, Milano.

Maraini, Dacia, 2018b [1993] *Bagheria*, BUR Rizzoli, Milano.

Marzano, Michela, 2010 [2007], *La filosofia del corpo*, il melangolo, Genova.

Melandri, Lea, 2011, *Amore e violenza. Il fattore molesto della civiltà*, Bollati Boringhieri, Torino.

Meschini, Michela, 2018, "Rinascere nella parola. Prospettive critiche sulla poesia di Edith Bruck" in Edith Bruck, *Versi vissuti. Poesie (1975–1990)*, 5–21.

Meschini, Michela, 2022, "Il 'fratello del lager'. Edith Bruck ricorda Primo Levi" in Elisa Martínez Garrido y Francisco Javier Fernández Vallina (a cura di), *Primo Levi (1919–2019): memoria y escritura*, Guillermo Escolar, Madrid, 277–285.

Muraro, Luisa, 2022 [1991], *L'ordine simbolico della madre*, Editori Riuniti, Roma.

Neumann, Erich, 1981 [1956], *La Grande Madre. Fenomenologia delle configurazioni femminili dell'inconscio*, Astrolabio, Roma.

Papa Francesco, 2022, "Prefazione" in Edith Bruck, *Sono Francesco*, 9–14.

Romani, Gabriella, 2010, "Scrittrice italiana per caso" in Edith Bruck, *Privato*, Garzanti, Milano, 175–185.

Rossanda, Rossana, 2018, "Una soglia sul mistero" in *Questo corpo che mi abita*, a cura di Lea Melandri, Bollati Boringhieri, Torino, 63–75.

Sambuco, Patrizia, 2014 [2012], *Corpi e linguaggi. Il legame figlia-madre nelle scrittrici italiane del Novecento*, Il Poligrafo, Padova.

Sanvitale, Francesca, 1994a [1980], *Madre e figlia*, Einaudi, Torino.

Sanvitale, Francesca, 1994b, "*Autobiografia e no*. Madre e figlia: il gioco degli specchi" in *Camera ottica. Pagine di letteratura e realtà*, Einaudi, Torino, 1999, 204–210.

Scabini, Eugenia, Cigoli, Vittorio, 2000, *Il famigliare. Legami, simboli e transizioni*, Raffaello Cortina, Milano.

Zancan, Marina, 1988, "Madri e figlie" in Maria Rosa Cutrufelli (a cura di), *Scritture, scrittrici*, Almanacco letterario di Firmato Donna – Coop. Longanesi & C, Milano, 77–84.

II. UNA NARRATIVA FUORI DAGLI SCHEMI: LINGUA, POETICA, CRITICA

Chi ti parla così:
la "lingua non mia" di Edith Bruck*

Attilio Motta

ABSTRACT
La decisione di scrivere in italiano colloca Edith Bruck nella tradizione letteraria degli scrittori non madrelingua, e in particolare nell'area di incrocio tra scritture migranti e letteratura concentrazionaria. Rilevato come la critica segnali unanimemente la significatività di questa scelta, l'intervento procede a uno spoglio linguistico del suo testo d'esordio, *Chi ti ama così* (1959), verificando come l'eteroglossia dell'autrice abbia agito sull'opera in alcuni mancati automatismi a livello di grafia, fonetica e morfologia (e talora in un anticipo di avverbi e complementi che potrebbe risentire dell'ordine delle parole in ungherese), e rintracciando i principali caratteri stilistici nella sintassi fortemente paratattica e in una profonda logica 'binaria' (in cui variamente rientrano dittologie, parallelismi, antitesi e ripetizioni a contatto), che costituiscono il corrispettivo formale dell'opposizione tra bene e male vissuta dalla protagonista: le scelte essenziali e minimaliste della Bruck contribuiscono dunque a fornire un forte valore etico anche al piano espressivo di quest'opera straordinaria.

1. La "lingua non mia"

Nella storia della letteratura italiana le scritture di autori non madrelingua sono una presenza significativa, che ha attirato negli ultimi anni una crescente attenzione: penso ai convegni organizzati da Brugnolo (2009a e 2009b) sull'eteroglossia lungo tutto l'arco della tradizione letteraria, soffermatisi tuttavia soprattutto su autori che hanno frequentato, per lo più in modo cursorio e occasionale, anche la lingua italiana (cfr. Cerbasi 2017, 5–16). Ma sono state soprattutto le scritture della migrazione a cambiare il quadro, attirando l'attenzione della critica e muovendo Armando Gnisci a fondare la "Banca dati degli Scrittori Immigrati in Lingua Italiana e della Letteratura Italiana della Migrazione Mondiale" (Basili & LIMM), che oggi conta più di mille autori.

Benché operare categorizzazioni esponga al rischio eurocentrico di creare una "zona Schengen" di questa letteratura (Padoan 2012), appare ragionevole distinguere gli autori almeno per cronologia, il che 'trascina' le ragioni della migrazione e della scelta di scrivere in italiano: ed è certo che Edith Bruck si

---

* Ringrazio gli amici Fabio Magro e Pier Vincenzo Mengaldo per l'attenta lettura e i preziosi suggerimenti.

collochi, con almeno Elisa Springer (cfr. Villa 2007), nel sottoinsieme costituito dall'incrocio tra scritture migranti e letteratura concentrazionaria, tanto da esser definita "capostipite della letteratura di stranieri in lingua italiana sulla Shoah" (Cartago-Biffi 2022). Molti critici si sono soffermati sulla scelta di Bruck di scrivere in italiano, e sulla funzione di 'mediazione,' di filtro, di scudo rispetto al trauma della deportazione e della prigionia che essa ha costituito.[1] La stessa Bruck si è più volte espressa su questo, sin dalla nota finale a *Chi ti ama così*, dove spiegava di aver iniziato a scrivere "alla fine del '45 in Ungheria, nella mia lingua," di aver perso il quaderno "durante la fuga in Cecoslovacchia,"[2] di aver "cercato di riscriverlo più volte nei vari paesi" attraversati, ma di essere riuscita "solo qui a Roma, tra il 1958 e il 1959 [...] a scriverlo fino in fondo in una lingua non mia" (Bruck 1959, 113); e poi più diffusamente, quando ha esplicitato come, dopo l'arrivo in Italia, proprio la mancata risonanza emotiva della nuova lingua si rivelasse condizione per la presa di parola:

> I started writing in Hungarian and then, while I was fleeing from Hungary, I had to throw them away. When I arrived in Italy, I was not even able to say "ciao." Learning Italian meant finding a way to express myself, to be reborn, and to say "I am:" a new world opened for me. After six months, I was already speaking Italian because I learn languages easily. When I started writing, I discovered that I could write in Italian. From the time when I published the book, I never changed it. [...] Writing in Italian meant acquiring a new moral identity, making the burden I was carrying inside lighter, because I was not able, at least a little bit, to vomit that terrible experience of the concentration camp that was poisoning my life. There was, and still is, a monster inside me. Nobody will write enough about that experience, because it is unspeakable. Before becoming a writer and a poet, I was only a refugee without a language; I did not know how to speak. I knew who I was, but acquiring a new language I was reborn. It was easy for me to say what I felt, because I did not have control over the language, and I could not grasp deeply the meaning of words. If I had written my books in Hungarian, I would not have said certain things. On the contrary I felt much freer in a language that was not my mother tongue. If I speak Hungarian, even nowadays, I feel stripped bare; for me Italian is like a dress, a defense, a mask that covers me, armour, shelter. (Mauceri 2007, 609)

---

[1] Cfr., tra gli altri, Giorgio 1999b, 299; Guida 2007, 190; Sanfilippo 2014, 65–66; Villa 2012, 270–71.

[2] Bruck ha recentemente precisato di aver iniziato a scrivere al ritorno dai campi "alla fine del 1945 con una matitina su un quaderno" ma di aver dovuto "buttar via quel testo, perché in Cecoslovacchia, dove mi ero rifugiata, non dovevano scoprire che ero ungherese" (Meschini 2022, 283).

Premesso che queste dichiarazioni riflettono il problema generale dei sopravvissuti "di esprimere a parole qualcosa che appare irreale persino a se stessi" (Giorgio 1999b, 299), e che la scelta di una lingua non materna "come veicolo di ricostruzione della memoria e dell'identità" è "comune a vari scrittori e scrittrici della Shoah" (Sanfilippo 2014, 65), che risultano "rappresentanti di una letteratura di frontiera" (Romani 2010, 184), non molte sono state tuttavia le osservazioni sulla lingua concreta della Bruck. Giorgio (1999a) si è soffermata sull'uso dell'apostrofe in *Lettera alla madre*, Mengaldo sull'"elenco interminabile dei campi di lavoro e di annientamento" nel "rapinoso, allucinato finale dell'*Attrice*," e sulla repentinità dei cambiamenti subiti nella deportazione, con indiretto riferimento ad alcune locuzioni temporali di *Chi ti ama così*;[3] Guida (2007, 191) attribuisce al "processo di traduzione, o di 'doppia scrittura'" di quest'opera "concepita in ungherese e poi 'tradotta' in italiano," il suo "sapore esotico, straniero, chagalliano," mentre al contrario Sanfilippo (2014, 65), parlando di "un italiano curato, essenziale," sottolinea l'assenza di termini ungheresi e della "mescolanza di lingue" e del "pastiche" caratteristici delle scritture della Shoah. Credo dunque sia utile procedere a una più sistematica analisi linguistica e stilistica, cominciando per motivi di metodo e di spazio dall'opera d'esordio, edita quando Bruck aveva 28 anni ed era in Italia da cinque, con l'avvertenza che, in futuro, l'indagine andrà estesa alle sue opere successive, che si estendono su un arco cronologico molto ampio e che appaiono sotto questi aspetti anche molto diverse dalla prima. Qui, allo spoglio dei diversi livelli linguistici, con riferimenti alle pagine di *Chi ti ama così* (1959) o al numero di casi ("c.") di un singolo fenomeno, seguirà una ricapitolazione interpretativa delle direttrici stilistiche che ne emergono.

2. Lo spoglio
Grafia e punteggiatura
Affiora un uso idiosincratico delle virgole (che persiste anche nelle opere più recenti), soprattutto per omissione: "niente valeva né le medaglie, né noi" (23), "lo 'chupe' una specie di baldacchino" (80); e in particolare in apertura degli

---

[3] Mengaldo 2007, 74 e 77: il secondo riferimento, a Bruck 1959, 27 e 30, va probabilmente a "Il treno si fermò bruscamente" e "In un attimo mi ritrovai nuda". Sulla genesi 'leviana' della lista finale dell'*Attrice* (Bruck 1995, 156–161), cfr. Balma 2007, 79.

incisi: "e la gente guardandomi, diceva" (59), "'Un uomo' risposi, serve" (85), "'Certo' risposi, 'andate'..." (86), "Ma per me, pane..." (95), "ma dopo un paio di settimane, scoprii" (95); meno per aggiunta, "Eravamo d'accordo con Eliz, che mi sarei infilata" (45), "Era meglio, se avessi..." (97), "dissi a mio marito, che era..." (103). Occasionali l'assenza delle virgolette in "loro eccellenza" (13) e dell'accento in "Tora" (sic, 23) e la grafia analitica "da prima" per 'dapprima' (108).

Fonetica e fonosintassi

Nel vocalismo si registra la riduzione del dittongo in protonia nelle forme di 'muovere,' 'suonare' e 'scuotere:' "movevano" (37), "moveva" (56), "movemmo" (60); "sonava" (39), "sonammo" (60), "sonarono" (86); "scoteva" (40), che potrebbe essere tratto regionale (romano) piuttosto che letterario (come invece "giuoco"; 48, 80, 102).

È forse legata alla mancanza di automatismi la gestione di elisioni e troncamenti, le prime talora assenti dove normali: "ci erano" (42), "dove era" (78), "da venti anni" (96), ma talaltra presenti dove non scontate, "senz'occhi" (24), "mezz'etto" (31), i secondi attivi solo nelle espressioni più comuni e fraseologiche, "portar via" (24), "far altro" (39), "far niente" (103), "buttar fuori" (46).

La prostesi compare solo in "Iddio" (22), mentre le forme del toscanismo "comperare" (5 casi) prevalgono su "comprare" (2c.). Assente la *d* eufonica in "a andare" (94).

Morfologia

Per il nome, nel genere si notano l'accordo di *poco* (invariabile dopo indeterm. e col partitivo) in "un poca di legna" (11, ant. e pop. per VLI; GDLI ha attestazioni solo di autori toscani del Trecento e in una lettera di Saba) e "nella palma della mano" (16, per 'nel palmo –' o 'in –'); al plurale, il femm. "mutandone lunghe" (22) e l'elegante "ci offrivano le loro magnifiche frutta" (110), e i maschili (settentrionali, ma forse qui solo analogici) "i loro diti" (24) e "gli spini" (37, due casi), ad indicare le asperità del filo spinato (ma nella stessa pagina anche "spine").

Interessante la fenomenologia dei pronomi, dove si registra l'uso di forme arcaizzanti o formali, sia nel soggetto "essa" (4 casi), "essi" (3c.), "egli" (61), "questi" (sing., 80) e "tre di noi, io compresa, lavoravano" (38), che per i casi obliqui, in "due di esse" (62), ma soprattutto in "loro" per 'gli' al dativo: "davano loro" (13; ma ivi anche "gli appartenga"), "tiravano loro la barba e sputavano loro addosso" (16), "avevano tolto loro" (63), "che loro piaceva di più" (68), "chiesi loro" (90). Quanto all'ordine, noto solo "poter vederli meglio" (36). Colto l'uso neutro del relativo con determ. in "il che non faceva" (20). Nel verbo noto l'accordo del part. pass. "mi aveva sgridata" (13), i perfetti forti "mi offersi" e "scopersero" (48), e il part. pass. "veduto" (48). Letterario il futuro perifrastico "fu per svenire" (56).

Tra le preposizioni si segnala "come" 'siccome' (56), mentre per gli avverbi 've/vi' prevale sull'andante 'ce/ci' sia con il verbo 'essere' (11 casi *vs* 4) che con altri verbi: "passarvi la calce" (39), "vi disegnavo" (39), "vi era scritto" (51), "ve lo deposi" (62), "vi arrivammo" (87), "vi andai" (98), "vi avevo trovato" (111).

Lessico

Significativa la presenza di allotropi non troppo marcati, ma di un registro più alto o formale rispetto all'uso medio. Tra i nomi: "avvenenza" (69), "espansioni amorose" 'effusioni' (67), "monti" ("di cappotti," 29), il toscanismo "uscio" (22); si noti anche l'elegante "ogni sorta di spregi"(18). Tra gli aggettivi: "addolorata" (18), "adirata" (14), "alcuna" in frase negativa (98), "colmo" 'pieno' (40), "dimentiche" (41), "grave" 'pesante' (110), "grinzose" ("mani –", 100; Bruck lavorava in un salone di bellezza), "guaste" 'marce' (12), "lunatica" (19), il burocratico "munite" ("di inferriate," 102–103), "scelta" 'alta' ("società –"; 13), "terrea" (109). Si aggiunga la congiunzione "quantunque" (111). Più numerosi i verbi: "affermare" (13), "arrischiare" 'rischiare' ("avevo – la vita," 46), "attendere" (6 casi), "avere" 'fare' ("– gesti stanchi," 56), "cedere" 'lasciare' (3 casi: "– una porzione", 36; "non – neppure una briciola", 41), "comprendere," 'contornare' (3 c.: "la miseria che ci –" 103), "correre" 'diffondersi' ("correvano innumerevoli pettegolezzi", 89), "costituire" 'formare' ("era – da quindici donne" 37), "deporre" 'mettere' (ma del padre morto, 62), "divenire" (3 c.), "dolere" ("mi duole," 2 c.), "frugare" ("– nel buco" 45), "giacere" 'stare' 35, "ingiungere" 65, "intendere" 'sentire' ("intesi Tibi dire" 74), "persuadere" (95), "pigiarsi" ("si pigiavano dentro" 30), "pregare" 'chiedere' (5 c.), "recarsi" (6 c.), "serbare" (41), "somigliare" (36); "trascorrere" 'passare' ("Già tre settimane erano trascorse," 43; "trascorsero felici," 103), "udire" 'sentire' (9 c.). Il fenomeno riguarda anche alcune fraseologie o perifrasi: "condividere il pensiero" 'essere d'accordo' (42), "contrarre matrimonio" 'sposarsi' (111), "ignorare la ragione" 'non sapere perché' (88), "usare un modo" ("in un modo che un cugino non dovrebbe –," 69).

All'altro polo c'è il registro colloquiale che, a parte il frequente "(La) gente" (*passim*) e "cose" (60), si realizza soprattutto in espressioni polirematiche o fraseologie: "porta male" (9); "facevano pettegolezzi" (15); "andò soldato" (16); "ficcarono i loro diti" (24); "cambia la pelle" (24); "ci scacciò dalla casa" (64), "sempre" in "per lo meno sempre più di mia sorella" (66), "chiudere il becco" (2 c.), "fregandosi le mani" (80), "che razza di gente fosse" (89), "quattro mura" (94), "sbattè fuori" (94), "ma quando mai...?" (95). Ad esso si possono accostare termini ed espressioni volgari come "merda" (2 c.), "puttana" (3 c.: "mi disse che erano due – e che facevano schifo," 39; "i farabutti e le puttane," 94), e l'allusivo "lavava il pesce nel bidé" (59).

Quasi assente il lessico tecnico (noto solo "carta annonaria," 71), sono invece numerosi i forestierismi, nella prima parte soprattutto tedeschi, spesso in discorso diretto, e talora estesi alla trascrizione di espressioni o intere frasi, spesso corrispondenti a quegli "spezzoni del linguaggio del Campo" che Mengaldo (2019, 17–18) individua come uno dei "tratti comuni fra le varie testimonianze dei Lager": *"Heil Hitler!"* (15, 38), *blocks* (30); *Lager* (30 e *passim*); *Block Alteste* (30); *"Juden seife"* (32), *"Ze-Appel"* (33), *bunker/buncker* (34, 37), "il cosiddetto '*Scheisse Kommand*'" (39); "*Ein, zwei, drei, in die rehie, marche!*" (42), *Toth Lager* (47). Secondi per numero gli ebraismi che, a parte *kibutz* (66 e *passim*), compaiono nella zona del testo ambientata in Israele, accompagnati dalla spiegazione: lo *"chupe"* (con grafia forse francesizzante, per *chuppah*, una specie di baldacchino per matrimonio, 80), *"Mazaltov!"* ("che significa auguri e felicitazioni," 81), "*Shalom Chaver*, pace compagno" (86), "'*sabres*,' i nati in Israele" (109). Quindi gli anglismi, con qualche grafia scorretta: *"Okey, Okey"* (51), *promenade, chocolate!* (53);[4] *kaki* (colore, 56), *slips* (82, si noti il plurale), *jeep* (93), oltre al lessicalizzato "tassì" (81). Chiudono il catalogo il grecismo le *"maza"* (32), il francesismo *narghilé* (con accento acuto, 93), la moneta ungherese *forint* (56) e l'espressione "*Vodka, vodka*" (58) dei Russi liberatori.

Piuttosto scarno il settore di formazione delle parole: quasi assenti i composti, tra cui registriamo solo "il capo-campo" (39) e "auto-stop" (93), più numerosi gli alterati, specie diminutivi-vezzeggiativi con suffisso *-etto/a*:

---

[4] Che si tratti di anglismo è garantito dal contesto (lo dicono i soldati americani liberatori), e d'altronde *promenade* è sì un francesismo, ma come tale passato in inglese, sola lingua nella quale è presente la *-e* finale di *chocolate*.

"casetta" (9), "valigetta" (13), "pezzetti di giornale" (38), ragazzette (59), "baffetti che aveva biondi" (61), "vecchietta" (93, due casi), "pranzetto" (109); ma anche in -*ino* ("bicchierino", 11 e 14; "ricordini", 29), -*otto/a* ("vecchiotte", 38; cui si aggiunge il pur diverso "giovanotto", 68), -*ella* ("storiella", 94) e -*occia* ("grassocce", 10), di contro ai dispregiativi "linguacce" (26) e "poveracce" (56), e agli accrescitivi "mutandone" (pl., 22) e "camerone" (85). Pochi e non marcati i superlativi: "bellissima" (25), "giovanissimi" (86), "convintissimo" (90, iron.).

Sintassi

Alcune particolarità nell'uso delle preposizioni: *a* per *di*: "paura ad uscire" (59); *da* per *per*: "dalla gioia" (12), "si erano induriti dal gelo" (44); *di* per *da*: il letterario "di dove venissero" (36), "A me veniva di urlare" (80), "fuori di Haifa" (91); l'articolata per la semplice in "Dalla scuola tornavo a casa felice" (16) e "alla sera" (70, ma "A sera," 20), cui è in parte avvicinabile il caso di "alla seconda" (volta) (70; ma anche la semplice invece dell'articolata in "mi dette di puttana" (65), "lamentarsi di paura" (84), "mi capitasse fra mano" (108). Straniante, per il contesto, l'elegante locuzione preposizionale in "aveva riconosciuto suo padre di là dal fino spinato" (36).

Nelle congiunzioni noto un caso di *che* polivalente in "mi svegliai all'alba che bussavano" (22), e piuttosto l'elegante assenza della cong. in "che cosa avrei desiderato mi portasse" (39), "era naturale si facesse così" (69), e il *che* eccettuativo in "non si allontanava da me che molto raramente" (84).

Nella sintassi del verbo si nota qualche *concordatio ad sensum*, specie nel mancato accordo con più soggetti: "vi era anche la luce elettrica, teatri, riviste..." (14); "c'era una camera e la cucina" (15); "parlava della guerra... e che nulla aveva valore" (16), "c'era una stufa a legna e coperte di lana" (81), ma anche "Chi sapeva leggere... comprava... e lo leggevano" (11).

Sono leggermente colloquiali le sporadiche occorrenze dell'imperfetto indicativo in luogo del congiuntivo: "domandandole se forse si aspettava" (16), "pensavo che era un giuoco" (48), "pensavano che eravamo pazze" (63), "dovevo fingere... che tra noi non c'era nulla" (72), "che se trovavo... ci saremmo sposati" (103); e/o del condizionale: "che se riuscivamo... potevamo"..." (92–93), "Era meglio, se avessi..." (97), "mi disse che se avessi pagato l'affitto potevo..." (102). Meno marcato il pass. rem. per il trapassato: "avevamo paura... perché una volta bastonarono" (17).

Notevoli i tre casi di uso della preposizione *di* a introdurre una soggettiva: "Era una fortuna per un'ebrea di essere desiderata da un tedesco" (42), "mi faceva rabbia di non riuscire a spiegarglielo" (52), "mi meravigliò di vedere" (56).

Per diatesi e reggenze si registrano gli usi assoluti di "dare" ("nessuno mi avrebbe dato," 41), "divorare"' ("– in silenzio," 61) e soprattutto il toscanismo "sposare" (4 casi); e di pronominali in luogo di assoluti: "provarsi" per 'provare' ("si provi a scappare," 30; "nessuno si provò più," 41), "sognarsi" ("si sognava che," 66), "divorziarsi" ("se ci fossimo divorziati," 107), piuttosto comune (ma «rar. con la part. pronom.» per GDLI); si nota inoltre l'uso personale di 'piovere' ("pioveva ghiaccio," 44; "i baci piovevano," 81) e un caso di 'essere' per 'esserci:' "erano cartelloni" (74).

Interessanti le anteposizioni dell'avverbio al verbo laddove l'OP naturale in italiano sarebbe il contrario: "appena illuminavano" (9), "appena si parlavano" (20); "Per nulla ci si accapigliava" (10); "e sempre vanno, vanno e non si fermano mai" (13); "niente valeva" (23); o le collocazioni del modificatore (avverbio o locuzione) tra ausiliare e participio passato: "l'avevamo più volte assaggiato" (11), "aveva valorosamente combattuto" (23). Un caso più complesso è "Dividermi dai bambini mi era soprattutto doloroso" (86), con accento di frase su 'bambini,' mentre avvicinabili ai precedenti sono forse le dislocazioni dei complementi di tempo in "era rimasto durante la deportazione con nostro padre" (61), del predicativo del soggetto in "Sospettosi mi chiedevano" (88), e del soggetto stesso in "e la fame cominciò" (24) e "Già tre settimane erano trascorse" (43). Il fenomeno reca forse traccia dell'ungherese, che in alcuni casi, in presenza di un doppio complemento, obbliga a collocarne uno prima del verbo.

Frequente il ricorso al discorso diretto, e numerosi i casi di inserimento nell'indiretto di tracce del dialogato, con effetti da indiretto libero: "diamine Eliz mica era una principessa!" (13); "dicendo che..., una vergogna, lei preferiva..." (14); "lo rimandarono a casa perché uno sporco ebreo non serviva all'esercito." (16); "Ero una svergognata" (64), etc.; talora provocati dalla sola deissi: "pensavo che fra qualche anno" (14), "disse... e che per oggi i racconti bastavano" (63), "dissi che Margo sarebbe venuta tra poco" (61); "Mi raccontò..., oggi aveva..." (96). E si legga questo esempio: "Mi chiese che cosa avrei desiderato mi portasse al suo ritorno. Un paio di calze di lana. Sperava di trovarmi ancora lì" (39).

Il tratto più significativo della sintassi del periodo, e uno dei più caratterizzanti (e felici) della prosa del volume, è il larghissimo prevalere di periodi brevi e poco complessi e della paratassi sull'ipotassi, con subordinate limitate nel numero e nel grado, se non con periodi monofrasali: "Da quel momento quel numero fu il nostro nome." (30); "Il nome del luogo era Auschwitz." (30), "Poi ricorderò un episodio." (66); o frasi nominali: "La casa: bianca…" (16); "Degli zoccoli, un numero." (30); "Poi in fila, cinque come al solito, e via." (30); "Popolo eletto!" (33), "Che coppia triste." (79); o prive di principale: "Lavorare, essere forti, perché ammalarsi era un lusso" (34). Per testimoniare meglio l'effetto che produce, riporto qui un caso di accumulo del fenomeno:

> La guerra si sentiva sempre di più, la vita diventava sempre più pesante e mio padre andò soldato in Cecoslovacchia. Era il 1942. Poi lo rimandarono a casa perché uno sporco ebreo non serviva all'esercito. Quando andavamo al fiume a fare il bagno, molti uscivano dall'acqua dicendo che noi la sporcavamo. Il sabato i ragazzi correvano dietro ai vecchi che tornavano dalla sinagoga e tiravano loro la barba e sputavano loro addosso. I fascisti aumentavano. La nostra famiglia soffriva meno delle altre perché era la meno osservante. Solo la sera del venerdì mia madre accendeva le candele e, col fazzoletto bianco sulla testa, nascondeva il viso nella palma della mano come richiedeva la religione e pregava piangendo. Poi alzava la testa e chiedeva a Dio la nostra salvezza. (16)

Abbiamo qui 9 periodi, di cui due monofrasali, due con sole coordinate alla principale, quattro con una sola subordinata (di cui due con solo due frasi), e uno solo con tre subordinate (di cui soltanto una di 2° grado). La sintassi del periodo tende appena un po' a complicarsi nella seconda parte dell'opera, quando il racconto affronta vicende più lontane dalla prigionia e dall'immediato dopoguerra.

Retorica

Praticamente assenti le allitterazioni: "forza feroce" (44), "La sabbia scottava sotto i piedi nudi, alcuni svenivano al sole" (91); scarse le metafore: "sotto il peso degli anni" (9), "i suoi rami erano esseri umani impiccati e tante braccia morte che cascavano" (23), "portasse un secolo sulle spalle" (95); e le similitudini: "mucchi di capelli che parevano fili di seta di ogni colore" (29).

Discretamente rappresentate le figure di ripetizione, specie a contatto, soprattutto nel modulo 'elementare' delle epanalessi ("ne rimaneva appena appena," 11), spesso in discorso diretto a mimare l'oralità: "Papà! Papà!"

(36, 37), "Ditke, Ditke" (49), "Vivi! Vivi!" (51), "Okey? Okey?" (51), "Margo, Margo..." (56), "Tomika, Tomika" (57), "Vodka, vodka" (58), "Bene, bene,..." (60), "Forza, forza, Milan" (80), "Mammina, mammina..." (105), "Tornerò! Tornerò!" (112); ma anche nella forma appena più complessa delle anadiplosi: "Assurdo; assurdo che i tedeschi..." (38); "lamentarsi di paura, ma la paura più grande..." (84); "...la coda per mangiare. La coda..." (91), "...un terzo matrimonio, ..., un matrimonio di pura forma" (111). In qualche modo coerente con questa tendenza è che sui progetti anaforici ("Guardavo...; guardavo...") prevalgono gli eventi epiforici: "a quello che mi accadeva e a quello che accadeva intorno" (18); "quando ritornerò; e ritornerò?" (21); "che noi dovevamo vivere, che chi... aveva il diritto di vivere" (49); "che aspetti a buttarti? Coraggio, buttati!" (74); "e tutt'intorno sabbia, e sabbia" (91). Al confine con l'epanadiplosi stanno poi "i più poveri fra i poveri" (13), "ordini su ordini" (30); "accumulare dolori su dolori" (64).

Nel senso della mimesi drammatica vanno i polisindeti: "e il sole... e la neve" (15); "uscire e correre sul vestito e confondersi" (37); "e la madre lo rubava alla figlia e la figlia alla madre" (41); "e i nostri piedi... e ci mettevamo... e le ragazze" (43); e i periodi comincianti con la congiunzione *e*: "E la terra..." (18); "E c'erano" (32); "E ne facevano" (36); "E spesso riuscivamo" (38); "E l'inverno non voleva passare" (39), "E la stessa cosa facevo" (95).

Uno dei fenomeni più marcati del testo è la tendenza alla strutturazione binaria di tutti gli elementi del discorso, a cominciare dagli aggettivi, nelle cui coppie spesso prevale, se non la sinonimia, un'omogeneità nella polarità, spesso negativa: "crudele e cattiva" (19), "sofferente e pallido" (26), "la forca lunga e appuntita" (45), "bombardati e abbandonati" (46) – anche con rima –, "triste e morta" (56), "mal vestita e mal nutrita" (56), "rotti e stretti" (64), "freddi e immobili" (80), "pallido e freddoloso" (87), "scalzi e sporchi" (89), "scarso e cattivo" (90), "immobile, malato" (90), "piccolo e smorto" (95), "stanche e tristi" (100), "inquieta e gelosa" (105), "confusa e incerta" (108), "stanca e impaziente" (109); talora positiva: "forte e felice" (15), "– e deciso" (34), "– e sana" (110); "vasta e splendida" (40), "raffinati e civili" (59), "bella e giovane" (60), "ripulito e sorridente" (80), "allegri e volenterosi" (110), "civili e sofisticati" (110), "sereni e felici" (110); più raramente 'neutra:' "nuovo e strano" (93), "araba e scomoda" (98), "magra e svelta" (100); e talora con aggettivi coloristici: "verde e giallo" (16), "nera e calda" (17), "gialle e grosse" (17). Raramente il fenomeno è presente nella forma della disgiunzione: "bastonato o impiccato" (36), "religiosi o non osservanti" (93), "manovali o scaricatori" (109).

Non son da meno i nomi: "il ballo e il canto" (25), "i calci e le spinte" (26); "luci e baracche" (40), "pane e latte" (44), "galline e oche" (44), "patate e rape" (45), "la violenza e il coraggio" (49), "silenzio e ordine" (60), "pace e disciplina" (61), "dolci e fiori" (77), "auguri e felicitazioni" (81), "giovani e vecchi, sani e ammalati" (90, distributivo), "granturco e semi" (93), "né acqua né luce" (93), "letti e coperte" (94), "pane e cipolle" (95), "sporcizia e insetti" (103), "un letto e un armadio" (108), "casa e pace" (109), "le sofferenze e i sacrifici" (111); anche accompagnati da preposizioni: "di strade e di fossi" (34), "di un morto o di un agonizzante" (49), "di latte e di miele" (92), "di girasole e di grano" (93), "di ricordi e di dolori" (110), "fra liti e pianti" (64), "senza case e senza baracche" (40), "senza finestre e senza porte" (94), "senza speranza e senza fiducia" (107), "alla vita e alla morte" (97), "con una matita e un quaderno" (108); o in frasi nominali: "Maledizioni e parolacce." (91), "Uomini e donne con calzoni corti e canottiere." (93). E i verbi: "guardava e diceva" (15); "correre e urlare" (21); "cantavo e ballavo" (25); "piangere e parlare" (28); "urlando e spingendoci" (29), "mi afferrarono e mi spogliarono" (30); "Riposammo e mangiammo" (45); "Piangeva e sussurrava" (49); "correndo e urlando" (56), "sudava e piangeva" (62), "brontolavo e piangevo" (64), "si agitava e sudava" (84), "soffriva, piangeva" (90), "piangevano e pregavano" (90), "mangiare e sputare" (93 e 94), "senza poter rispondere né difendermi" (96–97), "a dormire e a mangiare" (103), "che andava e veniva" (103), "smontava e rimontava la moto" (105), "studiavo e leggevo" (108); e, in un caso, gli avverbi: "fisicamente e moralmente" (74).

Non mancano casi di accumulo delle coppie: "saggio e sicuro di essere sempre nel giusto e nel vero" (60), "Uno era piccolo e grasso, l'altro magro e slanciato" (90), "chiamandomi oca e contadina perché ero forte e robusta" (103), "Non assomigliavamo a quella gioventù forte e sana, che poteva ballare e cantare, istruirsi e combattere senza piegarsi mai" (110).

Meno frequenti, ma comunque numerosi, i casi di articolazioni trimembri, soprattutto nominali: "giocattoli, bambole, fotografie" (26), "foglie, legna, sterco secco" (43); "fiori di lillà, zucchero e pane" (52), "con quel naso, quegli occhi, quei capelli" (88), "arabo, russo, jidish" (91), "dopo i baci, le lacrime e i saluti" (94), "le stanze, le finestre, le latrine" (95), "le mani, le dita, gli occhi" (102), "la mia vita infelice, le mie amicizie, i miei errori" (111); e aggettivali:

"lingua sconosciuta, dura, frettolosa" (27), "stanchi, nervosi, senza vita" (56), "buone, belle e utili" (58), "bella, pulita e comoda" (60), "bello, alto e biondo" (69), "camera vuota, grande e bella" (94); ma anche verbali: "Che avevo una brutta malattia, che ero tisica, che ero una spia" (89), "a litigare, a spingere, a insultarci" (91), "di vivere, di amare e di pensare" (110): e, in un caso, in frase nominale: "Il mondo, l'affetto, l'aiuto disinteressato." (97). Particolare la struttura di "era buia, umida, c'era cattivo odore, fredda" (81), a mezzo tra una trimembre con inserto e una quadrimembre in cui sia venuto a mancare il terzo aggettivo, sostituito da una frase. Talvolta gli elementi della serie crescono a quattro: "Poi continuammo a camminare, rubare, morire, litigare tra noi" (44), "di vivi, di malati, di morti, di pidocchi" (47); a cinque: "i ricchi, i poveri, gli onesti, i farabutti e le puttane" (94); fino a confondersi in un catalogo: "un frammento di pettine, uno specchietto, qualche spilla, un po' di filo, un pezzo di calza, vecchi stracci" (42).

La tendenza binaria si manifesta anche a livello di sintassi del periodo, sotto forma di parallelismi e soprattutto di antitesi: "se guadagnava..., se non guadagnava" (14); "chi era amico ieri oggi può essere nemico" (19); "Non avrei voluto pensare ma non potevo non pensare" (19); "e per la prima volta dette a mio padre ... che lui per la prima volta rifiutò" (21); "era senza orecchi e senz'occhi e parlarono i morti con i morti" (24); "dicevano che eravamo solo all'inizio e io avrei voluto già vedere la fine" (24); "poter vedere... e non vedere" (26); "che la sinistra significava... e la destra..." (29); "pensavamo alla vita come molti altri pensavano alla morte" (39), "a ogni suo passo mi ritornava la vita, mentre un minuto prima era la morte" (46); "I ricchi erano scontenti dell'ingiustizia umana, i più poveri sorridevano della giustizia umana" (63–64); "lo amavo e lo odiavo nello stesso tempo" (74), "Un familiare della sposa l'accompagna..., e così uno accompagna lo sposo" (80), "la camera che la sera prima mi sembrava bella e calda, ora era squallida e buia" (98), "tutto ciò che Ida e io mangiavamo; gli uomini mangiavano alla loro mensa" (104), "ora era lui a lasciarmi ora ero io" (105), "potevamo solo sposare e divorziare, divorziare e sposare di nuovo" (110); "buona, cattiva, ricca e povera" (112); "che piangeva e mi augurava buona fortuna, ma non sapevo a quale fortuna pensassero" (112).

Segnalo qui un paio di casi in cui l'aggettivazione contribuisce a realizzare un tono patetico ("i miei poveri capelli corti... le mie trecce lunghe... un misero fiocco rosso," 27) o lirico-elegiaco ("la pioggia scorreva sulle nostre bocche unite," 101), e uno apertamente ironico ("Si divertivano, i nuovi signori," 24); più significativa un'apostrofe ai lettori ("È più umano, non vi sembra?," 33), testimonianza di quella ricerca di empatia che spesso anima le scritture concentrazionarie, e che troverà nelle successive scritture della Bruck ampia applicazione nella forma della lettera.[5]

3. La forza espressiva degli elementi

I fenomeni individuati sono riconducibili a diverse matrici, che schematizzo così:

a) Sostrato ungherese. L'unica traccia della lingua madre è forse la tendenza all'anticipo di avverbi e (in parte) complementi rispetto all'ordine delle parole naturale in italiano.
b) Tracce di apprendimento dell'italiano. Sono distinguibili tre categorie:

- fenomeni a rigore agrammaticali, come la gestione occasionalmente idiosincratica della punteggiatura (di cui peraltro qualche traccia si trova anche nei testi più tardi), o non standard, come le forme 'diti,' 'spini,' i mancati accordi (le *concordatio ad sensum*), l'indicativo in luogo del congiuntivo/condizionale nelle ipotetiche, e la non rispondenza di alcune espressioni, che pure appaiono nelle intenzioni come fraseologiche, ai loro usi più comuni;
- fenomeni perfettamente grammaticali ma che costituiscono degli scostamenti rispetto all'uso medio, senza però che si possa individuare in essi una coerente intenzione stilistica, come l'oscillazione nelle elisioni e gli usi talora arcaizzanti o formali dei pronomi e dell'avverbio *vi* per *ci*;
- è probabile che la giovane competenza linguistica di Bruck abbia inciso anche sulle scelte lessicali, sintattiche e retoriche, nelle quali è spesso riconoscibile l'adozione di forme di scostamento che definirei 'di primo grado', relativamente semplici e immediate. Tuttavia tali scelte caratterizzano lo stile dell'autrice ed è dunque corretto trattarle come tali.

---

[5] Cfr. Romani 2010, 176–77: "Non è insolito per uno scrittore sopravvissuto alla Shoà cercare nella figura del lettore un interlocutore, un punto di contatto, di mediazione tra il proprio mondo interiore e quello esteriore di una società spesso disattenta, se non addirittura ignara dei fatti narrati."

c) Superstrato regionale. Quando scrive *Chi ti ama così* Bruck è in Italia da cinque anni, vissuti per lo più a Roma: è possibile dunque che, come la sua pronuncia (cfr. Balma 2007, 75), anche la sua scrittura risenta in qualche modo della varietà regionale, per esempio nelle forme non dittongate sotto accento; più difficile valutare l'eventuale apporto indiretto della vicinanza di Nelo Risi (dal dicembre 1957: cfr. Gnoli 2017), milanese e coltissimo. Da notare la presenza di tre toscanismi (le forme di *comperare*, *uscio*, l'assoluto *sposare*), forse veicolati da qualche lettura.

d) Scelte stilistiche. Probabilmente anche per quanto detto sopra, ma con un di più di coerenza e organicità, sono improntate alla semplicità e all'essenzialità in tutte le loro articolazioni:

- moduli formali: rintracciabili in alcune scelte lessicali, sono riconducibili al desiderio di aderire ad un italiano standard che però ha alcuni elementi, se non letterari, formali e di un registro non colloquiale, sebbene non troppo marcato;
- essenzialità sintattica: è la cifra stilistica più significativa e felice del volume, e, per quanto in linea con la tendenza paratattica della coeva prosa narrativa, lo apparenta in particolare ad analoghe scelte di Primo Levi (per le quali cfr. Mengaldo 2019, 27–31); la struttura sintattica elementare e lineare, tendente a periodi brevi, con scarsa quantità e livello di subordinazione e talora monofrasali o nominali, produce un dettato asciutto che mette in evidenza i dati di per sé sconvolgenti del racconto, esaltandone la drammaticità senza indulgere al patetico o alla facile retorica, e finendo col costituire una forma discorsiva perfettamente adeguata anche allo sguardo limpido e al "distacco stupefatto" della protagonista che, lo ricordiamo, era una bambina all'epoca dei fatti (Giorgio 1999, 299);[6]
- figure di ripetizione: fanno parte di questo quadro, essendo realizzate per lo più nella forma semplice di quelle a contatto, e spesso trascinate dal discorso diretto o riportato, il che le caratterizza

---

[6] Giorgio 1999, 298: "il testo cerca di trasmettere lo stupore della bambina e poi dell'adolescente di fronte a vicende incomprensibili e i suoi sforzi per capire le regole del gioco e adeguarvisi". Cfr. anche Guida 2007, 194.

come mimetiche dell'immediatezza espressiva di contesti elocutivi genuini e primari;
- moduli binari e ternari: i primi caratterizzano in maniera diffusa la sintassi di frase, e in parte del periodo, fornendo al testo un'infrastruttura tanto elementare quanto profonda, e declinabile sia nella forma del completamento semantico o della ripetizione sinonimica (dittologie, parallelismi) che in quella della distinzione e della contrapposizione (antitesi), che risponde all'alternativa fondamentale tra bene e male, sperimentata da una tredicenne. All'evidenza e pervasività di questa logica binaria (anche quando non si manifesta come oppositiva) è collegata la potenza etica del racconto. Ammorbidendo questa logica profonda, i moduli ternari hanno un coefficiente appena maggiore di letterarietà e rotondità.

Il tratto comune alla maggior parte di questi fenomeni è il loro costituire un grado primo (non zero, si badi) di investimento stilistico, l'essere frutto di un'elaborazione semplice ma presente rispetto ad un resoconto privo di qualunque attenzione espressiva. Questa scelta minimalista, indipendentemente dalle condizioni che l'hanno potuta facilitare, costituisce un elemento fondamentale per la riuscita del testo: da un lato la tesa essenzialità sintattica non solo garantisce trasparenza, ma determina un'opposizione strutturale tra l'aberrante distorsione dell'ordine morale rappresentata e la forma elementare con cui viene raccontata, che assume dunque un valore etico; dall'altro il moderato innalzamento del registro lessicale fornisce un pudico distanziamento dalla bruciante materia narrata; l'insieme dei due fenomeni produce un potente effetto plastico, che fa di *Chi ti ama così* un'opera straordinaria e unica, apparentandola alle migliori prove della letteratura concentrazionaria italiana, a cominciare da *Se questo è un uomo*.

Un'ultima notazione, che, come detto in premessa, andrà corroborata da ulteriori analisi: l'impianto stilistico di *Chi ti ama così* appare destinato a cambiare (lentamente?) nelle successive opere di Bruck, probabilmente anche in ragione della sua progressiva appropriazione delle potenzialità espressive dell'italiano, che costituirà sempre più la sua 'patria linguistica', consentendole di diventare, nella lingua d'elezione, la scrittrice che avrebbe voluto essere sin da prima della deportazione.

Bibliografia

Balma, Philip, 2007, "Intervista a Edith Bruck", *Italian Quarterly*, 171-72, 75-87.

Basili & LIMM, Banca dati degli Scrittori Immigrati in Lingua Italiana e della Letteratura Italiana della Migrazione Mondiale, Accademia della Crusca <https://www.basili-limm.it/> ultimo accesso 16 luglio 2023.

Bruck, Edith, 1959, *Chi ti ama così*, Lerici, Milano.

Bruck, Edith, 1995, *L'attrice*, Marsilio, Venezia.

Brugnolo, Furio, 2009a (a cura di), *La lingua di cui si vanta Amore. Scrittori stranieri in lingua italiana dal Medioevo al Novecento*, Carocci, Roma.

Brugnolo, Furio, 2009b (a cura di), *Scrittori stranieri in lingua italiana dal Cinquecento ad oggi*. Atti del Convegno internazionale di studi (Padova, 20-21 marzo 2009), Unipress, Padova.

Brugnolo, Furio, 2011, "scrittori stranieri (italiano degli)", *Enciclopedia dell'italiano*, Roma, Istituto dell'enciclopedia italiana Treccani <http://www.treccani.it/enciclopedia/scrittori-stranieri-italiano-degli_%28Enciclopedia-dell%27Italiano%29/> ultimo accesso 16 luglio 2023.

Cartago, Gabriella, Biffi, Marco, 2022, "La lingua degli altri. L'italiano degli scrittori non madrelingua," *Accademia della Crusca*, 8 gennaio <https://accademiadellacrusca.it/it/contenuti/la-lingua-degli-altri-l-italiano-degli-scrittori-non-madrelingua/19526> ultimo accesso 28 maggio 2023.

Cerbasi, Donato, 2017, *Scegliere l'italiano. Autori stranieri che scrivono nella nostra lingua*, Nuova Cultura, Roma.

GDLI, 1961-2009, *Grande Dizionario della Lingua Italiana* fondato da Salvatore Battaglia, Torino, UTET <https://www.gdli.it/> ultimo accesso 13 giugno 2023.

Gnoli, Antonio, 2017, "Edith Bruck: 'scrivevo mentre Nelo dormiva'", *La Repubblica*, 30 aprile <https://www.repubblica.it/cultura/2017/04/30/news/edith_bruck_scrivevo_mentre_nelo_dormiva_-164323470/> ultimo accesso 13 giugno 2023.

Giorgio, Adalgisa, 1999a, "Strategies for Remembering: War, Mother, and Writing in the Work of Edith Bruck" in Helmut Peitsch, Charles Burdett, and Claire Gorrara (edited by), *European Memories of the Second World War*, Berghahn, Oxford, 247-55.

Giorgio, Adalgisa, 1999b, "Dall'autobiografia al romanzo. La rappresentazione della Shoah nell'opera di Edith Bruck" in Claire Honess and Verina Jones (edited by), *Le donne delle minoranze. Le ebree e le protestanti d'Italia*, Claudiana, Torino, 297–307.

Guida, Elisa, 2007, "L'etica del sopravvissuto nell'estetica di Edith Bruck", *Cuadernos de Filología Italiana*, 14, 187–204.

Mauceri, Maria Cristina, 2007, "Edith Bruck, a Translingual Writer Who Found a Home in Italy", *Italica*, 2–3, 606–13.

Mengaldo, Pier Vincenzo, 2007, *La vendetta è il racconto. Testimonianze e riflessioni sulla Shoah*, Bollati Boringhieri, Torino.

Mengaldo, Pier Vincenzo, 2019, *Per Primo Levi*, Einaudi, Torino.

Meschini, Michela, 2022, "Il 'fratello del lager'. Edith Bruck ricorda Primo Levi" in Elisa Martínez Garrido y Francisco Javier Fernández Vallina (a cura di), *Primo Levi (1919–2019): memoria y escritura*, Guillermo Escolar, Madrid, 277–285.

Padoan, Daniela, 2012, "Scrittori italiani d'altrove: verso una cittadinanza letteraria" in *Il libro dell'anno 2012*, Roma, Istituto dell'Enciclopedia Italiana Treccani <https://www.treccani.it/enciclopedia/scrittori-italiani-d-altrove-verso-una-cittadinanza-letteraria_%28Il-Libro-dell%27Anno%29/> ultimo accesso 16 luglio 2023.

Romani, Gabriella, 2010, *Scrittrice italiana per caso* in Edith Bruck, *Privato*, Garzanti, Milano, 175–85.

Sanfilippo, Marina, 2014, "Scrittrici e memoria della Shoah: Liana Millu e Edith Bruck", *Zibaldone*, 2, 60–71.

Villa, Cristina, 2007, "Perché la Shoah talvolta parla italiano? La letteratura italiana della deportazione razziale nelle opere di Edith Bruck ed Elisa Springer" in Raniero Speelman, Monica Jansen e Silvia Gaiga (a cura di), *Contemporary Jewish Writers in Italy: a Generational Approach/ Scrittori italiani di origine ebrea ieri e oggi: un approccio generazionale*, Utrecht Publishing & Archiving Services, Utrecht, 97–105.

Villa, Cristina, 2012, "Patria, Diaspora e lingua materna nell'Europa del XX secolo" in Raniero Speelman, Monica Jansen e Silvia Gaiga (a cura di), *Ebrei migranti: le voci della diaspora*, Igitur Publishing, Utrecht (Italianistica Ultraiectina, 7), 259–75.

VLI, 1994, *Vocabolario della Lingua Italiana*, Roma, Istituto dell'Enciclopedia Italiana Treccani <https://www.treccani.it/vocabolario/> ultimo accesso 16 luglio 2023.

Lettera da Francoforte:
il dolore burocratico dopo Auschwitz

Chiara Nannicini

ABSTRACT
Lo studio si concentra sulle problematiche del ritorno dopo l'esperienza traumatica della deportazione: non solo la convalescenza difficile, la guarigione impossibile, i tentativi di reintegrazione sociale e professionale, la ricerca dell'equilibrio psico-fisico, ma anche l'aspirazione al riconoscimento pubblico delle proprie sofferenze e le richieste di risarcimento finanziario. Il romanzo *Lettera da Francoforte* di Edith Bruck costituisce un approccio letterario al tema assolutamente inedito, perché il fulcro della questione verte proprio sulle procedure burocratiche e amministrative intentate dalla protagonista allo scopo di essere riconosciuta e risarcita. Altre autrici e testimoni europee affrontano la difficoltà del ritorno, come Simone Veil, Charlotte Delbo, Liana Millu, Elvia Bergamasco. A seconda delle situazioni politiche dei paesi di destinazione, si riscontrano differenze consistenti di statuto e di categoria, ma dappertutto si ritrovano incomprensione e sterilità dell'apparato burocratico verso le deportate donne.

Questo studio si concentra su un tema centrale nella questione della deportazione e di conseguenza ricorrente nelle testimonianze, ma che non è stato messo abbastanza in evidenza. Tra le difficoltà riscontrate al ritorno dal lager, nel processo di 'reintegrazione' nella società, persistono difficoltà non solo fisiche e psicologiche, ma anche burocratiche, istituzionali, professionali, finanziarie. Premetto che il termine 'reintegrazione' racchiude già di per sé tutta un'ondata di sterilità e di ottusità amministrative, e non è assolutamente adatto a descrivere il processo umano e psicologico che un deportato o una deportata deve affrontare per ritrovare non solo un posto nella società ma anche una sorta di equilibrio interno ed esterno che gli/le permetta di continuare a vivere nel paese; perché, come diceva giustamente Lidia Beccaria Rolfi, "non si è mai ex deportati", asserzione diventata poi il titolo della biografia a lei dedicata (cfr. Maida 2009).

Sulla memorialistica di deportazione femminile dall'Italia, scrive Nadia Marconato:

> Come le testimonianze affermano la fine della prigionia, purtroppo, non coincide con la fine della sofferenza e con l'inizio di una vita migliore. Le condizioni di salute, le difficoltà burocratiche del rimpatrio, la lentezza ed inefficienza dei

mezzi, la certezza di non trovare ciò che si era lasciato fanno parte del percorso del ritorno, che assume i caratteri di una vera e propria odissea per i sopravvissuti (Marconato 2004, 72).

Come si presenta quindi tale odissea del ritorno? Precisiamo ancora, prima di rispondere, che non si tratta sempre di un 'ritorno' nel paese di origine, di un 'rimpatrio', termine usato dalle autorità istituzionali e dalle associazioni umanitarie nell'aprile-maggio 1945 ma non sempre pertinente: a volte, come per Edith Bruck, il paese in cui si continua a vivere dopo Auschwitz non è affatto quello in cui si viveva prima. L'analisi dell'odissea del ritorno, e in particolare degli ingranaggi burocratici e dei criteri sociopolitici, può rivelare diversi aspetti inediti e interessanti, soprattutto considerando le conseguenti reazioni psicologiche e lo stato d'animo della deportata.

Lettera da Francoforte è il libro di Edith Bruck (Bruck 2004) che meglio affronta la questione con originalità e profondità. Pochi sono i libri come questo, capaci di illustrare chiaramente come l'aspirazione legittima dei deportati a un riconoscimento burocratico e finanziario da parte della società europea sia stata regolarmente frustrata e messa a dura prova, quando non del tutto ignorata. Farò prima un breve *excursus* sul tema del riconoscimento istituzionale e burocratico, in particolare delle donne deportate, per poi tornare al romanzo *Lettera da Francoforte*, che si presenta come un documento letterario particolarmente riuscito dell'odissea burocratica post-deportazione.

Dalla deportazione al riconoscimento pubblico

Non tutti i deportati, anzi, pochissimi, hanno avuto un riconoscimento pubblico. Alcuni sono arrivati alla notorietà dopo due o tre decenni, avendo compiuto molti sforzi in una strenua lotta per far ascoltare la propria voce, far leggere la propria testimonianza: bastino gli esempi flagranti di *Se questo è un uomo* (1947), il caso letterario che tutti conosciamo (Gordon 2003), o il romanzo di Imre Kertész, *Fiasco* (1988), che racconta delle difficoltà riscontrate dall'autore protagonista, ebreo ungherese reduce da Auschwitz, per farsi pubblicare un libro giudicato scomodo e pesante dal mondo editoriale. Inutile dire che i reduci testimoni non cercavano una notorietà fine a se stessa, come qualsiasi altro autore, ma volevano raccontare la propria vicenda perché la gente sapesse, un'esperienza personale che potesse fungere da chiave di lettura e da scoperta esistenziale dell'esperienza collettiva nell'universo concentrazionario.

Oltre alle conseguenze fisiche e psicologiche del lager, che prenderò in esame in relazione alle voci previste nei moduli da compilare, il deportato deve sbrigare le pratiche per farsi riconoscere come "reduce", "invalido" o "vittima di guerra", a seconda delle diciture ufficiali. In alcuni casi la procedura è facilitata se la persona ha fatto parte di una rete di resistenza partigiana o un organismo di lotta antifascista, come sembra dimostrare il libro di Charlotte Delbo *Le convoi du 24 janvier* (Delbo 1965, 2014). Questo romanzo unico si presenta come un elenco ragionato delle 229 donne deportate nel convoglio del 24 gennaio 1943 insieme con l'autrice, la quale ricostruisce le vicende eroiche e tragiche di tutte quelle di cui ha potuto ritrovare la documentazione, o almeno una traccia.[1] La 'scheda' che Delbo dedica ad ognuna delle compagne, 'sommerse' o 'salvate' (cfr. Levi 1986), informa brevemente sulla vita precedente e, per le sopravvissute sulla vita posteriore. Scritta in modo sintetico e pseudo-burocratico, la 'scheda' si conclude spesso con l'onorificenza ricevuta, o almeno l'accenno alla pensione di guerra ottenuta per le proprie traversie. Si scopre così che, per alcune di loro, è stata riconosciuta la lotta antifascista, omologata a onorificenze militari o civili. Alcune hanno ricevuto la "Legion d'honneur", il più alto riconoscimento della Repubblica Francese, come Hélène Fournier Pellault (Delbo 1965, 116–118). Ben lungi dal voler contestare queste onorificenze, non si può però non rilevare come lo Stato francese tenda a riconoscere e premiare la sola partecipazione alla resistenza nazifascista, mentre la deportazione di per sé, la sopravvivenza al lager, le conseguenze psico-fisiche, non vengono prese in considerazione tra i motivi di riconoscimento pubblico, o almeno, non allo stesso modo. Questo dipende forse dal fatto che Delbo e le compagne erano 'triangoli rossi', ovvero prigioniere politiche e non ebree, pur essendo state deportate ad Auschwitz. Nella Francia postbellica, l'impegno nella resistenza e la lotta partigiana sembrano essere interpretati come atti di coraggio, di consapevolezza e di opposizione attiva, mentre altri tipi di persecuzione e di deportazione sono considerati

---

[1] Come scrive la storica Annette Wieviorka, "Il convoglio [...] è un'opera un po' inclassificabile, perché [Delbo] la vuole nel contempo come un'evocazione di ogni sua compagna e saggio sociologico" (Page 2014, 118–119). Traduzione mia.

certo in quanto traumi e ferite di guerra, ma senza necessariamente una partecipazione cosciente e antifascista della vittima. Non si può comunque generalizzare né estendere tale argomento ad altri paesi e ad altre epoche. Comunque sia, chiunque legga il resoconto di Delbo, scoprendo queste informazioni finali, ha l'impressione che l'assegnazione di un risarcimento onorifico e finanziario, anche per queste combattenti in nome di valori civili e umani, sia davvero casuale ed arbitraria, nonostante la quantità di prove e di documenti richiesti. L'autrice ricorda infatti anche i rifiuti che per molte di loro sanciscono l'archiviazione definitiva di una richiesta:

> [Claudine Blateau] Equiparata soldato di 2a classe dell'esercito francese. (Delbo 1965, 43)

> [Hélène Bolleau] Equiparata soldato di 2a classe dell'esercito francese, ha ricevuto la Legione d'Onore il 14 luglio 1977. (Delbo 1965, 47)

> Emmanuel Fleury non ha ottenuto per sua moglie [Marie-Thérèse Fleury, morta ad Auschwitz nel 1943] la tessera di deportata resistente. Come grado dell'esercito. – al ministero della guerra -, è stata equiparata al grado di tenente. Al ministero degli ex combattenti, è stata dichiarata vittima civile. (Delbo 1965, 115)

> France Rondeaux è stata equiparata al grado di tenente dell'esercito francese. (Delbo 1965, 252)

Lo statuto di vittima civile si trova oggi in diverse legislazioni. In Francia, il riconoscimento della sofferenza civile in caso di guerra è stato riconosciuto dal gennaio 1982, con il titolo di "vittima civile di guerra" che riguarda anche le vittime di atti di terrorismo.[2] In altri paesi europei, come il Belgio, la dicitura è estesa ad entrambi i casi "vittima civile e di atti di terrorismo";[3] sul sito istituzionale leggiamo che tale statuto riguarda le vittime delle due guerre mondiali, della guerra d'indipendenza del Congo, del Rwanda e del Burundi, nonché della catastrofe di Tessenderlo del 1942.[4] Alla voce invalidi di guerra e vittime civili ("per esempio: la vedove", com'è specificato), compare

---

[2] Vedasi il sito ufficiale del governo francese: https://www.gouvernement.fr/guide-victimes/victime-civile-de-guerre.
[3] Cfr. https://www.sfpd.fgov.be/fr/droit-a-la-pension/victimes-civiles.
[4] Nel 1942 ci fu una grande esplosione in un'industria chimica, situata a Tessenderlo, provocata da uno stock di nitrato d'ammonio. I morti furono 189, circa 900 i feriti.

una lunga lista degli aventi diritto allo statuto di "riconoscimento nazionale".[5] Tuttavia, una frase sibillina s'inserisce in fondo: "Allora avete diritto, poste determinate condizioni, ad alcuni aiuti".[6]

E in Italia? Oggi non troviamo nessun sito istituzionale che risponda a questa voce, ma diverse associazioni parastatali come l'Associazione Nazionale delle Vittime Civili e di Guerra. Tuttavia, una pubblicazione dell'Osservatorio, Centro di ricerche sulle vittime civili dei conflitti, ci fornisce informazioni e ragguagli sul tema (cfr. Marinello 2017). Secondo l'avvocata Marinello, autrice dello studio, la legge 648 del 10 agosto 1950, nell'articolo 10, riconosceva il diritto alle pensioni ai cittadini invalidi ed alle famiglie di cittadini italiani deceduti "per qualsiasi fatto di guerra" (Marinello 2017, 12–13).

La gerarchia delle deportazioni

Molte testimonianze attestano che per i deportati ebrei il riconoscimento pubblico posteriore è ancora più raro e più difficile di quello concesso ai deportati politici. Ritorniamo temporaneamente in Francia. Simone Veil, *alias* Simone Jacob, la quale, come è risaputo, era reduce da Auschwitz, affermò chiaramente nei suoi scritti di essere stata dimenticata per anni al suo ritorno in Francia. Ricordiamo che era stata deportata insieme a gran parte della famiglia, padre, madre, fratello minore e sorella maggiore: salvo Simone e Milou, le due sorelle, il resto della famiglia scomparve nei campi. L'altra sorella, Denise Jacob, ebbe una vicenda parallela, altrettanto drammatica, che la trascinò a Ravensbrück, dove fu deportata sotto falso nome come politica, e non come ebrea. Ebbene, al suo ritorno in Francia Denise fu invitata a conferenze, dibattiti e tavole rotonde. Gli esponenti politici di partito erano fieri di mostrare una ragazza che aveva fatto la resistenza, aveva subito la tortura, era stata deportata in un lager. Se una tale esigenza politica e ideologica è comprensibile, sembra tuttavia molto strano, quasi

---

[5] "Prigionieri politici, prigionieri politici stranieri, deportati per il lavoro obbligatorio, obiettori, resistenti civili, resistenti per la stampa clandestina, resistenti al nazismo nei territori annessi, arruolati di forza nella Wehrmacht, pescatori marittimi in tempo di guerra, arruolati nel CRAB, bambini ebrei nascosti, invalidi della guerra 1940–1945". Traduzione mia.

[6] Traduzione mia.

contraddittorio, che non si ascoltassero anche le due sorelle sopravvissute al delirio assassino di Auschwitz.

La storica Dominique Missika, che ha scritto un saggio sulle tre sorelle Jacob, estremamente coraggiose malgrado le differenze, tenaci, inseparabili tra loro (Missika 2018), risponde alla domanda in questi termini:

> Non tutti i deportati sono trattati allo stesso modo. C'è tra loro una gerarchia sotterranea, non detta, i resistenti in alto sulla scala degli onori, e gli altri, gli ebrei, in basso, lasciati in disparte dagli omaggi della patria. Una frattura, una lacerazione, e una ferita che non si rimargina mai. (Missika 2018, 126)

Il tema ritorna spesso anche nell'autobiografia di Simone Veil. Diventata giurista ed eminente politica, Veil ricorda con tristezza il periodo straziante del dopoguerra quando, oltre al dolore per la perdita dei familiari, il trauma della sopravvivenza in lager, il malessere esistenziale e fisico, la difficoltà di reintegrarsi in una società ipocrita, Simone ricorda i riconoscimenti offerti dalle istituzioni (non solo dal partito comunista) a Denise, gli interventi della sorella in televisione e per la stampa, in contrasto con il silenzio e l'oblio a cui lei stessa e la sorella Milou sono relegate.

La deportazione ebraica risultava scomoda, inspiegabile, alla Francia del dopoguerra? Ci vollero alcuni decenni in più perché fosse riconosciuta e considerata una resistenza morale e fisica, alla stregua della lotta partigiana? Quando si tratta del trauma di Auschwitz, tutti le esortano a girare pagina, a dimenticare il passato (Missika 2018), mentre l'argomento della lotta resistente armata risulta più gradito alla stampa, ai politici, alle organizzazioni culturali, che cercano in questo modo di smaltire il proprio senso di colpa o perlomeno di disagio davanti all'immensa tragicità della Shoah.

Ma il nostro scopo non è di dimostrare ulteriormente quali siano state le differenze di trattamento dei prigionieri dei campi a seconda del motivo di deportazione, del genere, del carattere dei sopravvissuti. Se è vero che la Francia riconobbe abbastanza presto i deportati politici, per motivi istituzionali e civili, non avvenne altrettanto in altri paesi d'Europa.

Per approfondire la questione del ritorno in patria delle deportate, bisogna leggere o ascoltare le testimonianze delle protagoniste. Per prima cosa, osserviamo l'assenza eloquente della tematica: molte testimonianze si concludono con il ritorno a casa, considerato proprio come un finale narrativo, tutt'al più seguito da un breve riassunto della vita successiva. Quest'ultima è descritta qualche volta in termini positivi di rivincita sul destino, qualche volta invece come una profonda delusione e un seguito delle sofferenze. Gli ostacoli amministrativi e burocratici sono omessi completamente da alcune testimoni, mentre sono oggetto di attenzione da parte di altre. Per esempio, la testimonianza di Piera Sonnino si conclude con la propria missione di testimone orale, simbolica ma anche concreta, rivolta a "Compagni, amici, amiche e [...] fratelli" (Sonnino 2014, 96), nella speranza che Auschwitz non debba più riprodursi nella storia dell'umanità. In altri casi, invece, le scrittrici testimoni fanno almeno un accenno al problema del riconoscimento istituzionale e del risarcimento. Nel suo *Cielo di cenere*, per esempio, Elvia Bergamasco scrive:

> [...] Mi sono sposata, incinta, nel gennaio del 1947. Mia madre non voleva che mi sposassi, perché diceva: "Aspettiamo, vediamo quello che nasce, se è handicappato...". C'erano questi timori e questi pregiudizi. D'altra parte al momento della liberazione ero ridotta a venticinque chili, io che sono alta 1,70. Quando sono ritornata a casa a ottobre pesavo trentadue chili. Non abbiamo avuto nessun aiuto, né morale, né materiale, da nessuno. Ho dovuto curarmi, continuare le cure. Sono stata per lungo tempo "al Rizzoli" di Bologna. *Tutto a mie spese* (Bergamasco 2005, 149).

Si trovano vere e proprie critiche alle regole assurde delle istituzioni soprattutto in *L'esile filo della memoria* di Lidia Beccaria Rolfi (1996), una splendida testimonianza che si concentra proprio sui problemi del ritorno, sulla reintegrazione personale e professionale, sui pregiudizi delle persone rimaste che non possono, non vogliono capire. In questo libro, scopriamo che anche una deportata politica come Beccaria Rolfi ha dovuto affrontare mille ostacoli concreti e lottare contro l'ipocrisia maligna che l'aveva bollata come donna non rispettabile, a differenza di alcune compagne francesi. Per esempio, nel capitolo *Alla ricerca del lavoro* Beccaria Rolfi, che era maestra elementare, ricorda:

> In Provveditorato attesi pazientemente in anticamera insieme con altri internati militari e prigionieri di guerra. Quando fu il mio turno – era quasi mezzogiorno – entrai in un ufficio ampio, luminoso, con bei mobili e un'ampia scrivania, dietro la quale sedeva un signore imponente, completamente calvo, con due occhi di ghiaccio e un viso annoiato. Mi chiese in modo brusco di esporre molto velocemente il mio problema. Cercai di essere breve: tornavo dalla Germania, da un campo di concentramento, ero stata arrestata dalle Brigate Nere, portata in carcere, consegnata

alla Gestapo, poi alle SS che mi avevano deportata. Al momento dell'arresto insegnavo, come provvisoria a... Non mi lasciò finire, il suo viso esprimeva una noia profonda: "Mi dispiace, come partigiana presenti domanda in ritardo, anzi non hai presentato domanda e come deportata non ci sono disposizioni. La circolare parla di internati, di vedove e di ebree, e tu non sei ebrea. Puoi andare... (Beccaria Rolfi 1996, 121–122)

Al che l'autrice esce "rabbiosa" dall'ufficio, commentando: "ora sapevo che il carcere, la deportazione, il Lager, non mi davano il diritto di entrare in nessuna delle categorie previste" (Beccaria Rolfi 1996, 122).

Questo brano mi sembra alquanto emblematico per la situazione della deportata, che cerca di trovare un posto nella società del dopoguerra, che si tratti di un lavoro, come in questo caso, o di una pensione d'invalidità, come in altri casi, o di qualsiasi altro tipo di risarcimento. Gli elementi che ci occuperanno tra poco sono già tutti riuniti: l'aria annoiata e superiore del funzionario (qui in carne ed ossa), quel 'tu' confidenziale che nasconde un certo disprezzo, la richiesta paradossale di riassumere brevemente anni di sofferenze e di torture, e ovviamente l'impossibilità burocratica di ottenere il riconoscimento richiesto per una vana formalità, unita a una certa malafede nell'interpretazione delle istruzioni. Senza dimenticare, la frustrazione del tutto legittima, avvertita dall'autrice di non entrare in nessuna categoria, di non essere capita e di subire un'ingiustizia. Si è scelto di inaugurare il discorso con altre testimoni della deportazione politica o razziale, sia in Francia sia in Italia, in modo da evocare problematiche comuni a Edith Bruck, ma anche per mostrare l'originalità del suo romanzo nell'affrontare tali problematiche e nel formularle in forma narrativa, anziché saggistica.

L'originalità di *Lettera da Francoforte*

Lettera da Francoforte racconta l'odissea burocratica di Vera Stein e dei suoi tentativi tormentati e complessi di introdurre una richiesta di risarcimento presso l'apposito ufficio del governo tedesco, a Francoforte, detto la "Fondazione". Vera Stein è una *alter ego* della scrittrice Edith Bruck la quale, come sappiamo, ama scegliersi 'eteronimi', quasi nello stile di Pessoa. Si tratta altresì di un personaggio fittizio, protagonista di un romanzo che è in parte ispirato a fatti reali. Per gli scrittori testimoni il velo che separa memorialistica e narrativa è alquanto sottile, tant'è che la critica spesso deve raddoppiare l'attenzione, trattando romanzi di scrittori europei come Jorge Semprun e Imre Kertész o, nel nostro corpus, le opere di Liana Millu e Giuliana Tedeschi, solo per ricordarne alcune (cfr. Millu 1947; Fiorentino Tedeschi 1946). Non è questo, comunque, il punto del presente studio, in cui si considera *Lettera da Francoforte* un romanzo, non un'opera di memorialistica.

L'originalità di questo romanzo è che si concentra sulle trafile burocratiche necessarie per inoltrare una richiesta di risarcimento all'ufficio precipuo, dopo che il governo della Repubblica Federale Tedesca ha stanziato una somma per risarcire le vittime dirette del nazismo. Un saggio scritto in modo storico-documentaristico avrebbe potuto fornirci le informazioni su questi documenti, sulle difficoltà a compilarli, sui requisiti che occorrevano per rientrare nelle categorie previste dall'ufficio, e altro ancora. Un saggio avrebbe potuto spiegare approfonditamente la procedura burocratica ardua e talvolta arbitraria, ma l'effetto non sarebbe stato lo stesso. Rappresentando la situazione specifica di una protagonista e la sua lotta burocratica per ottenere il dovuto risarcimento, Bruck affronta il soggetto dal punto di vista psicologico ed emotivo, non solo storico e burocratico. Lo stato d'animo di Vera Stein accompagna infatti tutte le fasi della procedura, così come quello dell'amica tedesca che la aiuta, mettendo in luce le assurdità delle richieste, la freddezza intollerabile delle formule, la mancanza di sensibilità delle istituzioni, con i loro impiegati, nei riguardi di sofferenze e traumi. Insomma, Vera Stein attraversa nuovamente tutto il dolore di Auschwitz attraverso le pratiche burocratiche, che toccano ferite mai rimarginate.

> Lei mi porge un foglio che prima non avevo visto nella sua mano, lo deposita sul tavolino e dice: "Scriva nome e cognome. Luogo e data di nascita. Nomi e cognomi dei suoi genitori, e da dove siete stati deportati e per dove".
> "Auschwitz" dico. "Auschwitz" mentre scrivo concentrata come una scolara sotto gli occhi severi della maestra, lei se ne va senza una sola parola.
> Finisco di scrivere e tolgo subito lo sguardo dai nomi di mio padre e mia madre, perché mi fanno male come se li avessi persi in quel momento. (Bruck 2004, 32)

Ogni richiesta apre una voragine emotiva e umana: l'atto di nascita della protagonista è arduo da trovare, in un paese, l'Ungheria, che non ha certo conservato le carte relative alla comunità ebraica; il luogo di deportazione e il nome dei genitori vengono richiesti in modo impietoso, senza filtri, risvegliando il dolore della perdita; le visite mediche per attestare i danni corporei sono umilianti; i criteri per l'elargizione del risarcimento sono limitati ed elencati in modo scrupoloso ma sterile,[7] in generale la lentezza e la meticolosità dell'apparato burocratico si rivelano estenuanti, ingiuste, paradossali, logorando la povera Vera, sempre in attesa di una risposta.

In particolare, il romanzo presenta tre aspetti di grande importanza per questo discorso. Il primo è l'inserzione in citazione di documenti originali, nella loro estensione, ridondanza burocratica e aspetto plurilingue (inglese, tedesco, russo). In questo la nostra scrittrice fa prova di grande audacia narrativa: è chiaro che un estratto sarebbe stato sufficiente a rendere l'idea generale, ma l'integralità del documento agisce sul testo in modo ben più efficace, tramortendo appositamente il lettore (o la lettrice), come se anche lui (o lei) fosse alle prese con il modulo da compilare. Nessuna citazione parziale raggiungerebbe un tale impatto.

Il secondo aspetto è costituito dai commenti della protagonista in prima persona. Tali commenti, brevi ed intensi, si insinuano nelle pieghe della documentazione, tra gli episodi dell'intrigo, affiorando sia nei momenti che definirei di concentrazione burocratica, sia negli intervalli della vita, che per fortuna continua.[8] Questa specie di 'contrappunto umano ed emotivo' compensa la sterilità del linguaggio tecnico burocratico aprendo la porta a spazi di riflessione di grande profondità.

Il terzo aspetto riguarda la presenza dell'amica Ellen. Introdurre il personaggio dell'interlocutrice permette di creare un ritmo dialogico nel dibattito sul tema della burocrazia, osservata dall'esterno e messa quindi in prospettiva critica. Ma dare a quest'interlocutrice l'identità tedesca aggiunge elementi di complessità e di ironia alla situazione della protagonista, da un lato perché la lingua tedesca può ancora ferire, anche quando è usata in modo amichevole, dall'altro perché Ellen si infuria (a ragione) contro le ipocrite formule burocratiche del proprio paese, cui risponde con un fiume di ingiurie, che risuonano alle orecchie della protagonista come una sorta di giusta compensazione.

---

[7] Si tratta della lunga lettera firmata Janek Tarshawsky (Bruck 2004, 50–51).
[8] Anzi, la protagonista lotta per salvaguardare la "vita quotidiana" con il marito, "che scorre placida e purificata di ogni inquinamento e impastata di tenera pazienza e di grandi silenzi felici" (Bruck 2004, 82).

Primo aspetto: gli inserti documentali

In questo libro i moduli burocratici hanno una loro consistenza, una vera e propria concretezza, così come le numerose e svariate lettere in arrivo da Francoforte (sono plurali, ma il titolo del romanzo, al singolare le riunisce in un'unica, grande missiva simbolica). I documenti sono citati integralmente, in centro pagina a caratteri ridotti, come il "modulo vergine di otto facciate" (Bruck 2004, 10-12), inserito all'inizio del romanzo su due pagine intere, o come le lettere del misterioso funzionario Tarshawsky, definito "l'uomo macchina" (Bruck 2004, 142), tradotte direttamente in italiano per il lettore dopo l'apostrofe *Sehr geehrte Frau Castelli*, formula tipicamente tedesca, troppo sterilmente distante nella sua ripetizione pedissequa per poter essere tradotta (Bruck 2004, 141). Anche quando manca una citazione diretta del documento, la narratrice s'incarica di descriverne l'aspetto cartaceo, come succede con il documento ansiosamente atteso e infine arrivato: "Il certificato di nascita che rigiro tra le mani è di un tenue verdolino legato con un cordoncino tricolore, rosso bianco e verde" (Bruck 2004, 140).

L'inserzione di documenti all'interno del testo narrativo si spiega anche con il ruolo predominante che essi assumono nella vita della protagonista. In effetti, Vera è ossessionata dalla risposta della Fondazione; la attende con una tale impazienza che sembra mettere il resto della vita quasi tra parentesi: in vacanza a Ischia con il marito Carlo, le viene subito in mente guardando un gruppo di turisti tedeschi in vacanza (Bruck 2004, 126). Il filo conduttore della richiesta di risarcimento incide sulle sue azioni quotidiane, come quando telefona a Ellen ma la linea cade (Bruck 2004, 132-133), così come sui suoi mutamenti repentini di stato d'animo, come mostra il balletto di contentezza per l'annuncio, nella segreteria telefonica, dell'arrivo dell'atto di nascita (Bruck 2004, 139). Per questi motivi, l'inserzione integrale dei documenti conferma in un certo senso il loro 'ingombro' nella storia e nella vita di Vera.

Secondo aspetto: il contrappunto emotivo e personale

Il desiderio di Vera di ottenere il risarcimento costituisce una mania, un'ossessione. L'ansia dell'attesa, il sollievo impossibile, tutti questi stati d'animo si materializzano nello sguardo che cade sulla cassetta delle lettere entrando nel portone di casa, nella sua attesa spasmodica, nel battito del cuore allo squillo del telefono, nella *reductio ad unum* che lei compie, suo malgrado, nelle attività della vita quotidiana. La protagonista è cosciente della sua ossessione e ne analizza con freddezza le dinamiche: "Con l'ennesima raccomandata, datata 10 settembre, come sempre scatta la mia attesa immediata e quotidiana che ha tutto il tempo di oscillare tra calma e rabbia, tra rassegnazione e delusione. Promessa di rinuncia definitiva e ostinazione continua" (Bruck 2004, 45).

L'ostinata trafila burocratica che risveglia il dolore viene tuttavia esorcizzata dai commenti negativi e ironici di distacco critico non solo di Ellen, ma anche della narratrice la quale, nonostante tutto, si ribella contro la situazione di insopportabile passività in cui la Fondazione l'ha relegata. Tali commenti sono onnipresenti e costituiscono un contrappunto alla linea narrativa principale, la lotta contro la burocrazia.

> La sua richiesta per il momento è in elaborazione conclusiva.
> Della decisione le daremo notizia per iscritto.
> Con amichevoli saluti
>
> Tarshawsky
>
> *I loro momenti* possono essere anche mesi, anni per un no o un sì. Agiscono da assoluti signori di ogni libertà senza lasciare spazio a nessuna speranza. (Bruck 2004, 141)

Qui, per esempio, la narratrice riprende e commenta la formula "per il momento". La forza suggestiva di questo termine riecheggia ancora dopo la lettura e dà adito a una riflessione sulla lentezza esasperante delle risposte, dove una terza persona plurale "loro" viene a inglobare tutti i funzionari della Fondazione, rappresentanti di un'istituzione che sembra anonima e artificiale. In un'altra occasione, al marito che tende a giustificare il singolo burocrate prigioniero di un sistema più grande e complesso, Vera obietta una riflessione profonda e impregnata di riferimenti storici e culturali: "'Aspetta, no? Non vederli come i tuoi persecutori, sono solo dei miseri burocrati che svolgono un'attività con potere decisionale che viene dall'alto, non direttamente da loro' 'Con questo ragionamento poteva essere assolto anche Eichmann!'" (Bruck 2004, 141).

Ricordando qui il processo Eichmann e la 'banalità del male', il contributo burocratico criminale così ben analizzato da Hannah Arendt, la narratrice denuncia non solo la responsabilità individuale in un sistema criminale e corrotto (la burocrazia nazista), ma anche la freddezza burocratica e la malafede dimostrate dopo la guerra dagli uffici della Fondazione (la burocrazia della Repubblica federale).

Terzo aspetto: la furia dell'amica Ellen

Vera ha chiesto aiuto all'amica Ellen, la quale si è mostrata fin da subito pronta e disposta ad aiutarla. Ellen parla tedesco mentre aiuta l'amica a compilare i moduli, e questa lingua ferisce Vera evocando i traumi del passato: "'Il tuo mestiere e la tua religione al tempo della persecuzione, scrivo pittrice? Jude?' vuole da me la conferma ma la parola 'Jude' nella sua bocca stretta mi ferisce e taccio di nuovo. 'Jude?' ripete." (Bruck 2004, 13).

In effetti, Ellen parla la lingua dei persecutori, lingua che è tuttora un'arma temibile che causa sofferenza alla narratrice. Infatti, numerose sono le testimonianze che ricordano come le urla tedesche siano diventate veri e propri traumi sonori, al punto che per le sopravvissute pronunciare alcune parole in tedesco diventa impossibile. Vera chiederà a un certo punto a Ellen di evitare determinate parole che le fanno male.[9] Osserviamo, per inciso, che dover usare il tedesco anche per compilare i moduli del risarcimento di vittime civili è un paradosso tipico del dopoguerra, che alla burocrazia sembra legittimo ma che è in realtà discutibile. All'inizio ci sono anche l'inglese e il russo, ma la corrispondenza slitta progressivamente nel solo tedesco.

Per ritornare a Ellen, la lingua tedesca nella sua bocca acquista un'altra funzione: le serve anche a proferire le ingiurie contro i burocrati insensibili e lontani, che non capiscono le sofferenze subite da Vera.

> Dobbiamo inventare qualcosa per questi Schweinehunde, non andranno a controllare le tue uscite e entrate da un paese all'altro!".
>
> Quello "Schweinehunde", imprecazione che m'era anche troppo familiare, pur turbandomi, detta da una tedesca ai tedeschi non mi dispiace, anzi, e con uno sforzo ricostruisco all'incirca i miei spostamenti. (Bruck 2004, 14)

---

[9] Bruck 2004, 17: "'Per favore, non dirmi più documentazione, Schweinehunde, Jude' elenco le parole tedesche che non voglio più sentire.' 'Hai dimenticato Unbekannt', mi ricorda con uno sguardo sardonico." All'elenco nelle pagine successive si aggiunge anche "Verboten" (cfr. Bruck 2004, 19–20).

Nella sua spontaneità veemente e nelle sue reazioni furiose, Ellen è un personaggio di grande rilevanza narrativa. Lo stesso si può affermare per l'altra amica comune, Christa, benché con una differenza sostanziale: avendo subito i traumi della guerra, Christa si è chiusa in un'eterna infanzia. Forse perché vive a Roma e parla italiano con la protagonista (Bruck 2004, 23), Christa ha un rapporto disteso con Vera. Invece, con la sua "animosità incontenibile" (Bruck 2004, 15), Ellen manca qualche volta di tatto e ferisce suo malgrado l'amica. La sua buona volontà è moltiplicata fino all'eccesso, perché si è talmente impegnata nella questione, è stata così presa dal suo incarico, da incarnare talvolta il ruolo di erinni nei confronti dell'amica, ricordandole la questione anche quando Vera desidera dimenticarla, per esempio al telefono da Ischia.

Ogni contatto con Ellen è uno 'scontro' più che un incontro: "Non resta che scontrarmi con Ellen, che sembra spendere la pensione per telefonarmi, insultare la Fondazione, accusandomi per la mia pazienza, la mia timidezza, le mie paure" (Bruck 2004, 23). Infatti, dopo un po' Vera si rivolge a Walter, un altro conoscente di lingua tedesca, più posato, più ragionevole. Ma durante questa supplenza, il lettore sente la mancanza della furia prorompente di Ellen.

Per concludere, si ribadisce ancora una volta l'originalità del romanzo *Lettera da Francoforte*, che si discosta solo in apparenza dalla memoria del trauma passato per affrontare un altro trauma presente, il dolore burocratico. Quest'ultimo, non astratto ma concreto, risveglia Auschwitz nell'animo della sopravvissuta e acuisce la sua sofferenza muta e onnipresente nel rivivere e ricostruire quello che fu il tragico percorso, suo e della famiglia scomparsa. Si è cercato qui di rilevare e prendere in considerazione alcuni dei numerosi stratagemmi narrativi con i quali Edith Bruck rende l'argomento più sottile e complesso, più coinvolgente e più diretto nei confronti del lettore, che viene travolto non solo dal punto di vista intellettuale ma anche da quello emotivo e umano. Anche in questo romanzo come negli altri, infine, sovrasta tutto il linguaggio suggestivo e inconfondibile della scrittrice.

Bibliografia

Beccaria Rolfi, Lidia, 1996, *L'esile filo della memoria. Ravensbrück, 1945: un drammatico ritorno alla libertà*, Einaudi, Torino.

Bergamasco, Elvia, 2005, *Il cielo di cenere*, Nuova Dimensione, Portogruaro.

Bruck, Edith, 2004, *Lettera da Francoforte*, Mondadori, Milano.

Delbo, Charlotte, 1965, *Le convoi du 24 janvier*, Minuit, Paris.

Delbo, Charlotte, 2014, *Donne ad Auschwitz*, Gaspari, Udine.

Fiorentino Tedeschi, Giuliana, 1946, *Questo povero corpo*, Edizioni dell'Orso, Alessandria.

Gordon, Robert S. C., 2003, *Primo Levi. Le virtù dell'uomo normale*, Carocci, Roma.

Kertész, Imre, 2011 [1988], *Fiasco*, trad. Antonio Sciacovelli, Feltrinelli, Milano.

Levi, Primo, 1986, *I sommersi e i salvati*, Einaudi, Torino.

Marconato, Nadia, 2016, *La memorialistica della deportazione femminile dall'Italia. Le caratteristiche dell'esperienza femminile nella deportazione*, Edizioni Accademiche Italiane, Saarbrücken.

Maida, Bruno, 2009, *Non si è mai ex deportati*, Utet, Milano.

Marinello, Maria, 2017, "La tutela delle vittime civili di guerra in Italia", *L'osservatorio. Centro di ricerche sulle vittime civili dei conflitti* <https://www.losservatorio.org/it/attivita/pubblicazioni/item/1137-la-tutela-delle-vittime-civili-di-guerra-in-italia> ultimo accesso 21 giugno 2023.

Millu, Liana, 1947, *Il fumo di Birkenau*, Giuntina, Firenze.

Missika, Dominique, 2018, *Les inséparables. Simone Veil et ses sœurs*, Seuil, Paris.

Page, Christiane (dir), 2014, *Charlotte Delbo. Œuvre et engagements*, Presses Universitaires, Rennes.

Sonnino, Piera, 2014, *Questo è stato. Una famiglia italiana nel Lager*, Il saggiatore, Milano.

"Le statut de victime civile de guerre" <https://www.gouvernement.fr/guide-victimes/victime-civile-de-guerre> ultimo accesso 21 giugno 2023.

"Victimes civiles de guerre et d'actes de terrorisme" <https://www.sfpd.fgov.be/fr/droit-a-la-pension/victimes-civiles> ultimo accesso 21 giugno 2023.

Un lungo racconto nutrito di poesia. I versi dispersi nella narrativa di Edith Bruck

Michela Meschini

ABSTRACT
Nota al grande pubblico come memorialista e testimone, Edith Bruck è anche un'apprezzata poetessa e traduttrice di versi, nonché una appassionata lettrice di poesia. Non sorprende pertanto che nel suo universo narrativo si riscontrino frequenti richiami al linguaggio e all'immaginario lirico. I versi degli amati poeti ungheresi, appresi sui banchi di scuola prima della deportazione, risuonano nel lungo racconto della Shoah imbastito dall'autrice in oltre sessant'anni di attività letteraria, andando a tracciare una ideale 'linea poetica' che percorre tutta la sua scrittura narrativa, condensandone temi, motivi e intenzioni. Il saggio ricostruisce la memoria poetica inscritta nella narrativa bruckiana a partire dall'acclamato memoir *Il pane perduto* (2021) e giunge a mostrare, attraverso una selezione di testi significativi, come la poesia non sia semplicemente fonte ispiratrice del racconto bensì suo nutrimento intimo, in grado di alimentare la rielaborazione mnesica del trauma compiuta dall'autrice nelle sue opere.

Testimoniare con la poesia

Insieme a Primo Levi, Edith Bruck è una delle poche autrici italofone che ha saputo testimoniare l'esperienza della deportazione avvalendosi anche delle risorse espressive della poesia: ha firmato un poemetto in versi *Specchi* (2005) e quattro sillogi, di cui le prime tre, ora riunite in *Versi vissuti* (2018), sono state composte e pubblicate in un arco di tempo delimitato tra il 1975 e il 1990,[1] l'ultima *Tempi* è il frutto dell'isolamento pandemico ed ha visto la luce nel 2021,[2] nello stesso anno del fortunato romanzo *Il pane perduto*, un testo nel quale, come vedremo a breve, la poesia lascia importanti tracce testuali. Rispetto alla ben più estesa attività narrativa, la pratica poetica ha decisamente

---

[1] *Versi vissuti* riunisce le raccolte *Il tatuaggio* (1975), *In difesa del padre* (1980), *Monologo* (1990), le quali vanno a individuare un primo significativo momento della scrittura lirica bruckiana. La rilevanza di questa prima produzione in versi trova riscontro editoriale in antologie anglofone, dove l'autrice è presente, con una selezione di liriche 'testimoniali', accanto a Primo Levi, Paul Celan, Dan Pagis, Nelly Sachs, Miklós Radnóti e altre voci rappresentative della poesia ebraica della Shoah nel panorama internazionale (cfr. Schwartz, Rudolf 1980; Forché 1993; Cronyn, McKane, Watts 1995).
[2] Durante la lavorazione del presente volume, Bruck ha dato alle stampe in Francia la sua quinta raccolta, *Les dissonances* (2025).

un andamento episodico e irregolare all'interno della produzione bruckiana. Tuttavia, risulterebbe riduttivo ritenerla un mero esercizio occasionale, una via espressiva ancillare alla prosa, un modo minore della vocazione al racconto e alla testimonianza con la quale nel corso degli anni è venuta a identificarsi la figura dell'autrice nella percezione pubblica. A uno sguardo più approfondito emerge infatti chiaramente come la vicenda artistica di Edith Bruck sia segnata dalla durevole compenetrazione tra prosa e poesia: due generi letterari distinti, con un diverso peso specifico nella carriera dell'autrice, eppure intimamente correlati per temi e stile, perché entrambi scaturiti dall'urgenza sempre viva di ricordare l'esperienza della deportazione e di testimoniarne la durata nel presente. Pertanto due modi espressivi complementari, che si richiamano di continuo e risultano parimenti necessari all'interno di una indagine sulla trasmissione culturale della memoria della Shoah.

Ciò premesso, questo studio non prenderà in esame la produzione lirica di Edith Bruck, per quanto questa sia rilevante anche sotto il profilo letterario (cfr. Balma 2014, Meschini 2018, Mordenti 2022, Steffan 2018),[3] bensì la memoria poetica dell'autrice, ovvero la capacità del suo racconto narrativo di ritenere traccia dei versi dei poeti preferiti e di accordare il contenuto di quei versi alla memoria dell'esperienza traumatica dei campi di sterminio. Nelle pagine che seguono procederò dunque alla stesura di un primo inventario, ancorché incompleto e selettivo, dei luoghi poetici della narrativa bruckiana, utile a delineare una visione d'insieme delle diverse modalità di apparizione della poesia nella prosa, per giungere infine a interrogare i moventi della memoria poetica dell'autrice e i significati della sua presenza testuale.

All'interno del lungo racconto della Shoah che Edith Bruck ha costruito in oltre sessant'anni di attività letteraria, non è difficile individuare l'apparizione discreta ma ininterrotta della poesia: i versi dei poeti letti e amati, riconducibili per lo più alla tradizione lirica magiara,[4] trovano ospitalità

---

[3] Alla poesia di Edith Bruck è dedicato in questo volume il saggio di Enza Biagini.
[4] Un elenco dettagliato dei poeti ungheresi di riferimento è fornito dalla stessa Bruck in occasione di una serie di incontri sul "Mestiere del poeta", organizzati dall'Istituto italiano di cultura di Budapest nel 1999. Sándor Petőfi, Attila József, Ady Endre, poeti dalla tragica esistenza e dalle forti aspirazioni sociali, sono le voci che l'autrice scopre sui banchi di scuola nel periodo fra le due guerre e che la accompagneranno in tutte le fasi della sua esistenza. Tra le letture della maturità: Miklós Radnóti, Dezső Kosztolányi, Gyula Illyés (Bruck 1999b, 8–9).

nel corpo del racconto come induttori di senso e catalizzatori di memoria e, laddove la poesia per così dire 'alta' non riesca a fornire all'autrice il giusto stimolo alla narrazione è sostituita dalla sua 'sorella povera', ovvero la canzone popolare, anch'essa traccia mnestica del vissuto, specialmente dell'infanzia nella nativa Ungheria, ma anche della permanenza nel sistema concentrazionario nazista.[5] Quando non è incorporata nel racconto, la poesia lo precede, ammiccando dalle soglie dei testi, in specie dai titoli e dagli esergo dei romanzi, di cui annuncia allusivamente temi e intenzioni, oppure compare nella 'pelle' del testo, manifestandosi nello stile espressivo, nel ritmo lirico della prosa e nell'uso musicale di quella 'lingua non sua', che Edith Bruck ha scelto per raccontare e raccontarsi e nella quale ha edificato, nel corso degli anni, la sua dimora letteraria, la sua "casa-paese" (Bruck in Meschini 2022a, 12).[6]

Idealmente è dunque possibile tracciare una linea poetica che attraversa e tiene insieme la prolifica esperienza narrativa di Edith Bruck, a partire dal primo volume autobiografico *Chi ti ama così* (1959) – che, come approfondiremo in seguito, prende il titolo da un verso di Attila József ed è pertanto un testo inaugurale anche ai fini del nostro discorso –, fino all'ultima fatica, *Sono Francesco* (2022), un *memoir* sull'incontro con Papa Bergoglio,[7] che si trasforma via via in prosimetro, alternando alle riflessioni autoriali intere liriche o singole strofe di Nelo Risi, Miklós Radnóti, Attila József, César Vallejo:

---

[5] *Il pane perduto* propone diversi esempi di rievocazioni canore del passato, specialmente del periodo precedente la deportazione. Nel capitolo iniziale, *La bambina scalza*, brani di canzoni popolari scandiscono il precipitare degli eventi e concorrono a restituire il clima storico-sociale dell'epoca (cfr. Bruck 2021a, 20, 26, 38, 64).

[6] Ad analoghe conclusioni perviene l'analisi linguistica di Attilio Motta nel presente volume. Sulla lingua italiana come lingua senza infanzia e, pertanto, forma di difesa nei confronti del vissuto traumatico di Auschwitz, Bruck si è espressa più volte, anche attraverso la poesia: "un paese dove non sei nata / ma ti ha adottata / dato una lingua / nella quale sei libera / non evoca ricordi dolorosi / ti protegge / come una muraglia cinese" (Bruck 2021b, 67). Per una delle prime testimonianze in tal senso si rimanda a Bruck 1999b, 17–18, Guida 2007, Villa 2007, e più recentemente Bruck 2019a.

[7] Il 20 febbraio 2021 Papa Francesco si è recato in visita a casa dell'autrice (cfr. Zaccuri 2021). *Sono Francesco* è il singolare resoconto di quell'incontro e della successiva amicizia tra il capo della Chiesa Cattolica e l'autrice di origini ebraiche. Come di consueto, anche in questo esile libro la testimonianza del vissuto diventa per Bruck occasione di riflessione su questioni morali che trascendono la sfera privata da cui scaturiscono.

voci poetiche familiari, con le quali Edith Bruck ha sempre intrattenuto un dialogo esistenziale prima che letterario, convocate nel testo in questione per imbastire una meditazione polifonica sulla fragilità dell'uomo e sull'inutilità della guerra (cfr. Bruck 2022, 49–80).

Che l'autrice sia anche un'apprezzata traduttrice di poesia – ricordo le sue traduzioni antologiche di due dei maggiori poeti ungheresi del Novecento, Attila József (*Poesie* 2002) e Miklós Radnóti (*Mi capirebbero le scimmie* 2009) – e che sia stata la compagna di vita del poeta e documentarista Nelo Risi, anche lui traduttore,[8] insieme al quale ha reso in italiano la raccolta *Két kéz* di Gyula Illyés (1966),[9] sono prove validanti la sua durevole *liaison* con la poesia, intesa sia come esperienza sia come linguaggio. Tuttavia, se l'evidenza dei dati ci consente di agganciare la memoria poetica dell'autrice a un preciso contesto biografico e culturale, non è però sufficiente per renderne conto, cioè per spiegare le ragioni del richiamo che la poesia esercita sulla sua scrittura in prosa, accompagnandone sottotraccia lo sviluppo e l'evoluzione, né per far luce sulla risonanza semantica attivata dalla 'cassa' poetica all'interno della narrazione, analogamente a quanto avviene in altri scrittori e scrittrici del secondo novecento di respiro europeo, come Antonio Tabucchi, il cui immaginario narrativo si è costantemente alimentato della figura e dell'opera poetica del padre degli eteronimi, Fernando Pessoa,[10] o Muriel Spark[11] che pur essendo una acclamata *novelist* ha sempre dichiarato di sentirsi più

---

[8] L'attività traduttiva di Nelo Risi, condotta principalmente dal francese, si è concentrata sulla poesia di Pierre Jean Jouve, Jules Laforgue, Constantinos Kavafis.

[9] Con Risi l'autrice aveva precedentemente tradotto una *plaquette* di poesie scelte di Miklós Radnóti, apparsa nella rivista *L'Europa letteraria* con il titolo *Ora la morte è un fiore di pazienza e altre poesie* (1964).

[10] Sulla *liaison* letteraria di Tabucchi con Pessoa la bibliografia è sterminata, dacché è virtualmente impossibile accostarsi a Tabucchi senza passare per la figura e l'opera pessoane; qui si rimanda genericamente agli studi di Anna Dolfi (2010) e, per una disamina accurata delle corrispondenze filosofiche e tematiche fra Tabucchi e Pessoa a Walter Geerts (2007).

[11] La scrittrice britannica, che ha mosso i suoi primi passi nella poesia ed è sempre stata un'attenta lettrice ed *editor* di versi, ha più volte ribadito la fedeltà al ruolo di poetessa piuttosto che di narratrice, rinvenendo nella propria scrittura una 'visione poetica': "I never thought of myself ever as being anything but a poet, and when I started writing novels and began getting a name for novel-writing, I still thought of myself as a poet and I still do. I can't somehow think of myself as a novelist as such, because I have a poetic way of seeing things." (Spark in Hosmer 2005, 135).

vicina alla poesia che alla narrativa e, non ultimo, Primo Levi, il quale, come è noto, ha attinto dalla *Commedia* dantesca il sottotesto letterario e morale di *Se questo è un uomo*.[12]

È in special modo con il "fratello del lager" (Bruck 1999, 39; Bruck in Meschini 2022b, 282) che le linee di affinità si infittiscono, dal momento che anche per Levi il ricorso alla poesia si inscrive nella memoria di un vissuto traumatico e si configura come un'urgenza comunicativa che pur manifestandosi "ad ora incerta" (cfr. Levi 1984)[13] espande ed arricchisce la dominante vocazione narrativa dello scrittore-testimone.[14] In entrambi gli autori l'atto testimoniale non esclude il linguaggio poetico, ma al contrario sembra non poter prescindere da esso per mettere in comunicazione la specificità del vissuto con il suo valore simbolico e perciò universale. Inoltre, non diversamente da quanto si riscontra in Bruck, nel quadro della produzione leviana la poesia non è semplicemente un canale espressivo alternativo alla narrativa, ma uno strumento indispensabile per costruire il racconto in prosa di Auschwitz. Ne sono conferma, oltre alla pervasività delle citazioni dantesche, le soglie poetiche che Levi premette alle opere dal taglio spiccatamente testimoniale. Mi riferisco evidentemente a *Se questo è un uomo*, che prende il titolo proprio da un verso della lirica in esergo, la celeberrima *Shemà* (cfr. Levi 1958), e a *La tregua*, che si apre con la lirica *Alzarsi* (cfr. Levi 1963). Se in Levi la poesia è circoscrivibile a occasioni e luoghi precisi della prosa (cfr. Segre 1997), in Bruck interferisce in maniera diffusa ed estesa con l'intero *corpus* narrativo, delineando zone di maggiore o minore concentrazione lirica, ma restando pur sempre una presenza costante benché non sempre esplicita, analogamente a quanto avviene all'interno delle singole opere dell'autrice, dove il linguaggio poetico non si limita a dare l'abbrivio al racconto o a riempire precisi spazi testuali ma sostiene il dipanarsi dell'intera narrazione come un sottile contrappunto melodico. Potremmo in sintesi affermare che la poesia si configura

---

[12] Cesare Segre ha opportunamente chiamato "salvifica" la presenza della poesia dantesca nell'opera di esordio di Levi, dove "il poema è visto come un culmine espressivo, capace di dar parole ai pensieri più alti come all'ineffabile infernale." (Segre 1997, 107).

[13] Come è noto, la raccolta poetica leviana riprende il titolo da un verso de *La ballata del vecchio marinaio* di Coleridge.

[14] Sulla poesia di Levi si rimanda ai saggi di Rosato 1997 e Marchese 2023; la compenetrazione tra prosa e poesia in Levi e Bruck è esaminata da Pepe 2017, soprattutto sotto il profilo formale.

nella prosa bruckiana come un filo, piuttosto che come una soglia o una zona, un filo che si incrocia e si fonde con quel "filo della memoria" che fin dagli esordi l'autrice si è assunta il compito di "portare avanti" (Bruck 1999a, 56).

Il filo della poesia

Fra gli aspetti singolari del durevole racconto in prosa intessuto da Edith Bruck, il filo della poesia è certamente uno dei più interessanti, benché sia stato finora sorprendentemente trascurato: si tratta di un filo esile ma tenace, che disegna di libro in libro un tracciato irregolare e intermittente, simile a quello di un fiume carsico che appare in superficie e poi scompare in profondità, continuando tuttavia a percorrere il paesaggio testuale e ad alimentare il processo di riscrittura della memoria che è all'origine dell'intera opera bruckiana. Tale funzione connettiva si ripropone anche all'interno dei singoli testi ed è ben rappresentata ne *Il pane perduto* (2021), l'ultimo romanzo-testimonianza,[15] dove la parola poetica disegna un cammino memoriale parallelo al recupero del proprio vissuto da parte dell'autrice-narratrice, la quale risponde autobiograficamente al nome di Ditke, diminutivo di Edith. Ogni fase della sua avventura esistenziale trova nella poesia una fedele compagna di viaggio, a partire dall'infanzia nel piccolo villaggio ungherese, quando i versi appresi a scuola prendono il posto delle preghiere la sera prima di dormire (cfr. Bruck 2021a, 13, 28). Durante la deportazione e la prigionia nei lager nazisti la poesia rimane latente per poi riaffacciarsi dopo la liberazione, sotto forma di gravidanza di parole: "mi stavo gonfiando di parole" (Bruck 2021a, 69), afferma la giovane Ditke al cospetto del respingente muro di indifferenza e ostilità alzato dalla società civile e finanche dai familiari nei confronti dei reduci (cfr. Bruck 2021a 63, 67–68). Ad alleviare lo smarrimento del difficile

---

[15] Premiato con il Premio Strega Giovani e il Premio Viareggio-Rèpaci, *Il pane perduto* ha riscosso un notevole successo di pubblico, giungendo ad oggi alla ventunesima ristampa e sollecitando un rinnovato interesse critico e mediatico sull'opera della scrittrice.

periodo post-Auschwitz,[16] segnato da traslochi forzati fra campi di transito e alloggi di fortuna, interviene ancora una volta la poesia che agisce come contrappeso a un'esistenza svuotata di affetti e sentita come "un avanzo di vita" (Bruck 2021a, 68). In tale condizione esistenziale il prezioso contributo dell'universo poetico trapela nel proposito di dare voce al dolore scrivendo – "ho cominciato anche a scrivere e mi sto sgonfiando" (Bruck 2021a, 71) –, nel desiderio di 'parlare con la carta' in risposta alla sordità del mondo (cfr. Bruck 2021a, 73), nelle letture condivise con un vicino disabile, delle quali Ditke simbolicamente si nutre: "Qualche pomeriggio, in fondo al giardino, sulla discesa verso il fiume Bodrog, scrivevo o leggevo i libri che mi prestava lui; romanzi, poesie…E mi piaceva tutto. Inghiottii ogni riga, ogni pagina, e divorai i volumi uno dopo l'altro" (Bruck 2021a, 75). Ma è durante la permanenza in Israele che il filo della poesia emerge in superficie e manifesta chiaramente la sua presenza per il tramite dei versi di Attila József, dono inaspettato e misterioso di un comunista clandestino in risposta alle insistenti domande della giovane sopravvissuta:

> Mi guardavano tutti con diffidenza e ogni tanto si riunivano tra loro e quello che mi aveva colpito parlava con la voce da cospiratore della formazione di un partito comunista. E li udii dire: "Il nostro padre." Alludevano a Stalin! Rimasi perplessa, disorientata, soprattutto per quel "nostro padre," più che turbata per quel tono che suonava come una preghiera. "Ma chi sono? Che vogliono?" mi chiesi, smettendo di spiarli. Alla prima occasione chiesi all'uomo più maturo di cosa stessero discutendo. "Di poesie" mi rispose e mi fece il dono più bello della mia vita: tutte le poesie di József Attila, il mio poeta preferito e più amato, citando l'autore stesso: "Il mio cuore ha già vagabondato tanto, ma adesso si è edificato e ha appreso che il vivente, solo chi vive può amare immortalmente." "Che significato hanno questi versi," mi chiesi, "perché li ha scelti per me?". (Bruck 2021a, 94–95)

La stessa domanda ci poniamo come lettori e interpreti de *Il pane perduto*. Che significato hanno questi versi della lirica *Az én szivem* (cfr. József 1971, 414), letteralmente *Il mio cuore*, che Bruck traduce qui per la prima volta in

---

[16] Nelle opere di Edith Bruck il racconto della deportazione nei lager entra sempre in risonanza con le difficoltà, non solo materiali, affrontate dall'autrice dopo la liberazione. Esemplari sono i testi dal taglio esplicitamente memorialistico, quali *Chi ti ama così* e *Il pane perduto*, che si soffermano con particolare intensità sulla condizione dei sopravvissuti dopo l'esperienza concentrazionaria, estendendo alla complessa realtà del dopoguerra lo spettro testimoniale della narrazione.

italiano? Perché l'autrice sceglie di farcene dono? Mentre tacita le domande di Ditke sulle attività dei 'cospiratori', il gradito lascito poetico apre interrogativi che oltrepassano la contingenza storica e alludono a questioni ben più ampie, quali il rapporto tra sofferenza e amore, tra esperienza e scrittura, tra sentimento ed espressione poetica. Negli enigmatici versi di Attila József sembra annidarsi la sorgente di un progetto di rinascita insieme politica ed esistenziale che solo il linguaggio della poesia, con la sua ambiguità costitutiva, è in grado di suggerire senza definire, di alludere senza imporre. Ed è significativo che l'autore dei versi sia proprio il poeta "mendicante di bellezza,"[17] dallo "spirito assetato di giustizia" (Bruck 2002, VIII), morto suicida nel 1937, con il quale l'autrice ha costruito nel tempo un legame "viscerale" (Bruck 2002, V),[18] identificativo e rivelativo, basato su una parentela di pensiero e di affetti che si fonda tanto sull'aspirazione alla giustizia sociale quanto sull'idea del linguaggio poetico come forma di decantazione della sofferenza in amore.

L'irrompere inatteso dei versi di József disvela la carica semantica che il linguaggio poetico assume ne *Il pane perduto*, e più estesamente in tutta l'opera di Edith Bruck, dove la poesia è un ideale vissuto clandestinamente, al pari delle utopie politiche dei giovani cospiratori ebrei. È un filo da seguire per non smarrire l'umanità nel cammino dell'esistenza, è una forma di segreta sopravvivenza che acquisisce compiutezza solo nella realizzazione di un dialogo, nella ricerca di una relazione con l'altro: "avrei voluto conoscerlo meglio", dice del misterioso comunista la narratrice, "parlare con lui e leggere con lui le poesie" (Bruck 2021a, 96). Da queste brevi glosse a commento della citazione poetica si ricava il ruolo più autentico che la poesia assume agli occhi dell'autrice, ovvero quello relazionale, affettivo, dialogico. Per Bruck la poesia è essenzialmente luogo di incontro, spazio di intimità e di relazione. È esperienza vissuta, prima che linguaggio.

In questa accezione possiamo ricomprendere anche l'epilogo de *Il pane perduto*, la sorprendente *Lettera a Dio* (cfr. Bruck 2021a, 119–123), che ha destato la meraviglia e la curiosità di Papa Francesco, dove, con impeccabile essenzialità la scrittrice riassume gli slanci e le preoccupazioni di una vita

---

[17] *Mendicante di bellezza* è il titolo di una raccolta di József del 1922, dalla quale Bruck ha tradotto poesie scelte (cfr. József 2002, 3–23).
[18] Nella appassionata introduzione, Bruck lo definisce "il grande amore della mia vita, l'uomo che ha suscitato e suscita commozione in me, pietà, fratellanza, dolore, bellezza, colpa." (Bruck 2002, V)

(la memoria, la giustizia, la sofferenza, la speranza), estendendo oltre l'umano l'istanza relazionale della sua scrittura e riconciliando, in qualche misura, poesia e preghiera. Della poesia la lettera ha la concentrazione e la densità di contenuti, ma anche il ritmo e l'andamento per immagini che fanno pensare a un poemetto in prosa; della preghiera ha i contenuti laicamente religiosi, il tono intimamente riflessivo, l'enunciazione dialogica. Diversamente dal tempo dell'infanzia rievocato nelle pagine iniziali del libro, in questa singolare missiva di commiato la poesia non è più in contrasto con la preghiera ma, al contrario, si fa preghiera. La parola letteraria diventa veicolo del dialogo con l'altro per eccellenza, con l'assenza di Dio. "La mia religione è lo scrivere," aveva del resto confessato l'io narrante nella *Lettera alla madre* del 1988 (Bruck 2022a, 32).[19] Anche per questa ragione, *Il pane perduto* è l'opera che sembra chiudere circolarmente il lungo processo di scrittura e riscrittura della memoria di Auschwitz che l'autrice compie da oltre mezzo secolo. I familiari scomparsi nei lager nazisti,[20] destinatari privilegiati della ricerca di intimità e dialogo che anima l'opera in versi e in prosa di Edith Bruck, sono ricompresi nell'assenza di Dio, al quale è rivolta la poesia/preghiera in forma di lettera che conclude la ricerca di tutto ciò che è perduto, metaforizzato in quel pane del titolo, che solo la scrittura può di volta in volta ricreare: "Oh, Tu, Grande Silenzio, se Tu sapessi delle mie paure, di tutto, ma non di Te. Se sono sopravvissuta, avrà un senso. No? Ti prego, per la prima volta ti chiedo qualcosa: la memoria, che è il mio pane quotidiano, per me infedele fedele" (Bruck 2021a, 123). Sono queste le parole di un'orante, che come l'amato József, pur parlando di sé stessa e del suo tempo storico lo "oltrepassa in profondità e in altezza con la fede di un credente che crede perché spera" (Bruck 2002, VIII).

---

[19] Le citazioni da *Lettera alla madre* sono tratte dalla nuova edizione 2022 per i tipi de La nave di Teseo, corredata da una breve introduzione dell'autrice in forma di lettera.
[20] Fra i testi più significativi del dialogo letterario intavolato con la madre, il padre e il fratello persi nei campi, si vedano, oltre al romanzo *Lettera alla madre* (1988), le intense, bellissime liriche della prima silloge poetica, *Il tatuaggio* (1975), nello specifico *L'uguaglianza padre!*, *Quel pensiero*, *Fratello mio*, ora in *Versi vissuti* (cfr. Bruck 2018, 50–59). La tensione dialogica con i morti è evidente anche in vari componimenti di *Tempi*, come ad esempio, *Vivi* (Bruck 2021, 26), dove al novero degli assenti si aggiunge il marito della scrittrice, scomparso nel 2015 dopo una lunga malattia.

La poesia della madre

Fra le assenze di cui è intessuta l'opera di Edith Bruck, alla figura materna spetta notoriamente un ruolo di primo piano (cfr. Giorgio 1999).[21] Interlocutrice immancabile della ricerca scrittoria e memoriale di Bruck, la madre è figura letteraria che partecipa del mistero e della fecondità del mito, del quale conserva la capacità di riproduzione e di durata, trasformandosi in generatrice di immagini e metafore, come quella già memorabile del "pane perduto," alla quale si affiancano le immagini della "madre-carta" (Bruck 2022a, 8), della "madre-cielo" (Bruck 2018, 105–106), della "Madre-Dio" cui è dedicata la poesia omonima in *Tempi* (Bruck 2021, 52–53).

Intorno all'archetipo della figura materna si accumulano dettagli ricorrenti dalla forte carica simbolica, i quali vanno a orchestrare il *leitmotiv* che ne accompagna l'apparizione sulla scena testuale: la mano, gli occhi, il grembiule, il ventre, il sorriso che "schiariva anche le nuvole nel cielo" (Bruck 2022a, 85), il sospiro "che bastava per raccontarci la Storia" (Bruck 2022a, 70), con chiara allusione alla storia delle persecuzioni antisemite, il "fiato eloquente, lo stesso che avevi mentre mi cucivi sul petto la stella di stoffa gialla" (Bruck 2022a, 91). Tali dettagli configurano un'*imago* che oscilla fra le polarità opposte di seduzione e ostacolo, tenerezza e minaccia, produzione e distruzione (cfr. Jung 1981, Neumann 1981), senza tuttavia procedere in direzione dell'idealizzazione né della demonizzazione della madre. Concorrono, al contrario, a restituire la complessa realtà emotiva della figura materna agli occhi di una figlia che è diventata adulta nella sua assenza, e a ricomporre per scorci l'immagine realistica di una donna la cui vicenda esistenziale è evocativa di un'umanità in travaglio, di un universo dolente, di un mondo offeso dall'ingiustizia e paralizzato dal timore, che chiede il riconoscimento e il riscatto del racconto, della narrazione, della parola poetica. In altre parole, l'archetipo materno opera in Bruck come un principio creativo, non diversamente da quanto avviene nella pittura di Chagall – artista, peraltro, niente affatto estraneo alla sensibilità della scrittrice -, dove la figura femminile "simboleggia non soltanto il desiderio regressivo del grembo della grande madre, ma anche il potenziale creativo di una persona ispirata" (Dieckmann 1989, 193).[22] Nell'archetipo

---

[21] Le varie declinazioni del 'materno' sono affrontate nei saggi della prima sezione.
[22] Una litografia di Chagall è appesa alle pareti della sala da pranzo di casa Bruck ed è riprodotta in *Specchi* (cfr. Bruck 2005, 25–28), dove è accompagnata da una dettagliata *ekphrasis* in versi.

materno è dunque da ricercarsi il nucleo ideativo dell'arte. Per il suo aspetto contenitivo e fecondo – "sei il ventre / della vita," recitano alcuni versi (Bruck 2018, 147) – la madre 'ricreata' sulla pagina è il grembo[23] dove convivono e si rimescolano affetti, ricordi, pensieri, fantasie, il cui nucleo originario è il territorio della privazione e del dolore. È esattamente la compresenza di fecondità e assenza a garantire all'immagine materna il ruolo di "potenziale creativo di una persona ispirata," secondo l'espressione di Dieckmann. Se è nell'assenza della madre che è da ricercarsi la spinta al lavoro creativo in Bruck, non stupisce allora che una delle ultime metamorfosi della sua *imago* sia proprio quella di "madre-carta."

Infine, anche il mondo offeso che affiora nelle varie modulazioni della figura materna offre il terreno ideale per la nascita della poesia, perché ripropone la stessa realtà di miseria e privazioni, ma anche di *pietas* e amore incarnata da József e dai lirici ungheresi cui l'autrice si rivolge più spesso, come Radnóti, Petőfi, Ady, ai quali possiamo aggiungere il peruviano Vallejo (un altro 'grande amore' di Bruck), estendendo a quest'ultimo quanto Nelo Risi ha opportunamente colto nei primi: "temprati sin da giovani alla scuola della sofferenza" ma "disponibili a una particolare fiducia e a quella forza invincibile che si chiama amore della vita" (Risi 1974, 5). Ed effettivamente la rievocazione narrativa della figura materna apre nella prosa spazi di sospensione lirica che trasformano lo specifico ricordo domestico in meditazione generale. Un paio di esempi da *Lettera alla madre* illustra efficacemente la liricità insita nell'*imago* materna e la sua polivalenza simbolica:

> Quando dicevi che tutta la vita è un 'cores', non riguardava solo il presente, era qualcosa di atemporale, che comprendeva tutti i tempi. Sembrava che quella parola venisse dai secoli dei secoli e valesse per sempre. Che bella lingua che era lo yiddish, mamma, bastarda, espressiva, ricca e dolceamara come la nostalgia. Lingua bella bruciata ad Auschwitz come coloro che la parlavano: i nonni, gli zii, le zie, tu... (Bruck 2022a, 71)

---

[23] Sulla madre-grembo si veda anche la mia introduzione a *Versi vissuti* (cfr. Meschini 2018).

[V]orrei che tu fossi buona con Me. Che tu mi guardassi con i tuoi occhi buoni, che tu mi sorridessi di nuovo con quel tuo sorriso che ho scoperto sulla fotografia, con quelle guance vellutate, i pomelli irradiati dall'enigma che vibrava sotto la tua pelle da bambina dalla vita nascosta. So che sto parlando da sola. Non mi ascolti più. Sei lontana anche se non ti muovi nell'attesa del Kaddish. (Bruck 2022a, 115)

È chiaro che le irriducibili antinomie sulle quali si fonda la potenza archetipica della figura materna investono anche il rapporto con la poesia perché, se da un lato la madre è il cuore poetico della prosa bruckiana, dall'altro è biograficamente estranea al mondo della poesia, tanto che, come già ricordato, l'autrice le assegna spesso un ruolo censorio nei confronti dell'universo poetico, ritenuto concorrenziale alla dimensione religiosa. Episodi rappresentativi del binomio poesia-preghiera sono disseminati in quasi tutta l'opera di Bruck, e sono particolarmente diffusi in *Lettera alla madre*, dove quell'opposizione diventa paradigma identitario del rapporto con il materno. Il serrato monologo "sulle punte della mente" (Bruck 2022a, 116), in cui si dispiega nel romanzo la relazione madre-figlia, è attraversato da insistenti interrogativi religiosi che, mentre segnalano la distanza tra le due, reciprocamente infedeli, ne sottolineano il riavvicinamento per il tramite di quella forma laica di preghiera che è la poesia, la quale resta l'unico linguaggio con il quale la figlia può ancora stabilire un dialogo *in absentia* con la madre.

Due occorrenze sono esemplificative della sovrapposizione del binomio madre-figlia con la coppia preghiera-poesia. Nel rievocare l'infanzia, ad un certo punto la narratrice chiama in causa la poesia nel suo ruolo di confortevole rifugio di fronte all'esplosione di collera di una madre povera e stanca, e nel farlo associa la poesia al perdono: "da piccola non conoscevo il perdono, mi nascondevo nella poesia" (Bruck 2022a, 75); in un altro passo risponde ai rimproveri materni rivendicando il potere universale della poesia e intonando un'apologia del proprio credo laico, in risposta al credo religioso della madre: "Ah, mamma, senza la poesia, senza l'arte la natura, la vita sarebbero insopportabili, l'aria irrespirabile, tu non sai quanta verità può contenere un solo verso, una sola parola" (Bruck 2022a, 35). Un'affermazione, questa, che è quasi una dichiarazione di poetica, dalla quale si può partire per interrogare le scelte peritestuali dell'autrice, per sondare cioè quali verità contengano i versi che danno il titolo ad alcuni suoi romanzi o vi compaiono in epigrafe.

La verità delle soglie[24] poetiche

Come già ricordato è proprio sotto il segno della poesia che avviene il debutto narrativo di Bruck nel 1959. Il *memoir Chi ti ama così* prende infatti il titolo dall'emistichio finale della seguente lirica di Attila József:

> Tu vivi nel mio cuore, Bettina, come la tristezza
> che mi nutre con il sapore di un caro ricordo.
> Quando posi su di me i tuoi grandi occhi bruni,
> trillano rumori mattutini, come al levare del sole.
> Sorge il desiderio di te,
> coprendo di luce lo spazio infinito:
> non hai paura che chi ti ama così... (József 1962, 299)

In questa breve poesia d'amore si celebra la forza fecondativa degli affetti, la loro capacità di innescare il processo mnestico, di rendere viva l'assenza. Ma il gesto d'amore, che la lirica stessa rappresenta, rimane incompiuto, arrestando il discorso poetico proprio sulle parole da cui prende avvio la narrazione di Edith Bruck. In un passaggio simbolico di testimone fra epoche e autori, l'ultimo verso della poesia entra in risonanza con la memoria affettiva dell'autrice, la quale inaugura, esattamente con l'espressione "chi ti ama così...," un processo interminabile di narrazione del trauma finalizzato a tenere in vita i morti. Colei che 'ama così' compie, tramite la scrittura, un'elaborata e prolungata operazione memoriale, talmente dolorosa da venire assimilata a un travaglio senza parto (cfr. Bruck 1999, 16); un travaglio d'amore che potrebbe sgomentare e intimorire chi ne è l'oggetto. Un verso programmatico, dunque, quello di József, che orienta il lettore non sui contenuti del racconto, bensì sulle sue intenzioni, ovvero sull'impegno di conservazione e vivificazione memoriale che sostiene e guida tutta la scrittura di Bruck, un impegno che spaventa per la carica affettiva che lo nutre, un impegno che ha del 'mostruoso', nel senso etimologico del termine, ovvero, del prodigioso.

---

[24] Il riferimento è chiaramente all'omonimo studio di Gérard Genette, dove per soglie si intende tutto ciò che si trova intorno al testo, come titoli, prefazioni, postfazioni, epigrafi, e che "costituisce, tra il testo e ciò che ne è al di fuori, una zona non solo di transizione, ma di transazione: luogo privilegiato di una pragmatica e di una strategia, di un'azione sul pubblico" (Genette 1989, 4).

Un'altra soglia poetica carica di significati inaugura *Quanta stella c'è nel cielo*, romanzo del 2009, il cui titolo-citazione è la traduzione italiana del secondo verso della lirica *Hány csepp van az óceánban* di Sándor Petőfi (1955, 205); una quartina che appare per intero nel romanzo in due occasioni, nella traduzione della stessa Bruck:

> Quanta goccia c'è nell'oceano?
> Quanta stella c'è nel cielo?
> Quanto capello sulla testa dell'uomo?
> E quanto male nel cuore? (Bruck 2009, 75, 180)

Nel tradurre alla lettera il breve componimento, scritto nel 1846 dal maggior poeta del Romanticismo ungherese, l'autrice compie una operazione di appropriazione del testo originale che produce sul lettore un effetto straniante, attraverso la trasformazione dei sostantivi variabili in difettivi (stella, goccia, capello). Uno scarto dall'uso comune che corrisponde alla messa in atto di un processo insieme creativo e di intimizzazione, replicato nel romanzo dalla protagonista, per la quale i versi petőfiani rappresentano il bagaglio simbolico di sostegno nel viaggio esistenziale 'post-catastrofe': la giovane Anita li rimugina nella mente, li ripete come un *mantra* nella solitudine dei continui spostamenti geografici e affettivi, li mastica come un viatico nel faticoso viaggio dall'inferno dei campi di morte alla luce di una nuova vita. In *Quanta stella c'è nel cielo* la poesia ha lo stesso valore nutritivo di cui è investita ne *Il pane perduto*. Al pari di Ditke, Anita, ennesima *alter ego* dell'autrice, si nutre simbolicamente dei versi appresi a scuola durante l'infanzia non ancora contaminata dal male di Auschwitz: "Potevo cantare o ripetere una breve poesia di Petőfi che avevo imparato a scuola: tra noi bambini la recitavamo spesso perché ci sembrava un indovinello impossibile, domande senza risposta come tante altre" (Bruck 2009, 75).[25]

Dal titolo-citazione dell'opera si ricava una chiave ermeneutica che può essere applicata a tutta la narrativa di Edith Bruck, confermando ancora una volta il valore connettivo del filo poetico, capace di disegnare una trama

---

[25] Evidente la radice autobiografica della reminiscenza poetica: "Da bambina nella scuola io sapevo a memoria Petőfi [...] era il poeta preferito della mia infanzia" (Bruck 1999b, 8–9).

irregolare ma unitaria, nella quale temi e motivi si rincorrono in contesti differenti ma pur sempre segnati dall'ombra di Auschwitz. *Quanta stella c'è nel cielo* solleva infatti una questione cruciale per l'autrice: la trasmissione della speranza. Come conservare la speranza di fronte al male del mondo, un male che si rinnova anche dopo Auschwitz? Come raccontare gli orrori vissuti senza cedere all'odio e alla violenza? Come ritrovare una nuova esistenza senza essere vittima né carnefice? Interrogativi senza risposta, esattamente come le domande metaforiche della lirica petőfiana; interrogativi che, in ultima istanza, l'autrice affida ai suoi lettori.

Altre ancora sono le soglie poetiche della narrativa di Edith Bruck. Mi soffermo rapidamente su un paio di ulteriori esempi solo per offrire un'idea più ampia del paesaggio lirico che fa da contesto alla sua scrittura in prosa e che include anche voci poetiche estranee alla tradizione lirica ungherese. Il romanzo *Mio splendido disastro* (1979) mutua l'ossimoro del titolo da un verso di André Frénaud, riportato in esergo in lingua originale: "O mon désastre, mon beau désastre / ma vie, tu m'as trop épargné" (Frenaud 1962, 84).[26] Dalla natura irriducibilmente dicotomica dell'esistenza, che è appunto definita uno "splendido disastro," il verso passa a indicare, nella titolazione bruckiana, le ambivalenze affettive dell'amore coniugale sulle quali è incentrato il romanzo, che narra di disastri sentimentali.

Seguendo l'itinerario che ci conduce dalla poesia francese alle relazioni matrimoniali, il nostro discorso non può non approdare a Nelo Risi, il marito-poeta e traduttore, soprattutto dal francese, al quale Edith è stata legata dal 1957 e i cui versi, tratti da *La neve nell'armadio*, compaiono in epigrafe a *Il pane perduto*, per annunciare quel cortocircuito tra esistenza e storia che è all'origine della narrazione bruckiana: "La storia / quella vera / che nessuno studia / che oggi ai più dà soltanto fastidio / (che addusse lutti infiniti) / d'un solo colpo ti privò dell'infanzia" (Risi 2020, 93–94). Acuto testimone del suo tempo (cfr. Cucchi 2020), con il suo gesto poetico, civile e impegnato, Risi diventa l'interlocutore esclusivo del dialogo letterario che Bruck costruisce nei romanzi scritti dopo la sua scomparsa: *La rondine sul termosifone* (2017) e

---

[26] Versi tratti dalla lirica, *Une fumée*, della raccolta *Il n'y a pas de paradis*.

Ti lascio dormire (2019).²⁷ In questi ultimi l'elaborazione del lutto si esprime attraverso una trama memoriale stratificata, che dall'intimità della relazione sentimentale si estende alle questioni politiche, dal privato sfocia nel pubblico, dalla contingenza del vissuto si espande ad abbracciare questioni senza tempo, grazie al valore simbolico della parola poetica.

Le soglie liriche bruckiane sono dunque zone di "transizione" e di "transazione," per usare le parole di Genette (1989, 4), attivatrici di percorsi di significazione che trascendono l'opera in cui sono inserite per coinvolgere, nella sua estensione, un progetto di scrittura che si nutre regolarmente di poesia per dar voce alla memoria del vissuto. Insieme ai temi e alle immagini anche lo stile espressivo, come si evince dalle citazioni proposte, si apre alle cadenze e al ritmo della poesia. Un'ultima serie di prelievi da due romanzi poco conosciuti è utile ad avvalorare quest'azione della logica poetica anche sotto il profilo stilistico. Nel romanzo *Le sacre nozze* (1969) il viaggio verso la Terra promessa, compiuto dalla giovane protagonista scampata alla morte nei campi, si condensa in una visione di trasformazione e annullamento dall'alto tasso epico-lirico: "Il mare che ci lasciavamo dietro, d'un viola compatto, era rotto dalla sciarpa bianca della nostra scia. Volevo toccare l'acqua, assaggiarla, camminarci sopra, immergermi come un profeta in quel mare per togliermi di dosso rabbia, tristezza, peccati, per risalire nuda e purificata" (Bruck 1969, 51–52). Altrettanto poetiche nel ritmo e nelle figurazioni metaforiche sono le righe conclusive di *Nuda proprietà* (1993), dove prende forma l'allentarsi della tensione emotiva della protagonista, ex-deportata, la quale vive nell'ansia di perdere casa e identità, per via di uno sfratto:

---

²⁷ La presenza di Nelo Risi nella narrativa bruckiana meriterebbe uno studio a parte. In questo luogo mi limito a segnalare le citazioni delle sue liriche nei due romanzi a lui dedicati da Bruck. *La rondine sul termosifone* riporta per intero il componimento funebre scritto da Risi per la madre, *Attesa là*, (cfr. Bruck 2017, 93–95), riproposto poi in *Sono Francesco* (cfr. Bruck 2022, 49–52), dove compare anche *Le armi hanno una loro vita*, testo già compreso in *Ti lascio dormire* (cfr. Bruck 2019b, 34–35). In quest'ultima opera, Risi è presente *sub specie* poetica ed epistolare: numerosi brani di lettere si alternano a sue liriche, che entrano a loro volta in dialogo con la voce di Radnóti (Bruck 2019b, 11–12). Da un'opera all'altra, Bruck crea una sorta di circuito poetico, nel quale gli attori coinvolti intervengono, per il tramite della loro esperienza lirica, su questioni di natura storica e sociale.

Cauta più di una ladra, aprii la porta. La richiusi. Mi spogliai al buio. Mi infilai nel letto. Sotto le mie coperte, aspirai il mio dolore. [...] Il cuore mi batteva, denudato, con battiti lievi, convulsi, come quelli di un neonato al primo contatto con il mondo nuovo. Il buio mi portò giù giù in un cono di luce scura. Con una lieve scossa precipitai sul fondo. A una soglia. A un confine. Un altrove con l'ingresso libero, dove caddi nel grembo di qualcuno che non seppi nominare. (Bruck 1993, 152)

Conclusioni

Da questo breve sondaggio sulle tracce poetiche nella prosa di Edith Bruck si possono trarre alcune riflessioni utili a una prosecuzione dell'indagine. *In primis*, appare evidente che l'interferenza della poesia con la prosa è un procedimento che in Bruck non interessa soltanto la dimensione testuale (la liricità del racconto, l'avanzamento della trama, la connotazione di personaggi e situazioni), ma investe un progetto di scrittura che è indissociabile dalla memoria di Auschwitz: esperienza traumatica "le cui circostanze denudano le anime" (Bruck 2019b, 80). Il saldarsi del vissuto dell'autrice alla sua memoria poetica consente a tempi e situazioni di risuonare al di là del dato biografico e di divenire esemplari di un percorso di senso che investe l'umanità tutta. Sarebbe un errore, alla luce di queste osservazioni, ridurre la poesia a mera fonte ispiratrice del racconto, perché essa agisce sull'atto narrativo bruckiano in maniera molto più pervasiva e profonda, divenendone il nutrimento intimo, la sostanza vitale e necessaria per alimentare la rielaborazione mnestica del trauma reiterata dalla scrittrice in ogni suo libro. Analogamente alla memoria del vissuto, la memoria poetica è una condizione del racconto, e in quanto tale è un gesto proteso verso il futuro, di resistenza contro le ingiustizie, di interrogazione sul male, di lotta per la sopravvivenza degli affetti.

Lo spargimento di versi che caratterizza la prosa di Edith Bruck non è pertanto da considerarsi un dato marginale e secondario, ma un aspetto caratterizzante e fondativo dei modi, dei significati e delle intenzioni sottese al suo racconto della Shoah: un racconto sostenuto e animato dalla fragile forza della speranza. Sarebbe necessario, a questo punto, operare un intervento correttivo del titolo del presente saggio, perché i versi che Edith inserisce nella sua prosa, anziché dispersi, come appaiono a un primo sguardo, sono in verità accuratamente seminati per dare frutto, e in tal senso vanno ad aggiungersi a quelle 'luci' di umanità che si sono accese nel buio dei lager e che l'autrice continua a tenere in vita con la sua testimonianza e con la sua opera letteraria.

Bibliografia

Balma, Philip, 2014, *Edith Bruck in the Mirror: Fictional Transitions and Cinematic Narratives*, Purdue University Press, West Lafayette.
Bruck, Edith, 1959 *Chi ti ama così*, Lerici, Milano.
Bruck, Edith, 1969 *Le sacre nozze*, Longanesi, Milano.
Bruck, Edith, 1975, *Il tatuaggio*, Guanda, Parma.
Bruck, Edith, 1979, *Mio splendido disastro*, Bompiani, Milano.
Bruck, Edith, 1980, *In difesa del padre*, Guanda, Milano.
Bruck, Edith, 1990, *Monologo*, Garzanti, Milano.
Bruck, Edith, 1993, *Nuda proprietà*, Marsilio, Venezia.
Bruck, Edith, 1999a, *Signora Auschwitz. Il dono della parola*, Marsilio, Padova.
Bruck, Edith, 1999b, *Sul mestiere del poeta /A költői mesterségről*, Istituto italiano di cultura per l'Ungheria, Budapest, 3-44.
Bruck, Edith, 2002, *Introduzione* in Attila József, *Poesie 1922-1937*, trad. e cura di Edith Bruck, Mondadori, Milano, V-IX.
Bruck, Edith, 2005, *Specchi*, Edizioni di storia e letteratura, Roma.
Bruck, Edith, 2009, *Quanta stella c'è nel cielo*, Garzanti, Milano.
Bruck, Edith, 2017, *La rondine sul termosifone*, La nave di Teseo, Milano.
Bruck, Edith, 2018, *Versi vissuti. Poesie (1975-1990)* a cura di Michela Meschini, eum, Macerata.
Bruck, Edith, 2019a, "Lectio doctoralis" in *Laurea Honoris Causa in Filologia moderna*, eum, Macerata, 23-36.
Bruck, Edith, 2019b, *Ti lascio dormire*, La nave di Teseo, Milano.
Bruck, Edith, 2021a, *Il pane perduto*, La nave di Teseo, Milano.
Bruck, Edith, 2021b, *Tempi*, Prefazione di Michela Meschini, La nave di Teseo, Milano.
Bruck, Edith, 2022a [1988], *Lettera alla madre*, La nave di Teseo, Milano.
Bruck, Edith, 2022b, *Sono Francesco*, Prefazione di Papa Francesco, Postfazione di Noemi Di Segni, La nave di Teseo, Milano.
Bruck, Edith, 2025, *Les dissonances*, Preface de Michela Meschini, Traduction et avant-propos de René de Ceccatty, Payot & Rivages.
Cronyn, Hume, Richard McKane, Stephen Watts (eds.), 1995, *Voices of Conscience. Poetry from Oppression*, Iron Press, North Shields.

Cucchi, Maurizio, 2020, *Introduzione* in Nelo Risi, *Tutte le poesie*, a cura di Maurizio Cucchi, Mondadori, Milano, V–XIX.

Dieckmann, Hans, 1989, "Patologia del complesso materno positivo" in Tilde Giani Gallino (a cura di), *Le Grandi Madri*, Feltrinelli, Milano, 189–199.

Dolfi, Anna, 2010, *Gli oggetti e il tempo della saudade. Le storie inafferrabili di Antonio Tabucchi*, Le Lettere, Firenze.

Forché, Carolyn (ed.), 1993, *Against Forgetting. Twentieth-Century Poetry of Witness*, W.W. Norton & Company, New York & London

Frénaud, André, 1962, *Il n'y a pas de paradis*, Gallimard, Paris.

Geerts, Walter, 2007, "Pessoa de loin et de près ou de la surface et de la profondeur du monde" in *Echi di Tabucchi/Échos de Tabucchi*, Italies, Numéro spécial, 2007, 175–189.

Genette, Gérard, 1989, *Soglie. I dintorni del testo*, Einaudi, Torino.

Giorgio, Adalgisa, 1999, "Strategies for Remembering: War, Mother, and Writing in the Work of Edith Bruck" in Helmut Peitsch, Charles Burdett e Claire Gorrara (a cura di), *European Memories of the Second World War*, Berghahn, Oxford, 247–255.

Guida, Elisa, 2007, "L'etica del sopravvissuto nell'estetica di Edith Bruck", *Cuadernos de Filología Italiana*, 14, 187–204.

Hosmer, Robert, 2005, "An Interview with Dame Muriel Spark", *Salmagundi*, 146/147, 127–158.

Illyés, Gyula, 1966, *Két kéz (due mani)*, trad. di Nelo Risi, Edith Bruck, All'insegna del pesce d'oro, Milano.

József, Attila, 1962, *Poesie*, trad. di Umberto Albini, Lerici, Milano.

József, Attila, 1971, *Összes versei*, Szépirodalmi Könyvkiado, Budapest.

József, Attila, 2002, *Poesie 1922–1937*, trad. e cura di Edith Bruck, Mondadori, Milano.

Jung, Carl Gustav, 1981, *L'archetipo della madre*, Bollati Boringhieri, Torino.

Levi, Primo, 1958, *Se questo è un uomo*, Einaudi, Torino.

Levi, Primo, 1963, *La tregua*, Einaudi, Torino.

Levi, Primo, 1984, *Ad ora incerta*, Garzanti, Milano.

Marchese, Lorenzo, 2023, *"Ad ora incerta* e altre poesie" in Alberto Cavaglion (a cura di), *Primo Levi*, Carocci, Roma, 197-215.

Meschini, Michela, 2018, "Rinascere nella parola. Prospettive critiche sulla poesia di Edith Bruck" in Edith Bruck, *Versi vissuti. Poesie (1975–1990)*, 5–21.

Meschini, Michela, 2022a, "'Il dono della parola'. Conversazione con Edith Bruck", *Women, Language, Literature in Italy/Donne, lingua, letteratura in Italia*, 4, 117–124.

Meschini, Michela, 2022b, "Il 'fratello del lager'. Edith Bruck ricorda Primo Levi" in Elisa Martínez Garrido y Francisco Javier Fernández Vallina (a cura di), *Primo Levi (1919–2019): memoria y escritura*, Guillermo Escolar, Madrid, 277–285.

Mordenti, Raul, 2022, "La poesia di Edith Bruck", *Testo e Senso*, 24, 241–5.

Neumann, Erich, 1981, *La Grande Madre. Fenomenologia delle configurazioni femminili dell'inconscio*, Astrolabio, Roma.

Pepe, Tommaso, 2016, "La doppia traccia: itinerari della rappresentazione del genocidio ebraico nella poesia italiana del Novecento (Quasimodo, Sereni, Levi, Bruck)" in Sibilla Destefani (a cura di), *Da Primo Levi alla generazione dei «salvati»*, Giuntina, Firenze, 105–127.

Petőfi, Sándor, 1955 *Összes Költeményei*, Szépirodalmi Könyvkiado, Budapest.

Radnóti, Miklós, 1964, *Ora la morte è un fiore di pazienza e altre poesie*, tradotte da Edith Bruck e Nelo Risi, *L'Europa letteraria*, 33, 1–7.

Radnóti, Miklós, 2009, *Mi capirebbero le scimmie*, a cura di Edith Bruck, Donzelli, Milano.

Risi, Nelo, 1974, *Introduzione* in Edith Bruck, *Chi ti ama così*, Marsilio, Venezia-Padova, 3–8.

Risi, Nelo, 2020, *Tutte le poesie*, a cura di Maurizio Cucchi, Mondadori, Milano.

Rosato, Italo, 1997, "Poesia", in Marco Belpoliti (a cura di), *Primo Levi*, Marcos y Marcos, Milano, 413–425.

Segre, Cesare, 1997, "I romanzi e le poesie" in Ernesto Ferrero (a cura di), *Primo Levi: un'antologia della critica*, Einaudi, Torino, 91–116.

Schwartz, Howard, Rudolf Anthony (eds.), 1980, *Voices Within the Ark. The Modern Jewish Poets. An International Anthology*, Avon Books, New York.

Steffan, Paolo, 2018, "In agonia in amore" in Edith Bruck, *Versi vissuti. Poesie (1975–1990)*, 22–32.

Villa, Cristina, 2007, "Perché la Shoah talvolta parla italiano? La letteratura italiana della deportazione razziale nelle opere di Edith Bruck ed Elisa Springer" in Raniero Speelman, Monica Jansen, Silvia Gaiga (a cura di), *Contemporary Jewish Writers in Italy: a Generational Approach/Scrittori italiani di origine ebrea ieri e oggi: un approccio generazionale*, Utrecht Publishing & Archiving Services, Utrecht, 97–105.

Zaccuri, Alessandro, 2021, "La scrittrice. Edith Bruck: 'Ho ricevuto il Papa in casa'", *Avvenire*, 23 febbraio <https://www.avvenire.it/chiesa/pagine/edith-bruck-ho-ricevuto-il-papa-in-casa> ultimo accesso 3 marzo 2023.

Il 'caso Bruck:' la ricezione critica dell'opera di Edith Bruck in Italia e all'estero

Gabriella Romani

ABSTRACT
Edith Bruck produce narrativa e poesia in italiano da sessant'anni, eppure ancora oggi raramente appare nei manuali e programmi di studio della letteratura italiana. Definita spesso dai critici come scrittrice ungherese naturalizzata italiana, Bruck ci offre con la sua opera interessanti spunti di riflessione sul rapporto tra narrativa italiana contemporanea e canone letterario. Se per canone intendiamo una costruzione umana e mutevole nel tempo che riflette l'identità culturale di una nazione, allora l'opera di Edith Bruck, costruita nel corso di sessanta anni di carriera artistica in Italia, non può che interrogarci su come la letteratura italiana ci rappresenta nella contemporaneità, tenendo conto di un contesto sempre più complesso, mobile e ibrido di società globalizzate, non solo in senso economico e geopolitico ma anche culturale. Partendo da una prima ricognizione della ricezione critica dell'opera di Bruck in Italia e all'estero, questo saggio propone una lettura transnazionale di Edith Bruck come scrittrice appartenente a un gruppo minoritario, ma significativo, di autori e autrici di origine straniera che producono narrativa in lingua italiana.

La lunga e prolifica carriera di Edith Bruck percorre gli ultimi sessant'anni non solo della vita della scrittrice ma anche della storia della narrativa italiana. Giunta in Italia nel 1954, Bruck comincia quasi subito a produrre narrativa in lingua italiana – oggi composta da più di venti volumi – che viene accolta dai primi recensori per il suo valore soprattutto testimoniale e che si presta oggi ad una rilettura in chiave transnazionale e postmemoriale. Due sono i punti principali su cui mi soffermerò: innanzitutto su come il 'caso Bruck' è stato percepito e valutato dalla critica, sia nazionale che internazionale, nel corso della sua lunga carriera di scrittrice italofona.[1]

---

[1] Per un'analisi linguistica della narrativa di Edith Bruck rimando al saggio di Attilio Motta incluso in questo volume.

Il 'caso Bruck,' in quanto scrittrice di origine straniera che adotta la lingua italiana per la sua produzione narrativa, è sicuramente insolito nell'Italia del dopoguerra, ma non certo unico (si pensi a Giorgio Pressburger, Marina Jarre, Fleur Jaeggy and Juan Rodolfo Wilcock, scrittori e scrittrici che scrivono in italiano negli anni '50 e '60 e più recentemente Jhumpa Lahiri e Helena Janeczek).[2] E in secondo luogo, in che modo l'opera di Edith Bruck si colloca all'interno della narrativa italiana contemporanea, alla luce del particolare profilo biografico e artistico della scrittrice e in un contesto di soggettività moderna sempre più complesso, mobile e ibrido. Edith Bruck, da decenni presente nelle scuole come scrittrice e testimone della Shoah,[3] e sin dagli anni '60 recensita dalle principali testate giornalistiche, continua ad essere ambiguamente presentata come scrittrice ungherese naturalizzata italiana, piuttosto che come scrittrice italiana di origine ungherese. Quest'ultima definizione è più accurata, in quanto disambigua il rapporto della scrittrice con la lingua italiana, suo strumento elettivo di espressione artistica e luogo prescelto di definizione identitaria, ma viene raramente usata dai critici. Bruck non ha mai scritto narrativa in ungherese (se non subito dopo la liberazione da Auschwitz per un memoriale andato perduto) e per lei la lingua e non lo stato o la patria, come la scrittrice stessa ha più

---

[2] Il gruppo di scrittori e scrittrici non di lingua madre italiana che hanno prodotto narrativa in italiano è ben più vasto, chiaramente, soprattutto se allarghiamo lo sguardo agli ultimi 40 anni. Cfr. Parati, Romeo, Tellini.

[3] Il Premio Strega Giovani, che le è stato assegnato nel 2021, e il suo recente volume *I frutti della memoria. La mia testimonianza nelle scuole* (2024) riflettono l'esperienza decennale della scrittrice nelle scuole e la sua volontà di interloquire con i giovani.

volte sottolineato, definisce la sua cittadinanza culturale e costituisce il luogo di appartenenza della propria soggettività artistica.[4]

Ricezione critica in Italia

Edith Bruck appare sulla scena culturale italiana alla fine degli anni '50 quando escono diversi articoli su riviste e giornali che recensiscono *Chi ti ama così*, pubblicato dall'editore milanese Lerici. Nella fascetta del libro l'editore presenta l'autrice come la 'Anna Frank sopravvissuta.' Un paragone che viene ripreso da diversi critici. Alfredo Pigna, tra i primi a recensirlo, scrive sulla *Domenica del Corriere*:

> Questa è la storia di Edith Bruck, una giovane ebrea ungherese scampata ai campi di sterminio di Auschwitz, di Dachau, di Bergen-Belsen. Edith Bruck ha ventisette anni: pressapoco l'età che avrebbe oggi Anna Frank, la piccola ebrea olandese che annotò nelle pagine del suo famoso diario [...]. Il diario di Anna finì con la vita stessa della fragile, meravigliosa creatura che l'aveva scritto; ed è

---

[4] In *Il pane perduto* Bruck scrive: "La parola patria non l'ho mai pronunciata: in nome della patria i popoli commettono ogni nefandezza" (105). Al riguardo si veda anche la mia intervista in appendice alla traduzione inglese *Lost Bread*, in cui Bruck afferma che la lingua è il luogo in cui si riconosce e che abita come scrittrice: "Language for me is everything I am, my identity, my home" (137). Sul rapporto di Bruck con la lingua italiana si veda inoltre l'intervista di Elèna Mortara Veroli in cui l'autrice spiega la genesi del suo primo libro, *Chi ti ama così*, e come nasca sì sotto l'impulso della necessità di testimoniare, ma anche e soprattutto da una spinta creatrice che germina dalla lingua italiana, humus fertile in cui il pensiero si dipana in parola scritta. Scritto di getto, Bruck fa leggere il manoscritto prima al critico e amico Ugo Casiraghi che la incoraggia a pubblicarlo: "E mi è stato detto da Ugo e altri amici: 'Vai avanti tranquillamente, perché è bellissimo, poetico, giusto, utile.' Insomma, erano entusiasti del mio povero italiano. Allora ho osato farlo vedere anche a Nelo [Risi], ma il libro era già quasi pronto completamente. Avrò fatto errori proprio grammaticali come una bambina nella scuola elementare. Invece di due «t» ne facevo una, e poi 'fu,' 'fosti,' questo mi faceva impazzire proprio, i verbi, sai, queste cose. Però tutto quello che ho scritto e tutto quello che scrivo, ha la sua lingua dentro di me. La lingua c'è già. Non so, io voglio scrivere una poesia: io ce l'ho già l'idea della poesia, voglio esprimere qualcosa, io mi siedo e scrivo la poesia in italiano, e questa poesia resta così esattamente come avevo scritto, senza limare, senza tagliare, perché nasce con la sua lingua. La lingua nasce con la poesia insieme. Quindi non devo cercare le parole nelle quali esprimere quello che voglio, perché ci sono già." (401)

proprio a questo punto che Edith Bruck ha idealmente raccolto la penna della piccola ebrea olandese come per completare la cronaca della più grande tragedia che l'umanità abbia mai vissuto. Edith e Anna sembrano diventare così una sola persona e la loro storia diventa la storia di tutto un popolo: di quelli che sono riusciti a sopravvivere e di quelli, come Anna Frank, che non sono tornati più. (13)

A cui fa eco Marisa Rusconi che ripropone sul settimanale *Visto* l'idea di una giovane Edith come figura complementare ad Anna Frank:

> Ho parlato con l'Anna Frank sopravvissuta. Si chiama Edith Bruck, è una ragazza di ventisette anni, con una figura splendida e un viso espressivo. Guardando i suoi lineamenti dolci, illuminati dai grandi occhi nocciola e dai capelli dorati, è difficile immaginare le atrocità e gli orrori che hanno intessuto la sua vita. Edith sembra solo una delle tante giovani straniere che hanno trovato in Italia la loro seconda patria. Ma il suo passato è terribile. [...] Anche la ragazza ungherese, come Anna, ha scritto un libro-diario sulla sua sconvolgente esperienza: si può dire anche che esso comincia là dove finisce il diario di Anna Frank. (10)

E infine Luigi Baldacci sul *Giornale del Mattino*:

> Il libro ci rinvia automaticamente al famoso 'Diario' di Anna Frank. Un diario, tuttavia, che anziché giungere alle soglie di un'esperienza fatale, le valica e ci narra anche la vita di Edith al di là di quel limite. Sono libri questi nei quali gli argomenti, più che lo scrittore, hanno costantemente la parola. Il che non significa, tutt'altro, che lo scrittore non sia sempre avvertibile; anzi l'interesse della narrazione è proprio nel rapporto che è tra lo scrittore e gli argomenti: tra l'umanità da una parte e la bestialità dall'altra. (3)

In un paio di altre recensioni Edith Bruck viene paragonata anche a Moll Flanders, l'eponima protagonista del celebre romanzo di Daniel Defoe che si sposa diverse volte nel corso della sua rocambolesca vita. Edith ha già tre matrimoni alle spalle quando giunge in Italia e sicuramente l'immagine di una giovane donna tre volte divorziata non poteva non destare curiosità in una società che dovrà attendere più di un decennio prima di poter accedere al diritto sancito dalla legge sul divorzio. "Per metà Anna Frank e per l'altra Moll Flanders (in piccolo formato moderno)" (18), scrive Giacinto Spagnoletti su *Italia domani* mentre Achab su *La Nazione* la definisce: "una sorta di Moll Flanders dei nostri tempi," con la consapevolezza che i tempi oscuri della modernità ci hanno consegnato un testo per dirla sempre con Achab di "autentica commozione umana, la luce di una coscienza che si fa strada attraverso esperienze atroci ed errori e generosità" (3).

Risale a quegli anni la pubblicazione della traduzione italiana del *Diario* di Anna Frank (1954), edito da Einaudi e con una prefazione di Natalia Ginzburg, e dell'edizione sempre Einaudi di *Se questo è un uomo* di Primo Levi (1958) prima negli Struzzi come saggio e solo nel 1963 nella collana "Narrativa." Tra la fine degli anni '50 e l'inizio degli anni '60 vengono inoltre tradotti in italiano diversi diari e resoconti di deportati europei che narrano le loro storie di deportazione nei ghetti e nei campi di sterminio nazisti (Gordon, 56–58). Nella prefazione al diario di Anna Frank, Ginzburg riflette sugli effetti che la lettura di questa sorprendente e tragica testimonianza produce sul lettore: "Il libro di Anna Frank, noi lo leggiamo sempre tenendo presente la sua tragica conclusione; senza poterci fermare a quei precisi momenti che vi sono raccontati; ma sempre guardando oltre, sempre cercando di figurarci quel campo di Bergen Belsen, dove Anna è morta" (xi). *Chi ti ama così* di Bruck esce cinque anni dopo e le vicende che vi si narrano si aggiungono alla descrizione frankiana dell'orrore della Shoah e, riprendendo le parole della Ginzburg, in un 'oltre' tanto temporale quanto spaziale. Come ha giustamente notato Enrico Mattioda, Anna Frank diventa nel contesto culturale italiano del dopoguerra "la pietra di paragone per rendere efficace la memoria" (106). Una memoria però ancora parziale, nel senso che il lettore italiano del dopoguerra attraverso queste letture concentrazionarie affronta sì l'orrore nazista della persecuzione verso gli ebrei, ma sembra farlo con la distanza dell'osservatore che non si sente chiamato in causa. In fondo, i fatti narrati sia da Anna Frank che da Edith Bruck si presentano in tutta la loro efferatezza ma non mettono in campo responsabilità italiane. Natalia Ginzburg nella sua prefazione non menziona perdite di vite italiane, non delinea un contesto italiano per quell'indignazione dei lettori che, per dirla con Tzvetan Todorov, vengono spinti "a prender coscienza del male, sia fuori che dentro di loro" (xi). Del resto, come Simon Levis Sullam mette in evidenza nel suo studio sui 'carnefici italiani,' sin dai primi anni del dopoguerra si assiste in Italia ad un processo di amnesia/amnistia che opera a più livelli – "guiridico, diplomatico, memorialistico, storiografico" – e che oltre alla "monumentalizzazione della memoria del genocidio, con la condanna del popolo tedesco" porta ad una "minimizzazione, cancellazione delle responsabilità italiane nel razzismo antisemita e poi nel genocidio degli ebrei," favorendo la creazione del mito degli italiani 'brava gente' (114-115) – un mito di cui storici e critici hanno ampiamente dimostrato l'infondatezza.[5]

Come abbiamo sentito dire molte volte, il pubblico italiano del dopoguerra mostra poco interesse per le storie dei sopravvissuti. Sono ben note le difficoltà che Primo Levi incontra per la pubblicazione di *Se questo è un uomo*, inizialmente rifiutato da Einaudi. E nel 1955 in occasione dell'anniversario della Liberazione, Levi non manca di sottolineare che: "A dieci anni dalla liberazione dai lager, è triste e significativo dover constatare che, almeno in Italia, l'argomento dei campi di sterminio, lungi dall'esser diventato storia, si avvia alla più completa dimenticanza" (Baldini, 760). Come spiega lo storico Walter Barberis: "Gli ambienti che più avevano combattuto il fascismo e il nazismo in Italia, coltivavano altri pensieri, si muovevano su altre coordinate politiche e culturali" (756). Si è, poi, all'inizio di quello che viene comunemente definito il 'boom economico,' un periodo di profonda trasformazione economica, culturale e antropologica di un paese proiettato verso il futuro, desideroso di dimenticare una guerra che aveva lasciato ferite ancora aperte. Emblematico a questo proposito il commento del critico Emilio Cecchi che dopo l'uscita a Milano nel giugno del 1945 del documentario "I campi di Buchenwald e Belsen" scrive: "Non dimenticheremo mai più d'aver veduto queste opere dell'inferno e della notte, ma togliamone lo sguardo. Il mondo ha bisogno d'avviarsi finalmente ad uscire dagli incubi. E di ricominciare a respirare e sperare" (Leavitt, 134).

Edith Bruck riceve in quegli anni, tutto sommato, un'accoglienza quasi entusiastica. *Chi ti ama così* viene recensito dalle principali testate nazionali e vende, a sentire il recensore dell'*Avanti*, più di 15000 copie, una cifra ragguardevole per l'Italia non solo del dopoguerra (Pandini, 3). Riviste tra le più popolari come *Gente* e *Visto* le dedicano intere pagine con foto e interviste. In generale, queste prime recensioni mettono in evidenza tre principali elementi: innanzitutto l'esotismo della figura di Edith Bruck nel panorama culturale dell'epoca: "una scrittrice giovane e bella è di per sé un fatto abbastanza insolito" in Italia, come si premura di notare il recensore anonimo dell'*Espresso* (29), oppure come scrive nel 1959 Walter Mauro sul *Paese a colpire*: "è l'anticonformismo di questa fanciulla, giunta a Roma nel

---

[5] Sul mito degli italiani 'brava gente' cfr. Allegra, Bidussa, Del Boca, Fogu, Levis Sullam.

1954, che fino a qualche mese fa lavorava in un negozio di parrucchiere, non ha mai frequentato salotti alla moda, né Via Veneto nelle ore piccole. È venuta su come scrittrice a prezzo di grandi fatiche e di amari tentativi" (3). In secondo luogo, la scelta di scrivere in italiano: "Bruck è uno dei rarissimi casi di uno straniero che scriva in italiano" (2), scrive Ferdinando Virdia sulla *Fiera letteraria*, mentre Dianella Selvatico Estense sulla *Gazzetta del Veneto* elogia l'aspetto poetico della prosa bruckiana: "Il fatto che il racconto sia scritto in una lingua che non è quella dell'autrice, non danneggia affatto il racconto stesso, anzi quel tono incerto e oscillante dà al discorso una patina d'ingenuità primitiva, aumentandone, nello stesso tempo, la carica emotiva. Vi si trovano sprazzi di vera poesia" (9). Su questo punto, si esprime anche Eugenio Montale il quale, recensendo nel 1969 *Le sacre nozze* sul *Corriere della sera*, nota come "[Bruck] non scrive per quel che si dice un romanzo e può raggiungere una quasi chirurgica crudeltà con l'uso di un bisturi che somiglia appena a una penna. Si esprime nella lingua d'uso ma non si può mai dire che la sua lingua sia usata, logora" (3). Infine, il terzo elemento che emerge è il grande apprezzamento dello spirito di resilienza e dei toni di speranza che caratterizzano la scrittura di Edith Bruck. Nel 1960 Giuseppe Di Brizio in un articolo, intitolato "Il fiore della speranza nei campi di sterminio," scrive sul *Messaggero*: "Eppure in questa spirale di odio lungo la quale l'abisso chiama l'abisso e il male vuole altro male, c'è di tanto in tanto, un barlume di pietà umana, di speranza, di risurrezione del bene e della pace fra gli uomini" (3); parole a cui fanno eco le osservazioni di Franco Antonicelli su *La Stampa* che scrive:

> Amore di che? Della vita: risorgente amore che vince i ripudi, le rovine, gli odi, le sconfitte e torna sempre a ricostruire qualcosa, se non una fortuna, almeno una speranza. È questo il senso dell'eccezionale libretto di Edith Bruck, intitolato appunto *Chi ti ama così*." (3)

Come vedono, dunque, Edith Bruck i critici italiani degli anni '60? Come una giovane e talentuosa scrittrice ungherese che malgrado sia stata vittima e testimone di una tragedia epocale riesce a trasmettere un messaggio di speranza per il futuro. In generale, l'impressione che si ha, leggendo queste recensioni, è quella di una accoglienza critica molto positiva di Edith Bruck, anche se la sua scrittura viene recepita fondamentalmente come narrativa straniera, che racconta qualcosa di lontano, problematicamente scollata dal contesto italiano – un contesto ovvero ancora di lenta presa di coscienza della Shoah e delle responsabilità italiane rispetto alle persecuzioni razziali e deportazioni degli ebrei. In questo senso, la ricezione critica di Bruck può essere intesa come parte di quel processo di "metaphorisation of the Holocaust" (127) degli anni '60 e '70, descritta dal critico Robert Gordon – dove la Shoah emerge come metafora di un 'male assoluto,' inteso in senso morale ma anche ideologico come espressione di un sistema nazista, fascista e capitalistico da combattere, a cui l'opera di Edith Bruck offre, come antidoto, la resilienza e la speranza con cui costruire una società migliore per il futuro.

Il tema della resilienza e la definizione di scrittrice (ebrea) ungherese constituiscono il *fil rouge* della ricezione critica dell'opera di Edith Bruck fino ai nostri giorni. In un articolo del 20 gennaio 2022 sul *Corriere della sera* Luca Zanini considera "l'ostinazione di insegnare la speranza" il motivo per cui Bruck riesce a vincere il premio Strega Giovani ("La forza della memoria") e in un volume del 2009 dal titolo *Dire l'indicibile. La memoria letteraria della Shoah*, Carlo De Matteis presenta Bruck come "ebrea ungherese" collocandola in un contesto non italiano e accanto ad altre sopravvissute europee tra cui Zdena Berger e Charlotte Delbo (94). Pietas e memoria, infine, sono al centro anche di un articolo di Luca Desiato del 1988 dedicato a *Lettera alla madre*:

> Eppure la pietas dell'autrice, nella consolazione della memoria, arriva fino a una specie di comprensione del male che c'è nel cuore di tenebra dell'uomo, chi uccide un po' muore, e più uccide più muore [...] Nel libro il leit-motiv è la resistenza interiore, l'attaccamento a qualsiasi prezzo all'esistenza, che permetterà alla protagonista di sopravvivere. [...] 'Se questa è una donna' poteva esserne il titolo." (3)

È questo un raro riferimento alla narrativa italiana della Shoah (e a Levi in particolare) poiché in generale l'opera di Edith viene percepita come espressione di uno spirito artistico mitteleuropeo. Sul *Mondo* Aldo Rosselli non a caso fa riferimeno alla cultura *yiddish* e scrive "Nella Bruck rivive il flusso fantastico di Chagall, il mondo yiddish di Singer," concludendo che "per la Bruck il diaframma linguistico, da impaccio iniziale si è trasformato in un segreto vantaggio. Anche lei, infatti, ha potuto aggirare, attraverso un uso spontaneo della lingua italiana, il soffocante abbraccio dell'ortodossia letteraria" (14).

Che nella prosa di Bruck ci siano elementi di derivazione yiddish, è la stessa autrice a segnalarlo.[6] Ma ciò che risulta particolarmente rilevante dalla recensione di Rosselli è l'accenno a come la scrittura di Bruck riesca ad eludere l'ortodossia letteraria italiana e a godere di una certa libertà di espressione artistica. Ciò che in maniera velata il critico suggerisce è che benché di sicuro effetto artistico, lo stile e il linguaggio di Bruck risultano, però, inclassificabili dal punto di vista delle norme estetiche del canone letterario italiano. Non sono pochi infatti i recensori che ammettono che sia praticamente impossibile classificare la scrittura di Bruck. "Esistono libri" scrive Folco Portinari nel 1988:

> che uno non sa da che parte prendere tanto si sottraggono a ogni classificazione accademica e qualitativa [...] Me ne rendo conto nel momento in cui dovrei recensirlo e m'accorgo che è un libro non recensibile. Si può recensire il Padre nostro? Perché di questo si tratta e non del racconto dell'avventura di chi è stato allattato col latte di Auschwitz [...] Certo il patetico vi domina fino allo strazio, ma è un patetico purificato dall'esperienza, dalla testimonianza. Niente a che vedere con Levi [...] Il risultato è un libro che rifiuta la categoria del bello come incongrua. (15)

La riflessione di Portinari sul dilemma 'etico/estetico' 'bello/patetico' riassume bene la tendenza generale dei critici italiani a giudicare l'opera di Edith significativa ma di difficile collocazione nella narrativa italiana. Questo può essere considerato uno dei motivi per cui Bruck è rimasta esclusa dalle antologie di letteratura italiana contemporanea e, fino a tempi più recenti, dalla critica accademica. La prosa di Bruck – con le sue peculiarità stilistico-sintattiche, la sua carica emotiva, la forma spuria e le dichiarate contaminazioni culturali – riesce raramente a superare la soglia della recensione giornalistica, rimanendo di fatto esclusa da un'accademia letteraria radicata

---

[6] Lo yiddish era una delle tre lingue parlate in casa (le altre erano l'ungherese e l'ebraico). In un' intervista Bruck dice: "C'è dello Yiddish sicuramente [...] E d'altra parte credo che nella mia prosa, soprattutto all'inizio, nei racconti, c'era della pittura di Chagall o del mondo di Sholem Aleichem. In *Due stanze vuote* un po' meno. Mi accorgo che più vado avanti, e più sto perdendo quel mondo, quell'atmosfera, quella cultura, quelle canzoni. Lo sai perché? Io usavo molte parole yiddish, perché mia mamma la usava spesso. Ma in Italia..., quella lingua perde il suo sapore, io direi il suo significato." (Mortara Di Veroli, 402–403) Sul rapporto di Bruck con la cultura yiddish si veda anche Della Rocca, 39.

in una concezione gerarchica di canone come codice selettivo sviluppato all'interno di un processo nazionale di formazione culturale, fondato su specifici valori di presunta oggettività estetica – criteri che a partire dagli anni '90 cominciano anche in Italia ad essere messi in discussione. Sulla scia della diffusione di teorie letterarie quali ad esempio i Cultural Studies, gli studi postcoloniali e della migrazione, prende avvio anche in Italia un serrato dibattito sulla necessità di rivedere il canone e ricalibrare le gerarchie di valore letterario.[7] Non è questa la sede in cui approfondire l'annosa questione del canone letterario italiano, basti ricordare che sin da quegli anni emerge la consapevolezza, come suggeriva lo stesso Luperini, che la critica letteraria nell'ambito dell'italianistica non può più non tener conto di quei "processi di trasformazione economica, politica e culturale, come la globalizzazione dell'industria culturale, la tendenza alla multietnicità, la formazione di entità sovranazionali, che pongono in crisi le identità nazionali e culturali costringendo a continui e rapidi aggiornamenti del canone e modificando le gerarchie dei valori" (Merola, 12).

Malgrado Edith Bruck abbia scritto esclusivamente in italiano nel corso della sua lunga e prolifica carriera artistica, i critici italiani continuano ancora oggi a percepirla con una certa ambiguità quando si tratta di definirne la cifra identitaria. Come scrittrice di narrativa in lingua italiana ma di origine straniera, la sua figura emerge da questo contesto in una condizione che potremmo definire di apolidia, in quanto né veramente appartenente alla tradizione letteraria italiana, né a quella ungherese. È quest'ambiguità il risultato di una ricezione critica in Italia che si muove su binari interpretativi conflittuali e contraddittori, da una parte l'accademia italiana che la esclude dal canone (antologie e programmi istituzionali), dall'altro il mondo culturale del giornalismo, dei premi letterari, e delle scuole che la accoglie come una delle voci più interessanti della narrativa italiana contemporanea. Il paradosso di questa realtà viene emblematicamente sintetizzato in un articolo della *Stampa*, dedicato a *Lettera alla madre* con cui Edith Bruck vince il premio Rapallo nel 1989, che afferma: "Il più bel libro scritto da una donna in Italia nell'ultimo anno è di una scrittrice ungherese" (TuttoLibri).

---

[7] Cfr. Battistini, Luperini (e l'intero numero 29–30 del 1998 di *Allegoria*), Merola, Onofri.

Ricezione critica all'estero

La ricezione critica dell'opera bruckiana all'estero segue un percorso ben diverso da quello italiano e, soprattutto, si sviluppa primariamente in ambito accademico. Vale la pena ricordare che il dibattito sul canone degli anni '90, tra le altre cose, rimette in gioco il confronto tra l'italianistica in Italia e all'estero.[8] Ci sono chiaramente delle differenze, a volte sostanziali, nel modo in cui le varie 'italianistiche' diffuse nel mondo affrontano la questione, come ha sottolineato Ceserani, della "traducibilità all'estero del canone tradizionalmente in uso in Italia" (19), ma rimanendo nell'ambito accademico anglofono, a me più familiare, la descrizione che alcune studiose nordeuropee hanno proposto sintetizza bene le diversità di approccio:

> Confrontando il dibattito sul canone della letteratura italiana in Italia e oltrefrontiera, il primo elemento di differenza è che i critici italiani sembrano partire da una situazione di crisi della cultura e delle identità nazionali, mentre dagli studi svolti in ambito statunitense o sudafricano emergono le opportunità di emancipazione e inclusione offerte dal canone." (Dupré, Jansen, Lanslots, Bonaria Urban)

Nell'italianistica d'ambito anglofono, la revisione del canone ha comportato la messa in discussione delle gerarchie di distinzione tra centro e periferia della produzione letteraria con la conseguente inclusione di opere e figure, confinate dal canone ai margini del discorso letterario, ma ritenute portatrici di un innovativo valore rappresentativo delle moderne soggettività culturali. Non è un caso pertanto che, in quest'ottica di rinnovamento del canone letterario italiano, Edith Bruck sia diventata oggetto di studio dell'italianistica prima all'estero che in Italia. Mentre in Italia a partire dagli anni '60, è il mondo giornalistico ad occuparsi principalmente di Edith Bruck, sarà il mondo accademico anglofono a produrre a partire dagli anni '90 i primi testi di critica letteraria dedicati all'opera di Bruck in un contesto soprattutto di studi di genere sulla narrativa della Shoah. Proprio in quegli anni '90, si assiste ad un generale e rinnovato interesse culturale verso la Shoah e vengono pubblicati importanti studi critici sul ruolo svolto dall'identità di genere nell'analisi delle testimonianze e narrative legate all'esperienza

---

[8] Riflessioni sulle differenze di canone della letteratura italiana in Italia e all'estero si possono trovare in Antonelli et al., D'Intino, Duprè et al.

concentrazionaria.⁹ Saranno questi studi a mettere in rilievo la figura di Bruck per la sua specificità come voce testimoniale femminile della Shoah e scrittrice diaspórica della narrativa italiana.

I primi testi critici che l'italianistica anglofona dedica ad Edith Bruck risalgono al 1999 a cui fanno seguito le traduzioni in inglese di *Chi ti ama così* (*Who loves you like this*, 2001) e *Lettera alla madre* (*Letter to My Mother*, 2006).¹⁰ Bruck viene inoltre inclusa in diverse antologie di letteratura italiana, tra cui *A History of Women's Writing* a cura da Letizia Panizzi e Sharon Wood (2002, Cambridge University Press) e *Cambridge Companion to the Italian Novel* (2003) di Peter Bondanella e Andrea Ciccarelli. La prima ed unica monografia dedicata all'opera completa (narrativa, poesia e cinema) di Edith Bruck è di Philip Balma e viene pubblicata negli Stati Uniti nel 2014. Si può inoltre trovare il nome di Edith Bruck nel database online dedicato alle scrittrici italiane della prestigiosa biblioteca dell'università di Chicago, e del *Centre for the Study of Contemporary Women's Writing* della Scuola di studi avanzati della University of London. Un simile riconoscimento critico, anche solo negli studi di genere, non esiste nell'accademia italiana dove gli studi dedicati a Edith Bruck sono rari. Tra questi troviamo *La letteratura della postmemoria in Italia* di Barbara D'Alessandro che si distingue per il suo innovativo approccio alla narrativa bruckiana; *Scritture della migrazione. Per una prospettiva globale della letteratura italiana* di Gino Tellini, il quale include Edith Bruck nella sua raccolta antologica, premettendo che "si considera scrittore italiano chi è autore di testi in lingua italiana, anche se nato in un paese diverso dall'Italia" (XIII); e l'*Atlante della letteratura italiana* di Sergio Luzzatto e Gabriele Pedullà in cui appare il nome di Bruck in un grafico che delinea una mappatura europea della narrativa italiana della Shoah. Benché si tratti solo di una citazione, è questa una segnalazione importante perché posiziona la figura di Edith Bruck in un contesto di produzione narrativa italiana in dialogo, potremmo dire transnazionalmente, con i più ampi spazi narrativi della geografia letteraria europea. L'approccio transnazionale si presta infatti bene ad una lettura critica della narrativa di Bruck perché

---

⁹ Cfr. Kremer, Heinemann, Horowitz, Ofer and Weitzman.
¹⁰ Per una bibliografia critica rivolta a Edith Bruck in ambito anglofono rimando alla scheda che ho compilato per il "Centre for the Study of Contemporary Women's Writing": https://ilcs.sas.ac.uk/research-centres/centre-study-contemporary-womens-writing-ccww/ccww-author-pages/italian/edith#criticism.

permette di posizionare dialetticamente la sua scrittura in uno spazio letterario sia nazional-italiano che transnazionale.[11]

Edith Bruck in una prospettiva transnazionale

Uno dei principali teorici del transnazionalismo, Steven Vertovec, descrive gli studi transnazionali come lo studio della molteplicità: "of individuals' awareness of de-centred attachments, of being simultaneously 'home away from home', 'here and there' or, for instance, British and something else" (6). Applicati soprattutto alla ricerca sociologica e antropologica su temi di mobilità e globalizzazione, gli studi transnazionali offrono validi strumenti di analisi critica anche in ambito culturale e letterario come suggerisce Paul Jay:

> To think of literature from a transnational perspective is to put an emphasis on transit – on mobility, migration, travel, and exchange, forms of experience that create bonds between people that, while fostering a sense of national unity, also connect people and their cultural practices across, over, and through geographic and human-made borders. [...] A transnational perspective also insists that we think critically about concepts like universality, purity, and homogeneity, especially when those concepts derive from specific Western perspective. (2021:10)

Fondato sul concetto di *Weltliteratur*, introdotto da Goethe all'inizio del XIX secolo come ideale universale di espressione artistica e come manifestazione di una modernità in fieri, il transnazionalismo pone l'accento sulla complessità di una visione sia universale che nazionale della letteratura e sulla necessità di ridefinirne i valori fondativi alla luce dei cambiamenti epocali degli ultimi decenni.[12] La prospettiva transnazionale pertanto sposta l'attenzione dal concetto universalizzante della letteratura per dare rilievo alle particolarità delle produzioni letterarie in una dimensione trasversale e trascendente dei confini nazionali. Considerare transnazionalmente la narrativa prodotta oggi in italiano da scrittrici come Edith Bruck, Jhumpa Lahiri o Helena Janececk significa prendere atto del fatto che con le loro identità multitple queste autrici ci pongono domande essenziali su temi quali la mobilità e l'ibridità

---

[11] Già nel 2007, Maria Cristina Mauceri usava il termine di scrittrice transnazionale (oltre che 'translingue') per definire la narrativa in lingua italiana di Edith Bruck. Cfr. Mauceri, 608.
[12] Sul concetto di 'World Literature' cfr. Damrosch, Albertazzi, Benvenuti e Ceserani.

delle soggettività moderne, la ridefinizione dell'identità culturale italiana in un contesto di pluralismo identitario e di rapida trasformazione dell'assetto demografico, culturale e religioso del paese.[13] Claudio Magris, grande estimatore delle identità di frontiera, suggerisce che "La scoperta di una propria identità plurale non incrina, ma arricchisce il senso di appartenenza alla cultura e nazione in cui ci si riconosce" (159). E Paola Sica in uno studio su Jhumpa Lahiri nota, ad esempio, come la scrittrice americana di origine bengalese, decidendo di scrivere anche in italiano (una lingua che impara da adulta trasferendosi in Italia) riesca ad offrire un tipo di scrittura che può servire "a criticare modelli universalisti di autorità culturale e, eventualmente, modificarli a favore di minoranze e di politiche dell'integrazione."[14] E per quanto riguarda Edith Bruck, già solo rivolgendo lo sguardo al suo ultimo romanzo *Il pane perduto* (2021) si possono individuare diversi spunti per un'analisi svolta in una prospettiva transnazionale: la narrativa della diaspora e mobilità (deportazione dall'Ungheria alla Germania, e migrazione prima in Israele e poi in Italia); il tema dell'ibridità culturale (appartenenza a più tradizioni culturali: quella italiana in cui sviluppa il suo profilo autoriale, quella yiddish e, più in generale, ungherese rappresentata, ad esempio, dalle influenze poetiche di Attila József, spesso citato nella sua narrativa); la traduzione in diverse lingue straniere delle sue opere che, insieme a quelle di Levi e Bassani, danno voce a quella che all'estero viene riconosciuta come letteratura italiana della Shoah; la sua ebraicità laica narrata sul filo della religiosità ashkenazita materna che riporta a quella costellazione di testi prodotti da scrittori come Philip Roth, Saul Bellow, or Isaac Bashevis Singer (verso cui Bruck sente affinità artistica)[15] che appartengono alla cultura ebraica della diaspora ashkenazita ma anche a quella americana. In un'intervista con Roberto Della Rocca, Edith Bruck si definisce "scrittrice del mondo," un'artista che potrebbe "vivere in qualsiasi paese," e che considera i temi proposti dalla sua narrativa come universali (38). Un'universalità connotata da una identità multipla – oggi una realtà diffusa della mobilità moderna – dove

---

[13] Sugli studi transnazionali in ambito di Italian Studies cfr. Burdett e Polezzi, Bassi Polezzi e Riccò, De Rogatis, Sica.
[14] Non a caso sarà proprio Lahiri a nominare Igiaba Scego per il premio Strega del 2023, per il quale la scrittrice italiana di origine somala si classificherà tra i dodici finalisti della prima selezione.
[15] Cfr. la mia intervista a Bruck in Romani 139.

"le differenze," come ci spiega Bruck, si relazionano in modo che "la comunicazione e il dialogo fra esse [possano] generare progresso e cultura" (Della Rocca, 23). Identità e differenze, dunque, non contrapposte ma articolate dialetticamente. In questo senso, come voce di una comunità transnazionale, non solo ebraica ma, più in generale, collegata ad eventi epocali degli ultimi decenni (Shoah, guerre civili, migrazioni, ecc.), Edith Bruck si presenta come figura simbolo di una soggettività moderna che ci fa riflettere sul concetto di alterità e mobilità e che ci propone lo sconfinamento delle convenzioni e delle barriere culturali per una visione più inclusiva e, soprattutto, più accurata del nostro patrimonio culturale. Senza, cioè, quelle forzature gerarchiche che comportano l'esclusione di figure e opere ritenute minori in una tradizione di cui, piaccia o no, sono parte costitutiva.

Per concludere, una lettura in chiave transnazionale, che per statuto tiene conto della nazione quanto del mondo, permette di leggere le opere di Edith Bruck sia all'interno di quello che è diventato un vero e proprio genere della letteratura, ovvero la narrativa della Shoah, del trauma e della postmemoria, sia come parte della narrativa contemporanea italiana e mondiale legata a tematiche di mobilità, migrazione e identità culturali multiple. Emma Bond, in un saggio del 2014 intitolato "Towards a Transnational Turn in Italian Studies?" mette in evidenza il fatto che l'Italia ha da sempre una vocazione al transnazionale grazie alla sua posizione geografica *in-between* tra nord e sud, est e ovest, centro e periferia del mondo, e che è un territorio storicamente atto ad ospitare soggettività ibride (421). La narrativa di Edith Bruck posizionata in questo *in-betweenness* per la sua ibridità stilistica e culturale ci racconta, sin dagli albori della sua carriera artistica di scrittrice, storie di deportazione e testimonianza, ma anche di accoglienza e di confronto tra culture diverse. Una scrittrice in anticipo sui tempi, e forse anche per questo non compresa fino in fondo, ma che rappresenta una voce irrinunciabile della narrativa contemporanea italiana.

Bibliografia

Achab, 1960,"'Libro d'oggi' Chi ti ama così", *La nazione*, CII/3 (3 gennaio), 3.

Albertazzi, Silvia, 2021, *Introduzione alla World Literature*, Roma, Carocci.

Allegra, Luciano, 2013, "Italiani, brava gente? Ebrei, fonti inquisitoriali e senso comune", *Quaderni storici* 1 (aprile), 273–292.

Antonelli, Roberto et alii., 1999/2000, "Riflessioni sul canone della letteratura italiana nella prospettiva dell'insegnamento all'estero", *Quaderns d'Italià*, 4/5, 11–46.

Antonicelli, Franco, 1959, "Libri in vetrina: Chi ti ama così, spera e vince", *La Stampa* 93/292 (9 dicembre), 3.

Baldacci, Luigi, 1959, "Sosta in libreria. Chi ti ama così", *Giornale del Mattino* XIII/293 (11 dicembre), 3.

Baldini, Anna, 2012, "La memoria italiana della Shoah (1944–2009)", *Atlante della letteratura italiana*, III, Torino, Einaudi, 759–763.

Barberis, Walter, 2012, "Primo Levi e un libro fatale", *Atlante della letteratura italiana*, III, Torino, Einaudi, 755–757.

Bassi, Serena, Loredana Polezzi and Giulia Riccò, 2023, "Critical Issues in Transnational Italian Studies", *Forum Italicum* 57.2 (August) <https://journals.sagepub.com/toc/foia/57/2> ultimo accesso 10 febbraio 2024.

Benvenuti, Giuliana e Remo Ceserani, 2012, *La letteratura nell'età globale*, Bologna, Il Mulino.

Bidussa, David, 1994, *Il mito del bravo italiano*, Milano, Il Saggiatore.

Bond, Emma, 2014, "Towards a Trans-national Turn in Italian Studies?", *Italian Studies*, 69/3, 415–424.

Bruck, Edith, 2021, *Il pane perduto*, Milano, La nave di Teseo.

Bruck, Edith, 2023, *Lost Bread*, traduzione di Gabriella Romani e David Yanoff, Philadelphia, Paul Dry Books.

Burdett, Charles and Loredana Polezzi, 2020, *Transnational Italian Studies*, Liverpool, Liverpool University Press.

Ceserani, Remo, 1999/2000, "Discussione sul canone", *Quaderns d'Italia* a cura di Roberto Antonelli et alii, 4/5, 13–18.

D'Alessandro Barbara, 2023, *La letteratura della postmemoria in Italia (1978–2021)*, Lithos, Roma.

Damrosch, David, 2003, *What is World Literature?*, Princeton N.J., Princeton University Press.

Del Boca, Angelo, 2004, *Italiani brava gente? Un mito duro a morire*, Vicenza, Neri Pozza.

Della Rocca, Roberto, 2005, "Roberto Della Rocca incontra Edith Bruck" in *Per amore della lingua. Incontri con scrittori ebrei*, a cura di laura Quercioli Mincer, Roma, Lithos editrice, 23–43.

De Rogatis, Tiziana, 2022, "Transnational Perspectives, Gender and Storytelling. Elena Ferrante, Chimamanda Ngozi Adichie and Margaret Atwood", *Allegoria. Per uno studio materialistico della letteratura* 86 a. XXXVI (luglio/dicembre), 122-149.

Desiato, Luca, 1988, "Viaggio della memoria di una sopravvissuta ad Auschwitz. Una madre e una figlia nel Lager", *Il nostro tempo* (30 ottobre) 3.

De Matteis, Carlo, 2009, *Dire l'indicibile. La memoria letteraria della Shoah*, Palermo, Sellerio.

Di Brizio, Giuseppe, 1960, "Diario ammonitore della giovane ebrea. Il fiore della speranza nei campi di sterminio. Nel terribile libro di Edith Bruck, internata a dodici anni nei Lager tedeschi, c'è tuttavia qualche episodio che lascia aperta la via alla pietà umana, ad un mondo libero dal terrore", *Il Messaggero* 82/20 (20 gennaio), 3.

D'Intino, Franco, 2001,"Il Novecento italiano oltrefrontiera" in *Storia della letteratura italiana. Il Novecento. Scenari di fine secolo*, III, Milano, Garzanti, 919-995.

Duprè, Natalie, Monica Jansen, Inge Lanslots, Maria Bonaria Urban, 2016, "Il canone e l'insegnamento della letteratura italiana oltre frontiera. Risultati di un'inchiesta empirica negli atenei belgi e olandesi", *Narrativa* 38 <https://journals.openedition.org/narrativa/803#tocto1n3> ultimo accesso 12 luglio 2023.

Espresso, 1959, "Anna Frank sopravvissuta." *Espresso* V/51 (20 dicembre), 29.

Fogu, Claudio, 2006, "Italiani brava gente: the legacy of fascist historical culture on Italian politics of memory" in *The Politics of Memory in Postwar Europe*, a cura di Richard Ned Lebow, Wulf Kansteiner, Claudio Fogu, Durham, Duke University Press, 147-176.

Gordon, Robert S. C., 2012, *The Holocaust in Italian Culture 1944-2010*, Stanford, Stanford University Press.

Heinemann, Marlene E., 1986, *Gender and Destiny: Women Writers and the Holocaust*, Greenwood Press, New York e Londra.

Horowitz, Sara, 1997, *Voicing the Void. Muteness and Memory in Holocaust Fiction*, New York, State University of New York Press.

Jay, Paul, 2021, *Transnational Literature. The Basics*, New York, Routledge.

Kremer, S. Lillian, 1999, *Women's Holocaust Writing: Memory and Imagination*, University of Nebraska Press, Lincoln e Londra.

Leavitt, Charles, 2022, "Deicide and the Drama of the Holocaust", *Italian Studies* 77/3, 298–312.

Levis Sullam, Simon, 2015, *I carnefici italiani. Scene dal genocidio degli ebrei 1943–1945*, Milano, Feltrinelli.

Magris, Claudio, 2006, "Patria e identità" in *La storia non è finita. Etica, politica eticità*. Milano, Garzanti, 156–161.

Mattioda, Enrico, 2017, "Riscrittura della memoria, i casi di Primo Levi e Bruno Vasari" in Sibilla Destefani (a cura di), *Da Primo Levi alla generazione dei salvati. Incursioni critiche nella letteratura italiana della Shoah dal dopoguerra ai giorni nostri*, Firenze, Giuntina, 97–106.

Mauceri, Maria Cristina, 2007, "Edith Bruck, a Translingual Writer Who Found a Home in Italy: An Interview", *Italica* 84/2, 606–613.

Mauro, Walter, 1959, "L'anno del Gattopardo", *Il Paese*, XII/355 (27 dicembre), 3.

Merola, Nicola, 1999, *Il canone letterario del Novecento italiano*, Soveria Mannelli, Rubbettino.

Montale, Eugenio, 1969, "Variazioni", *Corriere della sera*, 94/243 (19 ottobre), 3.

Mortara Di Veroli, Elèna, 1996, "Ricordi Yiddish e scrittura. Intervista a Edith Bruck", *Rassegna Mensile d'Israel* (gennaio-agosto), 392–412.

Ofer, Dalia and Lenore J. Weitzman (a cura di), 1998, *Women in the Holocaust*, New Haven, CT, Yale University Press.

Onofri, Massimo, 2001, *Il canone letterario*, Roma-Bari, Laterza.

Pandini, Attilio, 1960, "L'autobiografia di una giovane ebrea: Chi ti ama così. Senza odio e senza illusioni. Le confessioni di Edith Bruck", *Avanti*, LXIV/54 (3 marzo), 3.

Parati, Graziella, 2005, *The Art of Talking Back in a Destination Culture*, Toronto, University of Toronto Press.

Pigna, Alfredo, 1959, "Uno dei più drammatici documenti del dopoguerra. Il diario di una 'Anna Frank' sopravvissuta", *Domenica del Corriere*, 61/48 (29 novembre), 13.

Portinari, Folco, 1988, "Memoria di Auschwitz", *L'Unità*, 65/168 (3 agosto), 15.

Romeo, Caterina, 2023, *Interrupted Narratives and Intersectional Representations in Italian Postcolonial Literature*, Cham, Switzerland, Palgrave Macmillan.

Romani, Gabriella, 2023, "Interview with Edith Bruck" in Edith Bruck, *Lost Bread*, 133–142.

Rusconi, Marisa, 1959, "Questa è l'Anna Frank sopravvissuta," *Visto*, VIII/51 (19 dicembre), 10.

Rosselli, Aldo, 1974, "Una zingara nella sinagoga," *Il Mondo* XXVI/28 (11 luglio), 14.

Selvatico Estense, Dianella, 1960, "Chi ti ama così di Edith Bruck", *Gazzetta del Veneto*, IX/38 (13 febbraio), 3.

Sica, Paola, 2020, "Identità, narrativa bilingue e canone letterario (trans) nazionale: Jhumpa Lahiri", *Forum Italicum*, 54/2, 608–620.

Spagnoletti, Giacinto, 1959, "Le meraviglie del possibile", *Italia Domani*, II/51 (20 dicembre), 16.

Tellini, Gino, 2023, *Scritture della migrazione. Per una prospettiva globale della letteratura italiana*, Milano, Le Monnier Università.

Todorov, Tzvetan, 1986, "Prefazione" in Primo Levi, *I sommersi e i salvati*, Torino, Einaudi, v-xi.

Vanon, Clemente, 1959, "Una bimba sopravvisse all'inferno", *Gente*, III/51 (18 dicembre), 26–27.

Vertovec, Steven, 2009, *Transnationalism*, New York-London, Routledge.

Villa, Cristina, 2007, "Perché la Shoah talvolta parla italiano? La letteratura italiana della deportazione razziale nelle opere di Edith Bruck ed Elisa Springer" in Raniero Speelman, Monica Jansen, Silvia Gaiga (a cura di), *Contemporary Jewish Writers in Italy: a Generational Approach/Scrittori italiani di origine ebrea ieri e oggi: un approccio generazionale*, Utrecht Publishing & Archiving Services, Utrecht, 97–105.

Virdia, Ferdinando, 1960, "Il libro di cui si parla. La storia di un'ebrea", *Fiera letteraria*, XV/8 (21 febbraio), 2.

TuttoLibri, 1989, "Il Rapallo a Edith Bruck. Donne che scrivono ma non al femminile", *La Stampa* (27 maggio), 3.

Zanini, Luca, 2022, "La forza della memoria: perché una scrittrice di 90 anni ha vinto il premio Strega Giovani", *Corriere della sera*, 147/17, (21 gennaio) <https://www.corriere.it/sette/cultura-societa/22_gennaio_20/forza-memoria-perche-scrittrice-90-anni-ha-vinto-premio-strega-giovani-> ultimo accesso 12 luglio 2023

III. OLTRE LA NARRATIVA: TESTIMONIARE CON LA POESIA, IL TEATRO, IL CINEMA

"C'era una volta Auschwitz."
La 'poesia vissuta' di Edith Bruck*

Enza Biagini

ABSTRACT
La poesia come 'silenzio che non tace', la funzione della scrittura come motivazione dell'esistere oltre che del testimoniare. Questo l'itinerario tracciato dalla poetica di Edith Bruck che qui si trova ripercorso attraverso alcuni motivi nodali: il dolore per l'immane ferita subita dalla storia in quella "Università chiamata Auschwitz", la necessità di ricordare affetti perduti (fratello, padre) in un incessante dialogo in assenza specie con la madre e una disperata richiesta/offerta di amore come risarcimento. Il tutto in una 'lingua non sua' che le ha permesso di dire l'indicibile. Diversamente da Célan, Edith non usa la lingua degli assassini, bensì quella dei loro alleati ma ha finito per farne «la [...] casa, il [...] paese che le ha permesso di raccontare l'indicibile». E questo rappresenta un gesto di generosità e di coraggio, che può sorprendere ma spiega la sua resistenza all'odio.

> Nascere per caso / nascere donna / nascere povera /
> nascere ebrea / è troppo / in una sola vita. //
> (BRUCK 2018, 140)

> Mi dicevi di pregare / prima di dormire / e io mormoravo /
> qualche poesia / imparata a scuola. //
> (BRUCK 2021c, 52)

"La mia religione è lo scrivere"

Edith Bruck, nella sua vasta produzione creativa, ha pubblicato anche una imponente opera in versi: *Il tatuaggio* 1975; *In difesa del padre* 1980; *Monologo*

---

* Sono grata a Michela Meschini e a Gabriella Romani per l'invito a pubblicare nel volume di studi dedicato a Edith Bruck – in forma rivista ed in parte accresciuta – queste pagine scritte in occasione di un Convegno in onore della scrittrice, dal titolo: *Per Edith Bruck. Testimone della Shoà e scrittrice*, allestito dal Dipartimento di Lingue, Intercultura, Letterature e Psicologia dell'Università di Firenze e dalla "Fondazione il Fiore" (con il Patrocinio della Regione toscana, della Comunità ebraica di Firenze e dell'Amicizia ebraico-cristiana di Firenze) che si è tenuto presso l'Aula Magna Universitaria di Firenze, il giorno 8 maggio 2023 (Gli *Atti* sono in corso di pubblicazione). Il mio ringraziamento va a Ida Zatelli, coordinatrice del Convegno, agli organizzatori della manifestazione e all'Università di Firenze per avermi dato la possibilità di pubblicare il mio contributo anche in altra sede.

1990; *Itinerario. Poesie scelte* 1998;[1] *Specchi* 2005 (2023); *Versi vissuti* 2018; *Tempi* 2021. Non potrò qui trattare più da vicino *Specchi*[2] (per motivi di tempo e spazio), una sorta di poema narrativo o, meglio, di '*poème ininterrompu*,' raccontato dallo sguardo di chi scrive come incollato sull'obiettivo di una cinepresa circolare, fatta scorrere *au ralenti*. Uno sguardo indiretto, specularmente riflesso dagli oggetti della casa romana della scrittrice diventati tempo cristallizzato, 'pezzi d'esistenza' raccolti in una stanza alla stregua di Lari e Penati privati. In questo testo scritto con una rinnovata foga di farsi ascoltare, tanto da concedere poco spazio alla punteggiatura (eccetto il punto finale), non è l'io a evocare ricordi, gesti, visi, affetti familiari, esperienze incancellabili del passato e drammi dell'oggi – la malattia del marzo 2002 – bensì sono loro, gli oggetti che, da specchi di tracce di vita (un *flash* sulle vie di Roma, ma soprattutto la 'stanza-grembo', le sue pareti, le finestre, le tende gialle, la libreria, la Menorah,[3] il volume della "*Cabala*", l'"immagine di un albero d'ulivo" (Bruck 2023, 47) piantato in suo onore, la caffettiera di peltro – dono di Dino Risi –, i fiori, la musica, i dischi, i libri amati e scritti, le fotografie, i quadri, le "lettere di lettori di amici / che non sono più" (Bruck 2023, 24–25), a misura che lo sguardo scorre, si fanno controcanto dei ricordi. 'Pietre d'inciampo' su cui, accanto all'ombra disumana di Auschwitz, si imprime la tragedia di un secolo "ricco di orrori" (Bruck 2023, 28) tra i più sanguinosi della nostra storia.

---

[1] Si tratta di un'antologia delle sue poesie con traduzione a fronte nella lingua madre (senza nuovi testi rispetto alle raccolte dal 1975 al 1990).

[2] E mi propongo di farlo. Sul poema Philip Balma ha invece scritto un notevole affondo critico, centrato sulla contaminazione tra film, racconto e poesia. Cfr. Balma 2014, 69–162. Il libro dello studioso contiene anche due interventi della scrittrice.

[3] L'edizione precedente (Bruck 2005), che reca bellissimi scatti, si apre e chiude con la fotografia della Menorah. L'ultima edizione (2023) contiene una illuminante intervista di Michela Monferrini in cui Edith Bruck, nel commentare l'importanza del suo intimo "rapporto con le cose" e l'incontro folgorante con Papa Francesco, si lascia andare a una sorta di 'dichiarazione di poetica', dove si definisce una scrittrice "carnale" e "non mentale" e, esprimendosi sulla sua concezione della scrittura, sulla funzione 'estesa' dell'autobiografia, confessa che, come accadeva alla bambina rimproverata dalla madre, non ha mai smesso di "usare la poesia o la narrativa come una preghiera" (Bruck in Monferrini 2023, 9) e ricerca di Dio. Il binomio poesia/preghiera è motivo ricorrente nell'immaginario di Edith. Ricordo quella voce narrante che a proposito delle liriche (proibite) di Villon diceva: «La sua poesia diventava la mia preghiera che ripetevo centinaia di volte» (Bruck 1982, 128).

Mi dedicherò invece alle prime tre opere di poesia raccolte nel volume *Versi vissuti. Poesie (1975–1990)*.[4] Un libro straordinariamente intenso e coinvolgente che la curatrice, Michela Meschini, ha proposto giustamente di considerare:

> come una sorta di autobiografia in versi che, pur collocandosi in linea di continuità con la maggiore produzione in prosa, è capace, a differenza di quest'ultima, di spogliarsi più facilmente del dato contingente per lasciare risuonare interrogativi universali […]. Con i suoi versi "vissuti" Edith Bruck ci trasmette un principio di speranza […] una fiducia nella vita che nasce dalla disperazione, un desiderio di rinascita che resiste al male della storia. (Meschini 2018, 20)

E il suo è il percorso di un io che si fa racconto, poesia e testimonianza della Shoah e della Storia, come accade anche nell'ultimo splendido racconto-autodafé, *Il pane perduto* (2021).[5] Tuttavia, nel leggere i suoi libri, così vari e spesso alla ricerca di nuove modulazioni espressive, sono stata colpita dalla verità della sua vocazione letteraria che non è derivata solo dal bisogno di testimoniare (un bisogno certo assoluto) ma è nata presto, come sogno impossibile durante gli anni trascorsi nel piccolo villaggio ungherese da dove è stata deportata con la sua famiglia. Nel sottolineare l'importanza di questa vocazione preesistente prendo in parola Edith Bruck quando, in *Lettera alla madre*, confessa: "La mia religione è lo scrivere" (Bruck 2022, 32).[6] Mi piace pensare che, come Simone de Beauvoir, da giovane "ragazza per bene", Edith Bruck abbia scoperto che la letteratura (o la poesia) rappresenta la possibilità di dare e ricevere amore, di 'incarnarsi' di nuovo, di "ricrearsi e giustificare la propria esistenza" (de Beauvoir 1960, 146).

E così è stato. Edith Bruck ha trovato il coraggio di scrivere libri tremendamente carichi di verità e di senso di volontario riscatto sin dal primo, del 1959,

---

[4] Nel testo, molto opportunamente definito "prezioso" da Paolo Steffan (2018, 31) è riprodotta la *Nota dell'autrice* (cfr. *Il Tatuaggio*, 1975) dove si legge: "Fin da bambina invece di pregare la sera a letto leggevo le poesie che ho imparato nei banchi di scuola elementare. Mia madre mi sgridava ripetendomi che la poesia che mormoravo non poteva sostituire la preghiera […]. Non saprei dire neanche oggi cos'è questo mio libro so soltanto che questi versi sono nati improvvisamente in uno dei momenti più disastrosi della mia vita e mi erano necessari come ancora di salvezza. Li ho scritti in un paio di mesi, e rileggendoli oggi, sia pure a poca distanza, quasi mi sento a disagio, perché la sofferenza mi stimola ad esprimermi, a scrivere per non soffocare, ma una volta superata la crisi, ho un gran pudore dei miei libri. Ora che forse le mie poesie sono il riassunto di tutto quello che ho scritto, mi trovo di fronte un libro che mi imbarazza" (Bruck 2018, 40).
[5] Un libro che ho avuto il piacere di recensire (cfr. Biagini 2021, 372–374).
[6] Cfr. anche Romani 2010, 182.

Chi ti ama così. Un libro scritto in italiano, la lingua che diventerà sua. Un libro che, si può dire, è stato un portato dei tempi (esce dopo qualche anno *Se questo è un uomo* di Primo Levi, che, finalmente – nel 1958, circa dieci anni dopo la prima edizione – trovava i suoi lettori) e l'ha presentata al grande pubblico, facendo conoscere il suo talento di scrittrice, la sua tragedia personale e quella universale di tutto un popolo. La memoria ha potuto dunque fare affidamento su una vocazione autentica su cui l'io ha fondato una sorta di 'patto autobiografico' (o forse più propriamente testimoniale), combinando autoreferenzialità e aderenza alla verità del proprio vissuto e della realtà storica.[7] La memoria ne è diventata il fulcro tematico propulsivo, in risposta a una dannante esigenza etica, personale e civile. Una esigenza rimasta viva in tutta la sua opera che ha raccolto la sfida del rischio del silenzio e dell'oblio trovando nel racconto e nella poesia (e non solo) la sua espressione di impegno e consapevolezza morale, caparbiamente rivendicati in quanto sopravvissuta. Ma se tutto questo 'cosa dire' si è tradotto in prosa nel racconto in prima e in terza persona, in altre voci o vari *alter ego* (Anita, Edith-Ditke, Vera, Katia, Judith-Leila, Linda) in poesia, lo stesso 'cosa dire' ha comportato una svolta formale: ha costretto il suo discorso a coagularsi intorno ad un 'io mimetico,'[8] autoriferito (implicitamente evocato

---

[7] A parlare di "patto testimoniale" e anche di "patto di compassione" è Annette Wieviorka (1999, 122, 153). Rinvio inoltre a Philippe Lejeune, uno dei primi studiosi dell'autobiografia e al suo libro *Le pacte autobiographique* (1975, 14), ma, come ho accennato altrove, nella letteratura della Shoah, lo status oltrepassa la convenzione del normale patto autobiografico (Biagini 2017, 149–155). Del resto, la prima definizione di Lejeune più volte ripensata e 'allargata' nei suoi studi successivi ("Chiamiamo autobiografia il racconto retrospettivo in prosa che qualcuno fa della propria esistenza, quando mette l'accento principale sulla sua vita individuale, in particolare sulla storia della sua personalità", 1971, 10) sembra escludere l'applicabilità in poesia. Tuttavia, proprio nel suo *Patto autobiografico*, lo studioso dedica un lungo capitolo al poeta M. Leiris (*Michel Leiris Autobiographie et poésie*, 1975, 245–288), dove nelle pagine preliminari non esclude la possibilità che il lettore legga un testo poetico come autobiografia (245). Parlando di concetto 'esteso' di autobiografia, ho inteso tener conto sia della contaminazione prosa/poesia interna all'opera di Edith Bruck, sia del ruolo del vissuto come racconto memoriale dell'io nella poesia moderna (cfr. *infra*, Ronald de Rooy).
[8] Non potendo applicare alla lettera lo schema di Lejeune – identità tra autore, narratore e personaggio – (A=N=P, Lejeune 1975, 40) e patto di verità con il lettore, la formula 'io mimetico' rinvia al rapporto identitario tra autore e chi dice 'io', in quanto soggetto dell'enunciazione (Benveniste 1966, 225–236), da intendersi come equivalente dell'"espressione autoreferenziale" propria del racconto autobiografico (Battistini 1990, 146–147).

"C'ERA UNA VOLTA AUSCHWITZ."

da Michela Meschini nel suo accenno all'autobiografia) e a farlo irrompere – in quanto testimone – sulla scena, mettendo in atto un diverso procedere della scrittura dell'io verso l'altro.

È quell'io, ad esempio, che confessa la propria condizione di sopravvissuta come sofferenza e responsabilità da assumere comunque su di sé (per gli altri):

> Perché sarei sopravvissuta?
> se non per rappresentare
> le colpe, soprattutto
> alle persone vicine?
> Di tante colpe che avranno
> una, la più grande sarà
> il pentimento
> di aver fatto del male
> a me che ho sopportato tanto.
> Con me che sono diversa
> dalle altre e porto in me
> sei milioni di morti
> che parlano la mia lingua
> che chiedono all'uomo di ricordare
> all'uomo che ha così poca memoria.
> Perché sarei sopravvissuta
> se non per testimoniare
> con la mia vita
> con ogni mio gesto
> con ogni mia parola
> con ogni mio sguardo.
> E quando avrà termine
> questa missione?
> Sono stanca della mia
> presenza accusatrice,
> il passato è un'arma a doppio taglio
> e mi sto dissanguando:
> Quando verrà la mia ora
> lascerò in eredità
> forse un'eco all'uomo
> che dimentica e continua e ricomincia. (Bruck 2018, 103–104)

Poesia come racconto lirico

Prosa e poesia dunque poggiano sulla stessa profonda necessità di trovare un 'come' – ovvero le parole per esprimere l'indicibile, testimoniare lo scandalo dell' "offesa dell'uomo sull'uomo" e di quanti sono rimasti senza neppure "una tomba dove piangere" (Bruck 2021c, 23)[9] – ma in *Versi vissuti* prosa e poesia si contaminano: reintroducendo un visibile indice di 'narratività' nella poesia contemporanea.[10] Una narratività che si è prestata al gioco di quel linguaggio essenziale, fatto di immagini, ritmi, tempi e scorciati che è il linguaggio poetico, contaminandolo. E di questo l'autrice si mostra consapevole se, sempre in *Lettera alla madre*, scrive: "Ah, mamma, senza la poesia, senza l'arte, la natura, la vita sarebbero insopportabili, l'aria irrespirabile. Tu non sai quante verità può contenere un solo verso, una sola parola" (Bruck 2022, 35).

La poesia è discorso e visione dell'io, dove l'esperienza finisce per materializzarsi in un diverso modo di racconto, attraverso flash visivi che urlano l'inferno vissuto, mimano il dolore subito in silenzio da tutta una umanità inerme, 'colpevole solo di essere nata'.

Scrive in *Arrivo*:

> Il grembo del sistema di colpo ha partorito
> gemelli a milioni.
> Le ruote gonfie di odio e di obbedienza
> urlano ordini.
> Sbucano dalle nebbie e le palandrane grigie
> come impazzite si spostano in continuazione
> ci colpiscono alla cieca rompendo la fila

---

[9] Nella poesia Dove della sua ultima raccolta si legge: "Non ho una tomba / dove piangere / portare un fiore. / Sul suolo di Auschwitz / non metterò più piede. / […]. Non ci sono e non ci saranno mai / parole per dire. / Io ci provo, racconto, scrivo / ma non è che un balbettio//" (Bruck 2021c, 22, 23).

[10] Cfr. de Rooy 1994. La tesi dello studioso si muove lungo un percorso teorico che traccia, accanto all'idea acquisita della poesia moderna come struttura anti-narrativa e visione epifanica più o meno tendente alla frammentarietà e alla discontinuità semantica e all'astrattezza simbolica (poesia d'avanguardia, degli ermetici), la linea di un contro-discorso lirico prosastico e narrativo basato sull'autobiografismo sotteso di alcune 'opere in versi:' quelle di Pascoli, Ungaretti e Montale ad esempio, lungamente esaminate. De Rooy fa anche riferimento al concetto di "configurazione narrativa" di P. Ricœur intesa come "rifigurazione" della esperienza del tempo (de Rooy 1994, 67–70). Edith Bruck in modo originale riesce a combinare immediatezza poetica della percezione del reale e antilirismo narrativo.

guadagnata con pugni e calci e colpi di fucile.
Le orecchie sono sorde, le parole
le inghiotte il vento
che dalle fabbriche di morte
porta odore di carne bruciacchiata e cenere
sulle nostre teste calve di colpe non commesse. (Bruck 2018, 49)

Non credo che la violenza sottesa di questi versi – che evocano, in un crescendo angoscioso: atti di inaudita disumanità, crudezza, sgomento e paura nel momento dell'arrivo ad Auschwitz – richieda uno sforzo di interpretazione e di empatia, proprio mentre la traccia autoriflessiva fa riaccadere davanti ai nostri occhi tutta la scena in una forma antilirica, quasi antiritmica, con immagini che procedono di metonimia in metonimia e metafore apparenti. E la parola si fa vissuto. Giustamente Fabio Magro, in una sua recensione al volume, ha rilevato la coerenza del titolo [*Versi vissuti*], scrivendo: "Un titolo che sembra attestare il primato della parola sulla vita, e che dunque conferma il valore altissimo che ha la parola poetica per questa autrice" (2019).

Un primato altissimo di cui Edith si è servita come voce autentica per tematizzare "Amore e dolore", i due nuclei fondamentali della sua ispirazione poetica e del suo vissuto. "Due estremi" che Paolo Steffan vede congiungersi "nella sua scrittura in un binomio che s'intreccia costantemente ai 'due cuori' segnalati da Raboni per *Il tatuaggio* (1975)" (2018, 25).

Amore e dolore – quasi un ossimoro (e un persistente senso di colpa per essere sopravvissuti) – da liberare dalla presa della memoria privata, tradurre in memoria collettiva, in storia e in quel sentimento universalizzante, "esotopico" (valido da Croce a Bachtin), che è proprio della natura di "chi sa lavorare sul linguaggio" (lo scrittore) (Bachtin 1988, 299). La memoria autobiografica si è fatta radice della poesia, si è resa strumento di quello che diventerà il perenne "Passato presente" (Ionesco) di un io, tutt'altro che finzionale, che l'ha assunto su di sé. Tuttavia, come ha bene rilevato Michela Meschini: "[n]ella poesia l'atto del ricordare prende la forma della confessione piuttosto che quella della testimonianza" (Meschini 2018, 10–11). E il rilievo non è secondario, soprattutto per lo straordinario effetto di verità, di cammino verso l'altro, che coinvolge (travolge) lo scrittore, il quale finisce per sentirsi testimone di un diario personale, doloroso quanto coraggioso, rivolto ai propri cari perduti (e coraggioso è il gesto di una donna che riesce a confessare l'intimo senso di vergogna per le umiliazioni subite).

Ho detto diario, e qui devo ribadire l'importanza dell'operazione creativa compiuta da Edith Bruck, che consiste proprio nell'abbandono della linea antinarrativa della poesia moderna come conseguenza di un patto mimetico-autobiografico che ci autorizza a parlare di un io poetico che dice di sé, rivolgendosi a loro, alle vittime, non solo a noi. E gli interlocutori si chiamano fratello, sorella, padre e, al centro, la madre morta la sera stessa dell'arrivo ad Auschwitz. La madre: ecco svelata la radice della ferita autobiografica di quell'immagine che rinasce ogni volta, con rimpianto e senso di colpa, insieme alla parola che la ricorda come "povera innocua / gassata perché ebrea" (Bruck 2021c, 19).

Ed evocarla, significa caricarsi del trauma della perdita di lei associato alla propria salvezza: "Quel pensiero di seppellirti / te l'hanno tolto con almeno trent'anni in anticipo / [...] senza saper la tua e la mia destinazione / per troppo amore volevi la mia morte / come la tua sotto una doccia / da cui usciva un coro di topi chiusi in trappola / [...]. Ti ho sopravvissuto per quasi trent'anni / di vita privilegiata in confronto alla tua / e oso sperare una fine più umana /" (Bruck 2018, 54).

E significa ricordarsi tutte le volte che ha avuto il coraggio di dirle: "no, madre nella fede non mi riconosco in te" (Bruck 2018, 56).

"Noi sopravvissuti"

La parola poetica si è dunque fatta strumento di racconto, di testimonianza e di denuncia, ma anche di possibilità di dialogo in assenza. Un dialogo non interrotto troppo presto, ma mai esistito, specie con la madre, considerata il "nume tutelare delle tre raccolte" (Meschini 2018, 12). E attraverso lei le tre raccolte si saldano nel sentimento del senso di colpa di quel "Noi" incarnato nella parola "sopravvissuti":

> Con noi sopravvissuti
> è un miracolo ogni giorno
> se amiamo, noi amiamo duro
> come se la persona amata
> potesse scomparire da un momento all'altro
> e noi pure.
>
> Per noi sopravvissuti
> il cielo è molto bello

o è molto brutto, le mezze misure
le sfumature
sono proibite.

Con noi sopravvissuti
bisogna andare cauti
perché un semplice sguardo storto
quello quotidiano
va ad aggiungersi ad altri tremendi
e ogni sofferenza
fa parte di una UNICA
che pulsa col nostro sangue.

Noi non siamo gente normale
noi siamo sopravvissuti
per gli altri
al posto di altri.
La vita che viviamo per ricordare
e ricordiamo per vivere
non è solo nostra.
Lasciateci...
Noi non siamo soli. (Bruck 2018, 217–218)

Non penso sia sbagliato leggere questi *Versi vissuti* anche come pagine poetiche legate dal comune filo di un dialogo impossibile, oltre che con il "padre mancato" (Bruck 2018, 219)[11] ma intimamente compreso, con i fratelli e, si è già detto, con la madre, vera e propria presenza fantasmatica, finendo per notare che il dialogo con lei, cercato, desiderato, spesso con veemenza, diventa una interminabile coazione a ripetere, dove la parola (il "dono della parola" che si riconosce alla "Signora Auschwitz") assume un paradossale valore risarcitorio in differita e la poesia finisce per fare 'come se' il dialogo immaginario diventasse realtà. Ora Edith può dire alla madre: "Io e te / non ci separeremo mai / sarai con me / per la vita / senza abbandoni;" può 'nominarla' e chiamarla magari "con un nome ancora da inventare" (Bruck 2018, 148–149). Certo si tratta di un risarcimento illusorio, che comunque, per chi crede fortemente nella poesia (e questo vale per Edith Bruck), permette di contare sul potere taumaturgico di alimentare il germe della speranza, quasi

---

[11] In *Forse* Bruck scrive: "Gli uomini che contano / nella vita / sono uno / il padre mancato" (Bruck 2018, 219).

un 'rinascere dalle ceneri' con in mano uno in più di quei 'cinque punti di luce' che le furono offerti nella disperazione, inducendola persino a credere in un riscatto di coloro che l'hanno indotta da bambina a gridare: "Tutti mi odiate?" (Bruck 2015, 15).

Tuttavia, la voce, riflettendo sull'inutilità di dire, si fa talvolta monologante. L'io mimetico stende un velo di dubbio sulla sua stessa voglia di rinascita e cede a un sentimento di disincanto:

> Tra non molto
> quando dalla bocca
> di un esperto di quiz
> la gente sentirà parlare d'Auschwitz
> si chiederà se avrebbe indovinato
> quel nome
> commenterà il campione di turno
> che non sbaglia mai le date
> azzecca sempre il numero dei morti.
> In uno stanco sbadiglio
> dirà che forse preferiva
> la storia greco-romana
> a questi ebrei…
> hanno sempre fatto parlare di sé
> attirano proprio la persecuzione. (Bruck 2018, 178)

Il fatto è che il tempo che ci racconta (Ricœur)[12] in prosa come in poesia, può diventare della testimonianza perché cancella la memoria e indurisce, anche il proprio sentire. Ma Edith Bruck trova anche il coraggio di confessare la propria debolezza, quando scrive: "Guardo il ritratto / di mia madre bruciata / e non soffro, / neanche l'immagine di mio padre / morto di fame / mi fa più male, / neppure il ricordo mi dice più niente / […] nulla, nulla / mi fa più male al mondo / se non il mondo. //" (Bruck 2018, 192).

---

[12] Il riferimento metaforico, ma non troppo, a Paul Ricœur riguarda l'importanza degli effetti di chiarimento insiti nel "tempo raccontato" dei sopravvissuti. Il tema è ancora quello del rapporto tra "configurazione" temporale e "rifigurazione" mimetica che ricorre nelle riflessioni di *Tempo e racconto* di Ricœur (Mariani 2011, 9-12).

La "piccola stella a sei punte"

Il solco del male squarciato in *Versi vissuti* non si configura quale *unicum* o un esempio straordinario (e riuscito) di poesia testimoniale, bensì costituisce anche la premessa necessaria per capire le ultime prove poetiche della scrittrice che si leggono in *Tempi* (2021), una breve e densa raccolta che rivela come, sottotraccia, "la poesia [sia] sempre stata una fedele compagna di viaggio per Edith Bruck" (Meschini 2021, 10). Mi pare che questi componimenti (42) non si spiegherebbero senza l'itinerario poetico delineato nelle raccolte precedenti, un itinerario che ne sigilla l'origine e ne motiva l'inoltro nell'oggi. Per molti aspetti, i versi più recenti rappresentano, per quell' "io mimetico" ritrovato, l'occasione di presa di possesso di tempi supplementari, utili per recuperare quello che resta da dire di una vita tutt'altro che rivolta al passato. E se è vero che ciò che resta da dire è ancora il 'non detto' (ovvero il rimpianto del 'non potuto dire' alle persone amate e per loro tramite a noi), in *Tempi* chi scrive non si limita a farci dono di una ulteriore prova della sua rara capacità di attingere le radici della parola poetica dal silenzio e dal dolore, sfidando ancora una volta gli "scherni del male perché il male si sciolga senza traccia" (Rilke 2000, 517). In queste ultime poesie ritroviamo non solo le scie della memoria storica e autobiografica, bensì, come è detto nella bella "Introduzione" di Michela Meschini, si capisce che l'autrice recupera i tempi del vissuto di un'intera vita: quelli dell'infanzia, della vecchiaia, dei riti familiari, della memoria, delle "domande – a Dio, alla storia a se stessa –", soffermandosi "sul tempo sospeso della scrittura, solcato da dubbi e incertezze, eppure capace di legare insieme, come un filo invisibile, le tessere di un'unica ininterrotta meditazione sull'esistenza e sul destino che abbraccia l'intera vita letteraria dell'autrice" (Meschini 2021, 9).[13]

La testimonianza (la trama referenziale e memoriale) non passa in secondo piano, ma ora rimane visibile come trasparenza, alla stregua della filigrana oscura di un film, che lascia affiorare frammenti di ricordi, come a ricomporre, in un ultimo drammatico appello, il ruolo di ogni comprimario autobiografico: i genitori – il lutto eterno per il padre (*Padre*); la madre chiamata "Mia unica Madre–Dio" (*Madre-Dio*); Primo Levi – a cui torna a chiedere "Perché Primo? […] il nostro dovere è / vivere e mai morire!" (Bruck 2021c, 24, 25, 27); il marito e il loro legame durato sessant'anni:

---

[13] Cfr. Mordenti 2022, 241–5.

> Non sarò mai la tua vedova
> né sui documenti
> né in vita né in morte
> detesto la parola vedova
> tu morirai con me
> non vederti non conta
> quante cose sono invisibili
> che sentiamo,
> esistono
> nel nostro essere
> più profondo
> dove è stato concepito
> a prima vista
> il nostro legame
> che compie oltre sessant'anni il nove dicembre. (Bruck 2021c, 33)

Ma ora, appunto, il dialogo con il corteo mnemonico di voci non spente si mescola al racconto delle angosce della cronaca che stiamo vivendo. Una cronaca carica di dubbi e di quesiti oscuri, dove sembra che le ombre nere non si siano mai allontanate: "Si moltiplicano / le bandiere nere / con le croci uncinate" (*Ci risiamo?*); "'Ti rendi conto / Già negano' / mi diceva Primo Levi, / 'con noi ancora vivi' / Mi sono resa conto sì / più che mai oggi!" (*Dopo?*); "Cosa dire ai giovani, / della propria madre-sapone, / [...]. / Quanti giorni e anni / ci sarebbero voluti in Tempo non tardivo / per insegnargli il passato, / per il loro futuro..." (Bruck 2021c, 20, 27, 50). Si tratta di un corteo tumultuoso, più antilirico che mai, che avanza scortato da altrettante immagini di desolazione del nostro tempo: quelle della vecchiaia, del virus, dei nuovi diseredati – gli schiavi recenti, i nemici da allontanare.[14] Comunque e malgrado tutto a Edith Bruck non manca il coraggio di aprire per noi uno squarcio di futuro utopico, dove immaginare di applicare la cura di un farmaco antico e desueto: l'educazione al bene e al bello e si dà il tempo di chiedersi: "Se il futuro non fosse / figlio del passato e del presente? / Ma orfano, tabula rasa / per i nuovi nati. / Da educarli al buono, al bello, al rispetto / di ogni prossimo / di qualsiasi etnia e fede" (Bruck 2021c, 47).

---

[14] Cfr. *Immigrati*, Bruck 2021c, 43.

"C'ERA UNA VOLTA AUSCHWITZ."

Sono stata tentata di terminare su questa sorta di ucronia, una ulteriore coraggiosa prova di fede nell'umanità, ma non è possibile dimenticare che *Tempi* è il libro dei Novanta anni di Edith Bruck, e come tale è ancora un libro di totale e chiaroveggente consegna di un 'io' che ha fatto del proprio vissuto un *memorandum* (ma non solo) e dove ad avere l'ultima parola è l'immagine di sé in quanto testimone. Per concludere scelgo quindi quell'immagine specularmente riflessa nella poesia *Tre maggio* mentre si riconfigura nel racconto del proprio vissuto e si interroga sulla responsabilità di aver *dovuto* e *voluto* mantenere fede al patto dell'io con la verità, con la memoria della Shoah per le generazioni a venire e con la poesia.

Tre maggio

Che vuoi? Hai novant'anni!
Non ti vergogni di sopravvivere
a tutti i tuoi morti amati?
Perché stai seduta
come una chioccia
a guardare il vuoto attorno?
La tomba viva è in te
non sei sola.
Ringrazia ciò che ti è stato dato
un paese dove non sei nata
ma ti ha adottata
dato una lingua
nella quale sei libera
non evoca ricordi dolorosi
ti protegge
come una muraglia cinese.
La parola madre
è più forte che nella tua lingua
Anya (madre)
che è fuggevole
staccata dalla terra.
Madre-mater
è come marmo, eterno
non svolazza in aria
come una farfalla
dalla vita breve.
Nella lingua in cui scrivi
ha mille colori

suoni musiche.
E anche la tristezza è bella
non ti inciampa la lingua
è ariosa nelle lettere,
anche novanta sembra meno pesante
da dire e portare.
Nella tua lingua madre
novanta è più vicino a cento.
Dopo la visita del Papa e un'onorificenza
ricevuta dal Presidente
aspetti un segno dal cielo
e un bacio sulla fronte
da Dio.
E chissà se non li hai già avuti
senza che te ne accorgessi.
Il vuoto che guardi
non è mai vuoto.
Il silenzio attorno
non è mai silenzio.
Basta che ascolti
è pieno di voci. (Bruck 2021c, 67–68)

Ma, accanto a quest'immagine mi sembra necessario affiancarne un'altra, descritta in un 'epitaffio' molti anni fa nel segno della stella gialla del testimone[15] in cui si affaccia la bambina che, nel *Pane perduto*, pretendeva di essere felice e scrivere versi e ha saputo "tirare fuori dalla feccia l'oro" (Nelo Risi in Bruck 2021b, 34) "per ricordar[e] che c'era una volta Auschwitz."

Il segno

Morì d'impotenza
si potrà scrivere sulla mia tomba
chissà dove, non è detto che uno muore
nel luogo in cui è nato o vive
si può essere dovunque

---

[15] Levi è il testimone silenzioso evocato tra le righe di quell' "ora incerta" del *Superstite* (Levi 2004, 76). Sulla natura e la funzione della memoria e della testimonianza nella Shoah è stato molto scritto. Cfr. almeno, Wieviorka 1999; De Matteis 2009; Biagini 2017, 130–158; Dolfi (a cura di) 2017, 15–22, 451–455). Il tema è stato trattato in quasi tutti i saggi del volume.

in quell'ora incerta
non ci sono terre cattive e terre buone
vorrei però come segno una piccola stella
a sei punte come quella che da bambina
brillava sul cappottino liso
incidetela ben bene nella pietra
come me l'hanno incisa in me sulla mia pelle
nella mia carne nelle mie viscere
e se ci sarà un'altra vita
sarò una stella gialla
per ricordarvi che c'era una volta
Auschwitz. (Bruck 2018, 226)

Bibliografia

Bachtin, Michail, 1979, *L'autore e l'eroe. Teoria letteraria e scienze umane* Einaudi, Torino 1988.

Balma, Philip, 2014a, *Edith Bruck in the Mirror: Fictional Transitions and Cinematic Narratives*, Purdue University Press, West Lafayette.

Balma, Philip, 2014b, "Quando l'arte e la vita si imitano a vicenda: una conversazione con Edith Bruck", trad. Erika Brownlee <https://www.academia.edu/12400239/Ed> ultimo accesso 25 maggio 2023.

Battistini, Andrea, 1990, *Lo specchio di Dedalo. Autobiografia e biografia*, il Mulino, Bologna.

Beauvoir, Simone de, 1960, *Memorie d'una ragazza perbene*, Einaudi, Torino.

Benelli, Caterina, 2006, *Philippe Lejeune. Una vita per l'autobiografia*, UNICOPLI, Milano.

Benveniste, Émile, 1966, *L'homme dans la langue* in *Problèmes de linguistique générale*, Gallimard, Paris, 225–236.

Biagini, Enza, 2017, "Scrivere l'inimmaginabile: *L'espèce humaine* di Robert Antelme" in Anna Dolfi (a cura di), *Gli intellettuali/scrittori ebrei e il dovere della testimonianza. In ricordo di Giorgio Bassani*, FUP, Firenze, 128–159.

Biagini, Enza, 2021, "Edith Bruck. Il pane perduto", *Nuova Antologia*, 3, 372–374.

Bruck, Edith, 1959, *Chi ti ama così*, Lerici, Milano.

Bruck, Edith, 1982 [1962], *Andremo in città. Racconti*, Carucci, Roma.

Bruck, Edith, 1998, *Itinerario. Poesie scelte*, Quasar, Roma.
Bruck, Edith, 1999, *Signora Auschwitz. Il dono della parola*, Marsilio, Venezia.
Bruck, Edith, 2010, *Privato*, Postfazione di Gabriella Romani, Garzanti, Milano.
Bruck, Edith, 2017, *La rondine sul termosifone*, La nave di Teseo, Milano.
Bruck, Edith, 2019, *Ti lascio dormire*, La nave di Teseo, Milano.
Bruck, Edith, 2021a, *Il pane perduto*, La nave di Teseo, Milano.
Bruck, Edith, 2021b, *La mia Università si chiama Auschwitz*, Presentazione di Paolo D'Angelo, Roma 3-Press.
Bruck, Edith, 2021c, *Tempi*, Prefazione di Michela Meschini, La nave di Teseo, Milano.
Bruck, Edith, 2022 [1988], *Lettera alla madre*, La nave di Teseo, Milano.
Bruck, Edith, 2022, *Sono Francesco*, Prefazione di Papa Francesco, Postfazione di Noemi Di Segni, La nave di Teseo, Milano.
Bruck, Edith, 2023 [2005], *Specchi*, Edizioni di storia e letteratura, Roma.
De Matteis, Carlo, 2009, *Dire l'indicibile: la memoria letteraria della Shoah*, Sellerio, Palermo.
Ionesco, Eugène, 1970, *Passato presente*, Rizzoli, Milano.
Lejeune, Philippe, 1971–2003, *L'autobiographie en France*, Armand Colin, Paris.
Lejeune, Philippe, 1975, *Le pacte autobiographique*, Seuil, Paris.
Levi, Primo, 1984, *Ad ora incerta*, Garzanti, Milano.
Magro, Fabio, 2019, "Il presente nel passato. I Versi vissuti di Edith Bruck", *La letteratura e noi* <https://laletteraturaenoi.it/2019/05/01/il-presente-del-passato-i-versi-vissuti-di-edith-bruck/> ultimo accesso 25 maggio 2023.
Mariani, Anna Maria, 2011, *Sull'autobiografia contemporanea. Nathalie Sarraute, Elias Canetti, Alice Munro, Primo Levi*, Carocci, Roma.
Meschini, Michela, 2018, "Rinascere dalla parola. Prospettive critiche sulla poesia di Edith Bruck" in Edith Bruck, *Versi vissuti. Poesie (1975–1990)*, 5–21.
Meschini, Michela, 2021, "Prefazione" in Edith Bruck, *Tempi*, 9–11.
Monferrini, Michela, 2023, "Qualcosa resta" in Edith Bruck, *Specchi*, 5–10.
Mordenti, Raul, 2022, "La poesia di Edith Bruck", *Testo e Senso*, 24, 241–5.

Petrignani, Sandra, 2021, "La storia di Edith", *Il Foglio*, 1/30.
Ricœur, Paul, 1985, *Temps et récit*, III *Le temps raconté*, Le Seuil, Paris.
Ricœur, Paul, 1990, *Soi même comme un autre*, Seuil, Paris.
Rilke, Rainer Maria, 2000, *Poesie 1907-1926*, a cura di Andreina Lavagetto, Einaudi, Torino.
Romani, Gabriella, 2010, "Scrittrice italiana per caso" in Edith Bruck, *Privato*, 175-185.
Rooy, Ronald de, 1994, *Il narrativo nella poesia moderna. Proposte teoriche & esercizi di lettura*, Universiteit van Amsterdam, Amsterdam.
Serkowska, Hanna, 2008, "Bassani e Bruck, due scrittori (non) comparabili?" in Hanna Serkowska (a cura di), *Tra storia e immaginazione. Gli scrittori ebrei di lingua italiana si raccontano*, Istituto italiano di cultura, Varsavia, 166-181.
Serkowska, Hanna, 2008, "Edith Bruck, tra commemorazione e 'liquidazione'" in Hanna Serkowska (a cura di) *Tra storia e immaginazione. Gli scrittori ebrei in lingua italiana si raccontano*, 155-164.
Steffan, Paolo, 2018, "In agonia in amore" in Edith Bruck, *Versi vissuti. Poesie (1975-1990)*, 23-32.
Wieviorka, Annette, 1999, *L'era del testimone*, Raffaello Cortina, Milano.

Il teatro di Edith Bruck: una prima ricognizione

Eugenio Murrali

ABSTRACT
L'intervento si presenta come un'indagine introduttiva all'opera drammaturgica di Edith Bruck. Nel luglio 1970, l'autrice pubblica la sua prima commedia *Sulla porta* all'interno della rivista *Il dramma*. Nel dicembre 1973, Bruck fonda a Roma, insieme ad altre donne, l'Associazione teatrale La Maddalena e scrive, insieme a Dacia Maraini e Maricla Boggio, lo spettacolo di apertura *Mara Maria Marianna*. L'anno successivo, sempre alla Maddalena, va in scena l'ultimo testo dell'autrice, *Per il tuo bene*. Nel far riaffiorare quest'esperienza circoscritta nel tempo e limitata nella quantità, si cerca di definirne la collocazione nella produzione della scrittrice, di delineare continuità e cesure con l'opera narrativa, di metterne in luce le peculiarità. Si farà cenno anche a un radiodramma del 1975, *Chi è Emmeline Pankhurst?*. A partire dai testi, l'articolo cerca di riflettere inoltre sul ruolo della casa e della genitorialità nell'opera di Bruck.

Quando Edith Bruck aggiunge al suo impegno di narratrice e poetessa quello di drammaturga, il teatro italiano, e non solo, si trova in un periodo di metamorfosi. A Roma, città in cui Bruck vive, sono nate le 'cantine',[1] spazi non convenzionali in cui si tentano percorsi di ricerca e nuove vie espressive. Si possono ricordare tra gli altri il Teatro Laboratorio, il Beat 72, il teatro di via Belsiana, lo Spazio dei 101, il Teatro di Centocelle. Anche il Living Theatre, in esilio dall'America, era arrivato in Europa negli anni Sessanta con la sua portata innovativa, contribuendo ad approfondire il solco tra il teatro 'tradizionale' e un nuovo teatro, basato sulla sperimentazione del linguaggio fisico o verbale o sull'esplorazione di tematiche inusitate.

In questo clima di cambiamento, in cui si liberano le istanze di una società in trasformazione, nasce anche l'opera drammaturgica di Edith Bruck, un *corpus* di pochi testi concentrati in pochi anni:

---

[1] Su questo tema una buona introduzione e raccolta di testimonianze è il documentario *L'altro teatro* di Maria Bosio, ideato dai critici Giuseppe Bartolucci e Nico Garrone, trasmesso in tre puntate sulle reti Rai nel 1981. Vi sono poi alcune pubblicazioni da tenere presenti, ad esempio: Marsili Libelli, *Immagini dall'altro mondo* (2021); Franco, Zaccagnini, *La luce solida. Sul teatro di Mario Ricci* (2009); Crisafulli, *Un teatro apocalittico: La ricerca teatrale di Giuliano Vasilicò negli anni Settanta* (2017); Maraini, Murrali, *Il sogno del teatro* (2013), Orecchia, Cavaglieri, *Memorie sotterranee* (2018).

- *Sulla porta* andato in scena dal 27 maggio all'1 giugno 1971 al Teatro Quirino di Roma, poi al Piccolo di Milano dal 4 al 20 giugno dello stesso anno, pubblicato su *Il dramma*, n. 7, luglio 1970;
- *Anna* in *Mara Maria Marianna*, spettacolo inaugurale del teatro femminista della Maddalena, fondato da un gruppo di donne, tra cui Dacia Maraini, Edith Bruck, Maricla Boggio, Saviana Scalfi. Lo spettacolo è andato in scena il 6 dicembre 1973 ed è stato replicato a lungo.[2]
- *Per il tuo bene* andato in scena al teatro La Maddalena nel maggio e giugno 1974, inedito;
- un radiodramma su Emmeline Pankhurst, *Chi è Emmeline Pankhurst?*, radiocomposizione di Edith Bruck e Vera Marzot, regia di Chiara Serino, 11 novembre 1975.

Sulla porta

Sulla porta è stato messo in scena come novità assoluta al Teatro Quirino di Roma nel 1971. La regia dei due tempi scenici era affidata a Vincenzo De Toma, anche interprete, nel ruolo di Alessandro, insieme a Simona Caucia (Miriam), Sara Franchetti (Matilde), Donatello Falchi (Fernando), Umberto Versoni (Andrea). Michele Mirabella era assistente alla regia, la scena di Gianfranco Padovani.

Lo spettacolo nasceva in seno alla compagnia Teatro Insieme. Nel libretto di sala è presente un testo programmatico della compagnia, al suo secondo anno di attività:[3]

1. reciteremo tutto l'anno, dovunque sia possibile incontrare un pubblico che cerca il teatro o che al teatro è disponibile, magari non essendone neppure conscio;
2. il nostro repertorio tratterà gli eterni e universali problemi che assillano l'uomo comune: la libertà, la giustizia, il potere, l'individuo nella società, la convivenza delle opposte opinioni.

---

[2] Pubblicato in Maricla Boggio (a cura di), *Le Isabelle. Dal teatro della Maddalena alla Isabella Andreini* (2002).

[3] Programma di sala del Teatro Quirino, con una presentazione di Alberto Moravia (archivio privato di Edith Bruck). Qui si legge anche che l'anno precedente la compagnia aveva messo in scena *Un uomo è un uomo* di Bertolt Brecht, nell'adattamento di Giorgio Strehler e Fulvio Tolusso, dichiarando 123.402 spettatori nel corso di oltre 170 repliche.

I due tempi di Edith Bruck rappresentano un interno familiare, in cui l'equilibrio di una coppia è turbato dall'arrivo di un sedicente rifugiato politico. Così nel programma di sala:

> Una coppia di intellettuali, lui ormai quarantenne, lei sotto la trentina, perfettamente integrati nel sistema, ma con l'alibi borghese dell'impegno e delle idee progressiste, viene messa in crisi dall'apparizione di un ambiguo profugo che non si capisce fino a che punto è perseguitato politico di un non precisato governo o un profittatore che con questa scusa (e quella di aiutare i compagni nelle sue stesse condizioni) fa richieste sempre più pressanti ed esorbitanti di denaro.

Al centro del dramma è la dinamica di una coppia in una società, un 'sistema', che oscura la dimensione umana, interiore, a favore di costruzioni ideologiche, spesso ipocrite.

Nello stesso programma di sala leggiamo una presentazione di Alberto Moravia, che inizia in questo modo:

> Lo Spagnolo, sedicente profugo politico, di cui parlano i due atti di Edith Bruck, esiste realmente e non è un profugo né un politico, ma qualcuno che, nella vita, ha scelto di recitare la parte di un'astrazione. Un tempo nei balletti c'erano figure simboliche che rappresentavano idee come il Progresso oppure la Scienza oppure la Libertà. Lo Spagnolo di cui sto parlando ha scelto di rappresentare il Senso di Colpa.

Moravia proseguiva spiegando come i due atti nascessero da "un aneddoto vero, preso dalla vita quotidiana", che Bruck era riuscita a trasformare in "apologo di tipo moderno ambiguo, metafisico, misterioso". Lo scrittore inquadrava *Sulla porta* in quello che anni prima aveva definito "teatro della chiacchiera" (Moravia 1967), influenzando anche Pasolini nella stesura del suo *Manifesto per un nuovo teatro* (Pasolini 1968). Il "teatro della chiacchiera" è, per Moravia, un teatro in cui il dialogo si fa simbolico, allusivo, ma il dramma è fuori delle parole, in quel che non si dice. Vedremo se davvero questa categoria sia applicabile al testo di Bruck.

Miriam e Alessandro sono una coppia di intellettuali progressisti. Vivono in una casa al centro di Roma. Lui è un professore di letteratura, traduttore e saggista. Lei, ebrea ungherese, è una traduttrice e aspirante scrittrice. Presso di loro lavora una domestica, Matilde. La loro vita procede tranquilla, tra piccoli battibecchi e un'affettività difettosa. Un giorno alla loro porta si presenta un sedicente profugo spagnolo, Fernando, e chiede ad Alessandro del denaro, ottenendolo facilmente. Da quel momento un senso di colpa di diverso grado attraversa i coniugi. Lo spagnolo torna e riesce ad avere altro denaro, ma Miriam inizia a insospettirsi e vuole andare a fondo, tanto che chiede ad Andrea, un amico funzionario della questura, di indagare. Alla fine, Andrea rivelerà in una telefonata che lo spagnolo è stato arrestato.

L'interesse di questi due atti, oltre che nella vivacità e nell'efficacia dei dialoghi, netti e veloci, sta nella possibilità di analizzarli a più livelli.

Se ne può dare una lettura politica. I due coniugi vivono in un tempo di spaesamento di fronte all'incoerenza dei sistemi ideologici e anche tra loro c'è un disallineamento dialettico:

> Alessandro. (*mostra uno dei libri*). Questo è per te, è la *Trilogia* di Wesker: questo è sull'invasione della Cecoslovacchia.
> Miriam. Sei scomparso di nuovo? (*Prende il libro in mano*) La Cecoslovacchia! L'invasione non mi commuove, come non mi ha fatto effetto la cosiddetta rivoluzione nel '56 in Ungheria.
> Alessandro. Sono due cose diverse.

Il confronto tra i coniugi è serrato, costituito di brevi battute in cui l'elusiva ironia di Alessandro è bilanciata dalla schiettezza tagliente di Miriam e la cerebralità di entrambi dal pragmatismo di Matilde, furba e insofferente verso i datori di lavoro. La diversa visione della politica dei due deriva anche dal profondo scarto esperienziale all'interno della coppia. Miriam è ebrea e, si comprende da alcuni accenni, ha conosciuto la Shoah. Alessandro ha avuto un'esistenza mondana e libresca, che lo porta a semplificazioni, a un atteggiamento più leggero:

> Alessandro. Cara, voi vedete razzisti e persecutori dappertutto.
> Miriam. Perché parli al plurale? Ti ho già detto che non mi piace quando uno loda le qualità o afferma i difetti degli ebrei usando il plurale. Quando mai mi hai sentito dire: voi atei, o cristiani, o protestanti? Quando si parla di ebrei o negri, tutti usano il plurale, perfino un uomo come te! La gente è antisemita anche nel subconscio.

La dimensione politica è ampia, investe la storia del Novecento, con l'allusione alla Shoah, alle invasioni sovietiche del '56 e del '68, e pervade anche la relazione tra i coniugi, le loro reazioni di fronte all'imprevisto arrivo del 'rifugiato politico' spagnolo, che chiaramente chiama in causa il regime franchista. Su questa dimensione politica, che assumerebbe toni grotteschi e satirici, si sofferma su *Gente* Giuseppe Grieco, che pur criticando diversi aspetti dell'opera osserva: "*Sulla porta* si regge sulla descrizione dei due intellettuali di sinistra" (Grieco 1971, 95).

L'interpretazione politica può essere rafforzata da una lettura in chiave socio-relazionale, anch'essa articolata su più livelli. Miriam affronta lo sfuggente marito con il suo personale impulso proteso verso la verità, con frasi dirette che pure Alessandro riesce quasi sempre a schivare: "Figurati! Neanch'io capisco se ci sei o no, pur vedendoti e parlandoti", "Con il risultato di una vita di solitudine in due!", "Occupo troppo posto nella tua vita, è così?", afferma, ad esempio, Miriam in diversi momenti del dramma. Alessandro, credulone, ha un atteggiamento paternalista nei confronti della moglie, cerca di sfuggire alle affermazioni e alle domande di Miriam, che è più intuitiva. Se sul piano simbolico il dramma mette in scena il senso di colpa, restando strettamente sul piano dei fatti, vediamo rappresentato anche il tradimento della buona fede. Miriam spera che il profugo non stia fingendo soprattutto per non essere disillusa.

Lo spettacolo raccoglie l'interesse della critica teatrale, che allora era vivace e annoverava tra le sue file molti intellettuali. I recensori, tutti uomini, sono in generale tiepidi. Possiamo qui dare brevemente conto delle principali osservazioni.

"Lo sconosciuto, bisognoso di tutto, viene ad imporre alla coppia una specie di esame di coscienza, ne porta allo scoperto il falso progressismo e la reale incapacità di un impegno concreto" scrive su *Avvenire* Odoardo Bertani, che a proposito delle dinamiche dei personaggi parla di un "processo disintegratore condotto con allegria." L'approfondimento psicologico non lo convince, ma la lingua utilizzata "non è disadatta alla pronuncia." La messinscena è troppo realistica e poco grottesca. Calorosa l'accoglienza del pubblico.

Su *Il Mondo* leggiamo, a firma di Rodolfo Wilcock: "Una commedia intitolata *Sulla porta* nella quale non succede proprio niente, eppure si parla tutto il tempo" (Wilcock 1971, 30). Così su *Avanti!* Ghigo De Chiara: "un buon pretesto di comicità andato perduto, anche se, – nelle scene più felici – l'autrice rivela una buona disposizione al teatro" (De Chiara 1971). Elio Pagliarani scrive su *Paese Sera*:

> La situazione della commedia a me pare interessante, meno mi convince come sono tratteggiati i personaggi, e così il loro chiacchiericcio alla Ginzburg non diventa, mi pare, understatement: non risulta con la dovuta efficacia che i due coniugi parlano per nascondersi, proprio per non interrogarsi. [...] Applausi alla fine un po' fiacchi. (Pagliarani 1971)

Durissima la critica su *L'Unità*, firmata 'vice':

> Opera prima, siamo disposti a concedere una prova di appello alla Bruck per questa sua fatica – la quale ci sembra nascere più che da una volontà di portare in teatro una problematica o di creare un clima di sospensione, di mistero, sul senso di colpa dell'intelligentsia di sinistra, da una garbata e magari anche ironica intenzione autobiografica. [...] Venata da un certo qualunquismo, la commedia è stata seguita con alcune risate e applaudita alla fine. (vice 1971)

Su *Panorama* a scrivere è Franco Quadri, già allora uno dei critici più importanti e attivi:

> Attentissima alla notazione anche ironica dei dettagli, la commedia riesce a delineare con qualche esattezza i due personaggi attraverso un panorama maniacale di tic; dove manca completamente è però nella costruzione dell'elemento drammatico; meticolosa quanto artificiale è la gradazione degli effetti. (Quadri 1971, 18)

E un altro noto critico, Roberto De Monticelli, interviene dalle colonne de *Il Giorno*: "Scrittrice e sceneggiatrice di Cinema, Edith Bruck, che è la moglie del poeta Nelo Risi, ha garbo e disinvoltura di dialogo, ma qui mostra di contentarsi di poco" (De Monticelli 1971).

Questa veloce panoramica suggerisce un paio di considerazioni. La prima è relativa alla presentazione di Alberto Moravia, che offre alcune piste per la lettura dell'opera: quella simbolica, come abbiamo visto, in cui lo spagnolo rappresenta il senso di colpa, quella politico-satirica, che vede l'opera quale "verace illustrazione vagamente satirica di una certa mentalità propria degli intellettuali di sinistra."[4] L'autore si è forse affrettato a inserire il dramma all'interno di quella categoria del teatro della chiacchiera che aveva definito quattro anni prima. Se il personaggio di Alessandro, così sfuggente, può forse esserne un rappresentante, lo stesso non si può dire per Miriam, che

---

[4] Si cita dal programma di sala. Vedi nota 3.

vive nel culto della verità e usa un linguaggio netto, mai allusivo. Il dramma dell'incomunicabilità non emerge dalla lettura moraviana né da quella dei critici, che possono essere stati influenzati, anche solo per opporvisi, dalle osservazioni dell'autore degli *Indifferenti*. Una seconda notazione è legata proprio ai recensori, i cui toni quasi risentiti, tipici di una certa posa che la critica militante, e a volte non militante, ha avuto in quegli anni, fanno domandare se la dimensione ideologica viva e forte di quel periodo non abbia impedito un approfondimento dello sguardo e se le pungenti osservazioni non nascano anche dalla reazione a una commedia che ha saputo effettivamente descrivere con vivezza alcuni aspetti della classe intellettuale.

Anna

Vale la pena ricordare alcune parole dell'attrice Saviana Scalfi riportate da Maria Grazia Silvi a proposito dell'esperienza della "Maddalena",[5] che aveva come sede un'ex tipografia in via della Stelletta 18 a Roma, vicino a Piazza Campo Marzio:

> La 'Maddalena' è nata da un'idea di Dacia Maraini nel 1972. Allora il femminismo a Roma non si sapeva neanche cos'era. C'era il Collettivo di via Pompeo Magno e qualche piccolo gruppo, ma erano molto chiusi, niente era stato pubblicizzato e quindi la gente non aveva neanche preso coscienza che c'erano delle femministe. Allora Dacia chiamò me e altre professioniste, tutte donne che sapevano fare il loro mestiere. Ci disse: "Io vorrei fare un teatro che fosse nostro, di sole donne, perché non ci mettiamo insieme?". Eravamo nove: Edith Bruck, Dacia Maraini, Maricla Boggio, Annabella Cerliani, Lu Leone, Anita Picchi, Giuliana Sacchetti, Cristina Mascitelli, io. (Silvi 1980, 76)

Come spettacolo inaugurale di questa esperienza viene proposto, il 6 dicembre 1973, *Mara Maria Marianna*, un testo che dà voce a sette storie di donne: *Mara*, *Marianna* e *Fausta* di Maricla Boggio, *Maria*, *Mafalda* e *Silvana* di Dacia Maraini, *Anna* di Edith Bruck. Il dramma continuerà poi a essere rappresentato per tre anni. Maricla Boggio spiega così l'opera:

---

[5] Sull'esperienza della Maddalena cfr. anche Maraini-Murrali 2013, Pulga 2020, Fortini 2023.

Tutte queste protagoniste parlavano, urlavano, ridevano, sussurravano, imprecavano e imploravano, ma non piangevano più su se stesse. Erano donne che si presentavano al pubblico raccontandosi, rivivendo le loro storie con la forza dell'evocazione teatrale [...]. Dalle storie di queste donne i problemi più urgenti di una società in veloce mutamento uscivano fuori di getto – casa, lavoro, famiglia, figli, compagni, dignità –, reclamando un modo diverso di stare al mondo. Il teatro si adeguò a quei problemi e tentò nuove strade espressive sopra a quella, immediata, della denuncia. (Boggio 2002, 22)

Anna è la storia di una donna sposata con un uomo che vuole avere un figlio a tutti i costi. Anna però non resta incinta, così lui la umilia e la maltratta, convinto oltretutto che lei lo renda impotente. La donna si innamora di un ragazzo, la cui precedente compagna ha perso la vita abortendo. Il giovane sembra contento di avere un rapporto con la donna, ma non vuole impegnarsi e in generale rifiuta ogni responsabilità della vita. Anna si trova così sospesa tra un marito brutale e un ragazzo spregiudicato. *Mara Maria Marianna*, con i suoi sette episodi, fu diretto da Maricla Boggio. Nell'episodio *Anna*, scritto da Bruck, recitavano Saviana Scalfi, Gianni Elsner e Giuliano Manetti. Le scene erano di Deanna Frosini, i costumi di Gianna Gelmetti. Resta la testimonianza di alcune foto.[6] La stampa seguì con curiosità questo debutto, più interessata ai tempi e all'esperimento di un teatro femminista che a una canonica critica dello spettacolo.

Il tentativo di un teatro-verità nasceva dopo i dibattiti e le riflessioni comuni, la raccolta di testimonianze. Una prova di questo rapporto diretto con la realtà, come osserva Giulia Borgese, è nel linguaggio: "E per una volta non si sono espresse con le parole consumate e irreali degli autori di teatro ma hanno usato il loro proprio povero e crudo linguaggio di emarginate" (Borgese 1973).

Per il tuo bene

Una naturale prosecuzione della riflessione sulla condizione femminile è lo spettacolo dell'anno successivo, *Per il tuo bene*, del quale non è stato possibile reperire il testo, per cui ci si baserà su interviste, critiche, fotografie e sul programma di sala. In un dialogo con Aldo Rosselli, Edith Bruck dichiara:

---

[6] Cfr. Boldorini in Fortini 2023.

IL TEATRO DI EDITH BRUCK

> Due anni fa una mia cugina acquisita[7] mi ha raccontato che lei è stata a Torino dove una ragazza di tredici anni è rimasta incinta e la madre se n'è addossata la responsabilità. Bisogna aggiungere che si trattava di una famiglia siciliana emarginata. Da questo spunto di cronaca ho scritto una commedia che parla del destino della donna ma anche dell'uomo, anche lui vittima della società. (Rosselli 1974, 14)

Lo spettacolo è andato in scena al teatro La Maddalena nel maggio e giugno 1974. Si legge sul programma di sala:[8]

> Un padre, una madre, una figlia minorenne [...] vivono ai margini della società industriale senza riuscire ad adattarsi e a maturare una nuova coscienza. Nell'impossibilità di trovare un lavoro che non sia saltuario, si adattano ai mestieri più umili. L'isolamento in cui vivono ne fa degli sradicati, degli esiliati stranieri in patria, complici di un evento tabù, di una relazione incestuosa tra padre e figlia. Il fatto, già di per sé abnorme, crea una serie di conflitti non tutti prevedibili.

Quando la ragazza rimane incinta del padre, la madre, per riportare il tutto nell'alveo della 'normalità' e 'per il bene' della figlia, si attribuisce la nascita del bambino. La ragazza decide, però, di andare via di casa e, come si legge ancora nel programma, di rompere "l'omertà tribale prendendo una decisione che i genitori non sono in grado di comprendere. La sua non è una fuga ma un atto liberatorio." I tre personaggi diventano simbolici, la madre rappresenta "tutte le maternità," il padre "una istituzione patriarcale in frantumi," la figlia è "espressione di una forza giovane che sa trarre dal negativo della sua condizione il coraggio di un mutamento radicale."

In questa occasione Edith Bruck era, oltre che autrice, regista e le sue scelte sono testimoniate da molte foto.[9] Gli interpreti erano Federica Giulietti (figlia), Biagio Pelligra (padre), Valeria Sabel (madre). Lo spettacolo durava un'ora e mezza circa, era arricchito dalla presenza della cantante Graziella Di

---

[7] In un'intervista su *Effe*, luglio-agosto 1974, 68, l'autrice afferma di essersi ispirata a fatti di cronaca letti sui giornali. Il pezzo è siglato a.d.d., verosimilmente Agnese De Donato, che oltre a essere la fotografa della Maddalena ha scritto anche per la rivista. Animatrice culturale, ha gestito la libreria "Al ferro di cavallo" e ha raccontato il clima di quegli anni in *Via Ripetta 67. "Al Ferro di Cavallo": pittori, scrittori e poeti nella libreria più bizzarra degli anni '60 a Roma* (2005), lettura indubbiamente utile per comprendere il contesto romano di quegli anni.
[8] Archivio privato di Edith Bruck.
[9] Nell'archivio privato di Edith Bruck sono presenti numerose stampe di scatti di Giorgio Piredda.

Prospero, che interpretava alcuni brani popolari e un paio di sua creazione. I costumi erano di Gianna Gelmetti, le scene di Deanna Frosini. Le foto raccontano un allestimento semplice ed efficace. Gli arredi scenici si integravano con i piccoli spazi della Maddalena, con i tubi delle condutture a vista che potevano diventare appendiabiti: sulla parete in fondo, sopra a un letto di ferro, c'era un'immagine a tema religioso, da un lato si trovava una scrivania con delle penne, dove la figlia svolgeva il suo lavoro a domicilio di incappucciatrice di BIC, inoltre negli scatti si notano cappotti appesi, una valigia, simbolo eccellente dell'emigrazione dal Sud al Nord Italia. In una foto si vede anche, mentre Graziella Di Prospero canta, la proiezione di un'immagine di rotaie, con figure umane che hanno dei bagagli. La regia evidentemente univa una dimensione simbolica e una d'ispirazione neorealistica. Sul piano simbolico la più leggibile è la rappresentazione dell'incesto che avveniva attraverso un telo dentro cui la figlia veniva avvolta, come in un bozzolo di ragno. Dalle foto si deduce inoltre la scelta, per questa scena, del nudo.

La posizione che Edith Bruck prende, anche all'interno del contesto femminista della Maddalena, è di grande interesse, perché sottolinea l'autonomia sostanziale che guida in qualsiasi ambito le scelte dell'autrice. Chiarificatrice è la già citata intervista comparsa su *Effe*. Qui emerge un aspetto di determinismo che l'autrice rileva in certe sacche sociali:

> Con questo lavoro ho tentato di dimostrare che anche l'oppresso opprime chi è più debole di lui: nessuno è più oppresso, più emarginato, di un contadino che arriva dal sud, in una città industriale e che sogna di diventare operaio, sogna la catena di montaggio, capisci l'orrore? Nessuno merita maggiore solidarietà umana… salvo le loro donne! (a.d.d. 1974, 68)

Di fronte alle domande dell'intervistatrice che esprime dubbi sul realismo di un ricordo felice d'infanzia della ragazza – reso nello spettacolo con una scena in cui lei è bambina, sull'altalena, e il papà la spinge – e attribuisce l'immagine all'infanzia 'borghese' dell'autrice, Bruck risponde prima di tutto che non ha avuto alcuna infanzia borghese, perché vivevano in nove in una stanza, chiama in causa la forza d'immaginazione – "Ed ho sognato di giocare con mio padre, l'ho desiderato moltissimo, invece mio padre girava il mondo per campare, non stava mai con me" –, ribatte poi ad altre critiche che la vedrebbero vittimizzare la madre, perché responsabile dell'emigrazione. C'è un'unica concessione all'accusa di simpatizzare per il padre: "In ogni modo è vero che io ho sentito molto il personaggio maschile perché, te l'ho detto, mi è stato ispirato da mio padre". La vicenda personale dell'autrice, l'amore per la figura paterna perduta, come quella materna, a causa dell'olocausto,[10] hanno un ruolo nella costruzione del personaggio. Non solo, nell'impegno femminista di quegli anni appare il più ampio interesse della scrittrice per la giustizia. E nell'intervista di Aldo Rosselli troviamo un ulteriore cenno al passato personale, alle violenze del nazismo, nel riferirsi, pur per distinguerla, alla discriminazione contro la donna:

> «Cosa significa per te, Edith, il femminismo?». «La discriminazione contro la donna non è proprio nazismo, ma è comunque secolare, sfruttatrice e tiranneggiatrice. Non si può negare questa verità: anche questa è politica. [...] Quella della Maddalena è un'esperienza quotidiana: io non sono mai stata succube dell'uomo, ma bisogna essere del tutto autonome per non commettere troppi errori. Purtroppo oggi, se facciamo errori, non sono ancora nostri, ma sempre quelli degli uomini.»

Per quanto riguarda la critica, è degna di nota la recensione di Elio Pagliarani, che mette in rilievo la compiutezza e il valore del testo, della regia, dell'interpretazione degli attori e della cantante:

> La faccenda è piuttosto naturalistica, come si vede, o «neorealistica»: ma è scritta da Edith con grande pulizia, con grande pudore, con poche o nulle sbavature, e i tre attori sono proprio bravi e intensi e castigati; e poi dopo tanto grottesco, spesso da due soldi, e astrazioni inutilmente eleganti, questo neorealismo di ritorno ha, almeno per ora, freschezza e sapore di novità: insomma, nei suoi limiti, un breve spettacolo serio e riuscito, pienamente. La regia poi, magari con qualche impaccio, usa anche moduli tutt'altro che naturalistici. (Pagliarani 1974)

Non è mancato chi abbia sollevato minime critiche, come nel caso di un trafiletto firmato "m. ac.", su *L'Unità*, dove però sono registrati anche aspetti positivi:

> Troppi e così gravi problemi – emigrazione, incesto, rapporto tra genitori e figli, pregiudizi antichi – trovano difficile articolazione in una piccola storia quale è quella che ci racconta Edith Bruck, di cui, però, bisogna riconoscere le buone intenzioni. Il suo spaccato socio-psicologico vuole essere, infatti, un apporto alla difficile soluzione del problema dell'emancipazione femminile. (m. ac. 1974)

---

[10] Basti su questo tema rileggere la produzione narrativa di Edith Bruck, da *Chi ti ama così* a *Il pane perduto*, ma fondamentale è anche quella poetica, ora raccolta in *Versi vissuti*.

Un radiodramma

Una menzione merita un radiodramma dedicato a Emmeline Pankhurst, di cui il 13 marzo 2022 è stato riproposto uno stralcio all'interno del programma di Rai Radio3 "La grande radio". La radio-composizione è attribuita a Edith Bruck e a Vera Marzot, la regia era di Chiara Serino. Parteciparono, tra le altre, Marina Bonfigli e Anna Maria Guarnieri.

La storia narra la vicenda di Emmeline Pankhurst, suffragetta britannica, fondatrice nel 1903 della Women's Social and Political Union (WSPU), impegnata nella lotta per la conquista del voto. Il radiodramma racconta Emmeline e la sua famiglia, le sue figlie in particolare, Christabel, Adela, Sylvia, impegnate insieme a lei nelle battaglie per i diritti delle donne, ma anche il marito, l'avvocato Richard Pankhurst. Sono ricordati i metodi di lotta delle suffragette e alcuni degli scontri più importanti, ad esempio quello del 18 novembre 1910, ricordato come Black Friday:

> Avevamo organizzato una manifestazione pacifica, eravamo innumerevoli, ma ci avvicinavamo a Westminster a piccoli gruppi, per non sfidare la polizia, che aveva proibito riunioni pubbliche di più di dodici donne. Tuttavia la polizia era là schierata ad aspettarci, evidentemente istruita a trattarci subito molto duramente, per spaventarci e disperderci. Ci strapparono di mano cartelloni, striscioni, e li fecero a pezzi. Ci davano violenti spintoni, buttandoci dall'una all'altra, facendoci cadere a terra. Io con poche altre riuscimmo a raggiungere gli scalini dell'entrata e ad aggrapparci alla cancellata e i nostri occhi pieni di dolore videro il venerdì nero. Un venerdì di vergogna per il nostro Paese.[11]

Anche questa messa in scena radiofonica nasceva all'interno della sezione teatrale della Maddalena. Interessante è l'impostazione metateatrale del radiodramma, che inizia con una discussione tra le artiste impegnate nella creazione dello spettacolo. Verosimilmente sono le donne della Maddalena stessa che discutono tra loro, ragionano su come raccontare la storia di Emmeline Pankhurst, finché iniziano a recitare il dramma, con cori, canzoni, rumori di sottofondo. Il risultato è un radiodramma molto vivo ed efficace, che da un lato riesce a trasmettere le informazioni necessarie a conoscere la figura storica della Pankhurst, dall'altro rende con forza le scene di massa.

---

[11] Trattandosi di una trascrizione del radiodramma, la punteggiatura è desunta dall'interpretazione dell'attrice.

Casa e genitorialità

Soffermandosi sui tre testi destinati alla messa in scena, *Sulla porta*, *Anna* di *Mara Maria Marianna*, *Per il tuo bene*, emerge quale elemento comune evidente l'ambientazione. I tre drammi, gli ultimi due nati nel contesto della Maddalena, sono interni familiari. La casa è il luogo principale, quando non unico, dell'azione. Molto si potrebbe dire sul ruolo della casa nella vita e nella poetica di Edith Bruck. La casa è al centro, ad esempio, di *Nuda proprietà*, romanzo del 1993, ispirato a un fatto autobiografico, in cui si racconta di una donna ebrea sfrattata dall'appartamento dove vive da anni e che assume un valore simbolico fortissimo. Fondamentale è anche ne *La rondine sul termosifone*, romanzo autobiografico in cui l'autrice racconta la malattia del marito Nelo Risi, colpito dall'Alzheimer, e portato dal morbo a vivere la casa come spazio di immaginazione, oltre che di vita e cura. Per farsi un'idea dell'importanza rivestita dalla casa basterebbe osservare la copertina dell'edizione italiana de *Il pane perduto*, in cui troviamo un fotogramma di un documentario ungherese dedicato a Bruck, *A látogatás*, del 1982, regia di László B. Révész. Si vede l'autrice che, colta dai ricordi, dal dolore e dalle lacrime, con la mano destra tocca il muro della casa da cui è stata deportata.

La casa è in dialogo con la società e il mondo esterno e in parte li riflette. L'interno e l'esterno si specchiano. La casa può essere nido, rifugio, calore, ma anche luogo di violenza e incomprensione. Nel dramma *Sulla porta*, il finto profugo che bussa e chiede aiuto irrompe nell'equilibrio dei due coniugi. La porta è il confine tra la casa e il mondo, la truffa dello spagnolo, che invade gli spazi privati dei coniugi, può essere intesa anche come violazione del rifugio, della zona di sicurezza. In *Anna* il tema della casa emerge nuovamente in duplice forma: da luogo di progetto a luogo di disfacimento. Così in *Per il tuo bene* la casa diventa da luogo di conforto, di protezione, recinto di segreti scabrosi, di abuso, prigione da cui fuggire.

Un altro aspetto ricorrente è quello della genitorialità. In *Sulla porta* l'argomento viene richiamato da una telefonata dell'amica Rita, che annuncia di attendere un maschio. Poco dopo, in uno scambio con il marito Alessandro, Miriam afferma: "Sono molto brava, non faccio che ridurre le mie esigenze, fra poco sarò autosufficiente come te. La solitudine e la mancanza di figli mi spaventano sempre meno." Il riconoscimento di un proprio ruolo nel mondo, che prescinda dalla maternità, diventa parte di un percorso di presa di coscienza per la donna.

Dove, però, il ruolo della genitorialità assume uno spazio davvero imprescindibile è in *Anna* e in *Per il tuo bene*. Nel primo, come si è visto, la dimensione dialettica del dramma e i rapporti di forza tra i personaggi si basano sulla questione riproduttiva. A chi attribuire la responsabilità della mancanza di figli? Tutto ruota attorno alla possibilità della donna di avere figli, sia da parte del marito, che vede nella donna lo strumento per riprodursi, sia nel giovane amante, che vede in Anna la possibilità di un oggetto di piacere che, in virtù di una presunta sterilità, lo tiene al riparo da ogni responsabilità.

In *Per il tuo bene* la genitorialità ricopre il ruolo più drammatico, legato al tabù dell'incesto, prodotto dalle azioni del padre, ma anche dalla pressione della società su un uomo dei margini, un oppresso che si fa a sua volta oppressore. Qui sul tema della genitorialità si innestano molte altre istanze, tra cui quella della verità, dell'omertà, dell'apparenza. La madre che si attribuisce la maternità del figlio si imprigiona dentro un ruolo sociale, quello di una donna sopraffatta dalla società, dal marito, dalla sua funzione materna, di vestale familiare. La figlia che rifiuta l'apparente immutabilità della sua condizione, apre la via al cambiamento, si fa simbolo di un esercizio di luce che nella sua opera e nel suo operato Edith Bruck non ha smesso di coltivare.

Bibliografia

ac., m., 1974, "Per il tuo bene", *l'Unità*, 19 maggio.

a.d.d., 1974, "'per il tuo bene' di Edith Bruck", *Effe*, luglio-agosto, 68.

Bertani, Odoardo, 1971, "Un ospite bussa alla coscienza", *Avvenire*, 5 giugno.

Boggio, Maricla, Bruck, Edith, Maraini, Dacia, 2002, "Mara Maria Marianna" in Maricla Boggio (a cura di), *Le Isabelle. Dal teatro della Maddalena alla Isabella Andreini*, II, Besa, Nardò, 207–267.

Boldorini, Greta, 2023, "Gli anni del Teatro La Maddalena nelle fotografie di Agnese De Donato" in Dacia Maraini, *Per un nuovo lessico della letteratura e del teatro*, a cura di Laura Fortini, Viella editore, Roma, 89–100.

Borgese, Giulia, 1973, "Le femministe a Roma recitano a soggetto", *Corriere della Sera*, 9 dicembre.

Bosio, Maria, 1981, Giuseppe Bartolucci e Nico Garrone (da un'idea di), *L'altro teatro*, Rai.

Bruck, Edith, 1959, *Chi ti ama così*, Lerici, Milano.

Bruck, Edith, 1970, "Sulla porta," *Il dramma*, n. 7, 56–69.

Bruck, Edith, 1974, *Per il tuo bene*, inedito.

Bruck, Edith, 1993, *Nuda proprietà*, Marsilio, Venezia.

Bruck, Edith, 2002, "Anna" in Maricla Boggio (a cura di), *Le Isabelle. Dal teatro della Maddalena alla Isabella Andreini*, II, Besa, Nardò, 238–247.

Bruck, Edith, 2017, *La rondine sul termosifone*, La nave di Teseo, Milano.

Bruck, Edith, 2018, *Versi vissuti. Poesie (1975–1990)*, a cura di Michela Meschini, eum, Macerata.

Bruck, Edith, 2019, *Ti lascio dormire*, La nave di Teseo, Milano.

Bruck, Edith, 2021, *Il pane perduto*, La nave di Teseo, Milano.

Bruck, Edith, Marzot, Vera, 1975, *Chi è Emmeline Pankhurst?*, radio Rai 3.

Crisafulli, Fabrizio, 2017, *Un teatro apocalittico: la ricerca teatrale di Giuliano Vasilicò negli anni Settanta*, Artdigiland, Dublino.

De Chiara, Ghigo, 1971, "Sulla Porta di Edith Bruck al Teatro Quirino", *Avanti!*, 29 maggio.

De Donato, Agnese, 2005, *Via Ripetta 67. "Al Ferro di Cavallo": pittori, scrittori e poeti nella libreria più bizzarra degli anni '60 a Roma*, Edizioni Dedalo, Bari.

De Monticelli, Roberto, 1971, "Coppia d'intellettuali in cerca d'alibi", *Il giorno*, 5 giugno 1971.

Fortini, Laura, 2023, "Dacia Maraini: la felicità della scrittura e la forza della parola. Per un nuovo lessico della letteratura e del teatro" in Dacia Maraini, *Per un nuovo lessico della letteratura e del teatro*, 7–31.

Franco, Luca, Zaccagnini, Edoardo, 2009, *La luce solida. Sul teatro di Mario Ricci*, Un mondo a parte, Roma.

Grieco, Giuseppe, 1971, "Bussa a quattrini il profugo spagnolo", *Gente*, n. 23, 94.

Maraini, Dacia, Murrali, Eugenio, 2013, *Il sogno del teatro*, Rizzoli, Milano.

Marsili Libelli, Piero, 2021, *Immagini dall'altro mondo*, a cura di Andrea Mancini, La Conchiglia di Santiago, San Miniato.

Moravia, Alberto, 1967, "La chiacchiera a teatro", *Nuovi argomenti n.s.*, n. 5, 3–21.

Moravia, Alberto, 2023, "La chiacchiera a teatro" in *Teatro*, a cura di Aline Nari e Franco Vazzoler, introduzione di Eugenio Murrali, Bompiani, Milano, 763-780.

Orecchia, Donatella, Cavaglieri, Livia, 2018, *Memorie sotterranee*, Accademia University Press, Torino.

Pagliarani, Elio, 1971, "Un ospite inquietante", *Paese Sera*, 29 maggio.

Pagliarani, Elio, 1974, "Un «fratello» per Federica", *Paese Sera*, 18 maggio.

Pasolini, Pier Paolo, 1968, "Manifesto per un nuovo teatro", *Nuovi argomenti n.s.*, n. 9, 6-22.

Pulga, Mirka, 2020, *Donne in scena. Il teatro femminista della Maddalena negli anni Settanta*, Aracne, Roma.

Quadri, Franco, 1971, "Sulla porta di Edith Bruck", *Panorama*, 24 giugno, 18.

Rosselli, Aldo, 1974, "Una zingara nella sinagoga", *Il Mondo*, 11 luglio, 14.

Silvi, Maria Grazia, 1980, "La «Maddalena»: storia e dibattiti (Il teatro femminista è…)" in Maria Grazia Silvi (a cura di), *Il teatro delle donne*, La Salamandra, Milano, 76-90.

vice, 1971, "Parodia di luoghi comuni sulla crisi degli intellettuali", *L'Unità*, 29 maggio.

Wilcock, Rodolfo, 1971, "Quattro locali più uno spagnolo", *Il Mondo*, 20 maggio, 30.

La parola si fa immagine.
Il lavoro di Edith Bruck per il cinema

Denis Brotto

ABSTRACT
Per Edith Bruck il cinema ha costituito una sorta di 'laboratorio di possibilità' in cui raccontare il mondo degli ultimi, di coloro che non hanno voce, di coloro a cui è stata tolta la dignità. Senza dimenticare la tragicità degli eventi vissuti nei campi di concentramento e facendo anzi leva su tali esperienze, all'interno delle forme espressive del cinema Edith Bruck ricrea il proprio modo di raccontare volgendo il suo sguardo verso nuovi aspetti storici e sociali. Partendo dall'omonimo adattamento del suo racconto *Andremo in città* (1962) realizzato per mano di Nelo Risi nel 1966, in questo intervento verrà osservato come il valore testimoniale della scrittura di Edith Bruck si rinnovi attraverso la pratica filmica, rimarcando l'originalità di sguardo dell'autrice nei suoi due lungometraggi *Improvviso* (1979) e *Un altare per la madre* (1986), nonché nei documentari realizzati per la RAI.

Osservare da vicino il lavoro di Edith Bruck per il cinema offre la possibilità di comprendere in maniera profonda le diverse articolazioni entro cui si è sviluppata una sua complessiva 'idea di racconto'. I suoi film e documentari costituiscono infatti un necessario attraversamento delle forme narrative esperite da Bruck permettendo, oggi in modo ancor più chiaro rispetto a quando furono realizzati, di scorgere affinità e connessioni tra le sue opere audiovisive e quelle letterarie. Il cinema frequentato, suggerito, realizzato da Bruck non è infatti una *diminutio* rispetto alla portata del suo lavoro sviluppato nell'ambito della letteratura, né lo è in confronto ai temi e ai fatti storici trattati all'interno di quell'alveo, quali la narrazione non terminata (e non terminabile) dell'esperienza nei campi di concentramento e la necessaria e costante testimonianza del tentativo di sterminio del popolo ebraico.

Nell'insieme composto restituito dall'opera di Bruck (si ricordi anche il lavoro per il teatro),[1] il cinema può apparire ancillare rispetto alla portata di questi temi e alla matrice letteraria del suo lavoro. Tuttavia, Edith Bruck ha dimostrato con il suo cinema che anche una forma di espressione

---

[1] Sul teatro di Edith Bruck si rimanda al saggio di Murrali incluso in questo volume.

così spesso legata a dinamiche di mercato, nonché condizionata da questioni produttive e mediazioni di carattere realizzativo, possa mantenere un'attenzione autentica verso sentimenti e stati d'animo quali 'la paura,' 'il dolore,' 'il lamento' dell'essere umano: parole che ritroviamo, identiche, nelle opere letterarie di Bruck, in particolare nella sua raccolta *Andremo in città*, pubblicata nel 1962.

Rivedendo i suoi lavori, appare in modo evidente come il cinema, per Edith Bruck, abbia costituito un laboratorio di possibilità espressive, in cui mettere in atto soluzioni e forme narrative inedite, sviluppate inoltre con uno sguardo naturale e privo di sovrastrutture. Un laboratorio in cui raccontare non direttamente la sua storia, né gli accadimenti di Auschwitz e dei campi di concentramento, bensì uno spazio in cui portare il suo sguardo altrove, in ambiti differenti, pur senza dimenticare la tragicità di quegli eventi da lei esperiti in prima persona. Anche il suo cinema nasce infatti nel solco delle esperienze che hanno caratterizzato il suo passato, la sua identità, la sua memoria. Come ricorda Edith Bruck, l'esperienza dell'Olocausto ha costituito del resto "un mostro che non potevo esorcizzare né con mille libri né con mille testimonianze, luogo del male per eccellenza che captava e assorbiva ogni altro male dell'universo" (Bruck, 2014, 16).

Differentemente dall'ambito letterario, questi aspetti sembrano ora vivere, o rivivere, attraverso elementi affini, per mezzo di tematiche che simbolizzano il suo vissuto, che lo ripropongono con altre vesti. Il cinema diviene lo spazio entro cui raccontare il mondo degli ultimi, di coloro che non hanno voce, di coloro a cui è stata tolta la dignità dell'esistenza: i suoi documentari per la RAI parlano di persone disagiate, di persone cieche, di nani, di individui sfruttati, come i gigolò che Bruck decide di osservare da vicino, fingendosi cliente, per comprendere i meccanismi che regolano il loro mondo. Un ulteriore progetto non realizzato avrebbe voluto raccontare la vita delle persone sordomute: se pensiamo al destino, terribile, riservato alle persone con disabilità nei campi di concentramento, troviamo un immediato punto di contatto tra Bruck e la scelta dei soggetti da raccontare in questi suoi lavori. Documentari che testimoniano aspetti quali l'alterità sociale, la distanza tra individui, la difficoltà nel poter realmente comunicare con l'altro. È questa differenza, questo divario relazionale a divenire l'elemento che, in modo costante, riemerge e si connette con i suoi scritti.

Anche i film di finzione di Edith Bruck sembrano muoversi in ambiti di particolare complessità: il carcere e l'elaborazione dell'assassinio in *Improvviso*,[2] il suo film d'esordio del 1979, e la miseria della vita contadina nel film *Un altare per la madre*,[3] tratto dal romanzo di Ferdinando Camon e realizzato nel 1986. Nell'intervallo temporale che si registra tra questi due lavori, vi è poi il 'viaggio sognato' del film breve *Quale Sardegna?*, realizzato nel 1983 sulle tracce degli scritti di viaggio di David Herbert Lawrence e del suo *Mare e Sardegna* (1921): *Quale Sardegna?* rientra nella serie in tre parti *Per un viaggio in Italia*, accanto agli episodi firmati da Marguerite Duras e Susan Sontag.

Prima di osservare in profondità queste opere, va ricordato come lo stesso approdo in Italia, negli anni Cinquanta del secolo scorso, avvenga per Edith Bruck all'insegna del cinema. Bruck si trova infatti a vivere in un contesto culturale di particolare valore e impegno civile grazie *in primis* alla vicinanza di Ugo Casiraghi, critico cinematografico prossimo alle esperienze di vita della futura scrittrice: fatto prigioniero dai tedeschi durante la Seconda Guerra Mondiale (dopo l'8 settembre), Casiraghi fu colui che introdusse una giovane Edith Bruck alla conoscenza di Mario Monicelli, di Gillo Pontecorvo e della famiglia Risi (Dino, ma anche e soprattutto Nelo). Con Monicelli, Edith Bruck collaborerà alla realizzazione del film *I soliti ignoti* (1958), mentre con Gillo Pontecorvo collaborerà in veste di consulente per il film *Kapò* (1960). Oltre a loro, Bruck sarà vicina anche a Fabio Carpi e Cesare Zavattini, altre figure di valore assoluto nell'ambito della cultura letteraria e cinematografica, vivendo all'interno di un *milieu* culturale di enorme rilevanza civile e artistica. Un *milieu* in cui Bruck trova la possibilità di sviluppare un dialogo aperto con questi autori, stimolando, arricchendo e potenziando le loro riflessioni, sino ad arrivare a creare in prima persona una sua personale filmografia.[4]

---

[2] *Improvviso*, regia, sceneggiatura e soggetto di Edith Bruck, con Giacomo Rosselli, Andréa Ferréol, Valeria Moriconi, Biagio Pelligra, 1979.

[3] *Un altare per la madre*, regia di Edith Bruck, sceneggiatura di Ferdinando Camon, con Franco Nero, Angela Winkler, Francesco Capitano, 1986.

[4] Nonostante i lavori per il cinema di Edith Bruck non abbiano ancora ottenuto l'attenzione necessaria sotto il profilo della ricezione critica, negli ultimi anni sembra che uno sguardo più attento si stia finalmente soffermando sulle sue opere, come attesta il denso volume pubblicato da Philip Balma nel 2014, dal titolo *Edith Bruck in the Mirror: Fictional Transitions and Cinematic Narratives*, Purdue University Press, West Lafayette, 2014, in particolare per quanto concerne il capitolo "Reciprocal Influences between Literature and Cinema" (69–136).

Avanzando un velato riferimento al pensiero critico di Christian Metz, nei lavori di Edith Bruck sembra emergere una sorta di 'sintagmantica della testimonianza,' una concatenazione di elementi minimi del racconto, di valori tematici, di riferimenti visivi, in cui è ancora una volta il fondamentale valore della testimonianza a costituire un invalicabile tratto di continuità tra le diverse opere. In questa concatenazione possiamo allora provare a ritrovare un ordine, una definizione degli ambiti in cui Bruck muove il proprio desiderio narrativo:

- un primo ordine si connette all'esperienza della Shoah, dei campi di concentramento, di una libertà negata all'essere umano da parte di altri esseri umani. Il riferimento è rivolto in particolare al film *Andremo in città* (1966) per la regia di Nelo Risi, tratto dai racconti di Bruck;
- un secondo ordine si muove lungo la definizione di una differenza tra individui, tra coloro che ritengono di possedere un requisito di normalità e coloro che invece vengono dai primi emarginati, in quanto ritenuti diversi, mancanti, inadatti, sbagliati. Possiamo collocare all'interno di questa ramificazione il film *Improvviso*, ma anche i documentari che Edith Bruck realizza per la RAI;
- infine, un terzo ordine riguarda quegli strati di società considerati come luoghi a parte, come terre menomate, come spazi inidonei, in cui coloro che li abitano non possono aspirare, secondo il volere altrui, a null'altro se non a rimanere eternamente aggrappati ai soli luoghi dell'inadeguatezza. *Un altare per la madre* esprime in modo intenso e ricorrente tale sentimento, ma anche le scene ambientate in carcere di *Improvviso* sono affini a quest'ordine.

Andremo in città. Dal racconto di Edith Bruck al film di Nelo Risi

Il primo film in cui la scrittura di Edith Bruck trova spazio all'interno di un'opera cinematografica è *Andremo in città*, realizzato nel 1966, che sin dal titolo richiama la raccolta di racconti dall'omonimo titolo pubblicata da Bruck nel 1962. Il film è diretto da Nelo Risi e vede la sceneggiatura firmata da Zavattini, con la presenza di attori quali Geraldine Chaplin e Nino Castelnuovo. Ambientato nella Jugoslavia degli anni Quaranta, il film narra gli eventi della Seconda Guerra Mondiale e le deportazioni dal punto di vista di una giovane ragazza, Lenka, intenta ad accudire il fratello Misha, più piccolo di lei e cieco. Entrambi attendono di conoscere le sorti del padre, ritenuto inizialmente morto e poi destinato a riabbracciare la sua famiglia, seppur per un breve lasso di tempo. Nel racconto emerge la tragedia delle persecuzioni razziali, lo sfondo rovinoso della guerra, ma soprattutto si comprende che cosa significhi far parte di una famiglia ebrea all'interno di quel contesto. La cultura ebraica, evocata dalle visite alla *yeshivah*, la scuola rabbinica, dal pane azzimo, dalla cucina *kasher*, si scontra con la violenza dei rastrellamenti e dei campi di concentramento. Nel racconto di Edith, questi ultimi sono inevitabilmente luoghi di sofferenza, ma anche di schemi a cui si è costretti a sottostare cercando di trovare continuamente delle vie di fuga. La protagonista sembra interpretare quella realtà come un gioco crudele, angoscioso, a cui si può tentare di sfuggire solamente seguendo in modo scrupoloso le regole imposte, per quanto folli e disumane. *Andremo in città* lascia inoltre emergere un sentimento di pena per gli *Hitler Jugend*, la 'Gioventù hitleriana:' "non sanno cosa stanno facendo" è la frase che li definisce. Una frase che rimarca da vicino il pensiero stesso di Edith Bruck in riferimento al doloroso periodo vissuto nei lager nazisti. Ma è soprattutto il finale del film a sorprendere con una sequenza di rara forza espressiva, in cui la favola, il sogno di andare in città per fare un intervento agli occhi del piccolo Misha, diviene l'unico modo che ha la giovane protagonista per non raccontare al ragazzino il vero motivo di quel viaggio in treno e, soprattutto, per dissimulare quanto accadrà loro in seguito. "Andremo in città, tornerai a vedere" ha la forza di dire Lenka a Misha, ben sapendo che quel treno è destinato a chiudere il proprio viaggio in modo tragico, con il loro assassinio. Mentire al fine di rendere più lieve la sofferenza. Un finale favolistico, pieno di amarezza e commozione che, come osserva Irene Bignardi nel suo *Memorie estorte a uno smemorato* (Bignardi 1999, 106), anticipa di alcuni decenni film quali *La vita è bella* (1997) di Roberto Benigni e *Train de vie* (*Un treno per vivere*, 1998) di Radu Mihăileanu, ugualmente costruiti su elementi affini alla favola.

I primi film: *Improvviso* e *Un altare per la madre*

Sono numerosi gli aspetti presenti in *Andremo in città* destinati a tornare anche nei film a venire diretti da Edith Bruck: tra questi, l'ebraismo, l'esperienza della guerra e dei campi di concentramento, il rapporto con la propria famiglia, con la madre e con i propri fratelli. Il film *Improvviso* (1979), vero esordio alla regia per Bruck, prende forma da un fatto di cronaca in cui, apparentemente senza segnali pregressi, un giovane compie un omicidio uccidendo una donna appena incontrata, solo perché quest'ultima ha respinto le sue attenzioni. Il protagonista è Michele, un ragazzo introverso, solitario, forse solo impaurito da ciò che vi è al di fuori della famiglia. Studia violoncello, vive assieme alla madre e alla zia, ma soprattutto sembra risentire delle pressioni di una società tanto repressiva quanto in grado di esortare a liberarsi di tabù e condizionamenti, dando vita a un paradosso in cui il giovane Michele sembra progressivamente sprofondare. Nella società in cui è immerso, anche il corpo della donna viene presentato come "immagine-merce" (Bruck 1979c, 2): un corpo "che in ogni momento può divenire preda" (Bruck, 1979c, 2). Nel film, la vera vittima è la donna uccisa. Ma accanto a lei, anche lo stesso Michele sembra apparire vittima delle pressioni che la società impone, e soprattutto di una totale impreparazione a sopportare i piccoli o grandi fallimenti del vivere. Come osserva Bruck, la sua esistenza è segnata da una "cultura patriarcale e sessuofobica" (Bruck 1979a, 1), che impone modelli in cui la violenza e il dominio vengono fatti apparire come assolutamente ordinari. Una tematica che riguarda da vicino i rapporti di genere, ma che Bruck vuole amplificare, sino a estendere la sua critica a ogni tipo di relazione in cui i rapporti siano stabiliti attraverso la violenza. Nella cartella informativa relativa al film a cura dell'ItalNoleggio Cinematografico, Edith Bruck spiega così le motivazioni alla base del film:

> Io non so che cosa muova altri scrittori a raccontare una storia per immagini, e perché scelgano certi temi piuttosto che altri, però sono convinta che ogni autore somiglia in qualche misura all'opera, in cui proietta i suoi problemi, e i suoi personaggi, attraverso i quali esprime una parte di sé, interessi, modelli, sogni, fantasmi, archetipi, miti.
> Non so quanto sia costato e quale significato abbia avuto l'approccio alla macchina da presa, finora quasi esclusivamente di dominio maschile; per quel che mi riguarda, ho scritto e girato questa pellicola pensando a mio fratello perso in guerra, lui tanto indifeso davanti alla violenza; ma ci sono io stessa in questa storia, almeno quella parte di me che è disarmata e impaurita dalla umanità in genere. (Bruck, 1979a, 1)

Dal proprio vissuto, dal ricordo del giovane fratello indifeso di fronte alla violenza della guerra, Edith Bruck crea un film che cerca di raccontare la vita delle province, delle borgate, di quei giovani impreparati al mondo, incerti sul loro agire, spaventati e incapaci di esprimere i propri sentimenti, e i cui comportamenti possono, quasi senza accorgersene, sfociare in atti criminali. Bruck ricorda di aver fatto leggere la sceneggiatura a molti giovani di varia estrazione sociale, pronti a identificarsi con Michele, senza rendersi conto che costui fosse, alla fine, un assassino:

> 'Michele sono io' dicevano, apparentemente più disinvolti del mio personaggio, ma in realtà smarriti in questo mare burrascoso chiamato famiglia, incapaci di ritrovarsi in una società che rispecchia la loro inadeguatezza civile e culturale, e che nutre al proprio seno, amoroso o no, delle donne destinate a servire e a non vivere, e dei figli 'per bene' che possono arrivare a uccidere. (Bruck 1979c, 2)

Improvviso dunque, come gli 'improvvisi' musicali suonati al violoncello da Michele, nella apparente quiete del contesto familiare. Ma 'improvviso' anche come il raptus che coglie Michele nel finale del film e che lo porta a uccidere, senza quasi rendersi conto della gravità del suo comportamento. Una narrazione che procede per flashback e che cerca di far emergere l'impreparazione alla vita da parte di Michele.

Nel cinema di Bruck c'è una volontà di riportare gli eventi narrati al reale, al concreto, al materico, a ciò che accade sulla pelle, sul corpo dei personaggi. *Improvviso*, nel suo raccontare per flashback un sentimento di inadeguatezza verso la vita, non manca di rivelare pulsioni erotiche, desiderio, ma anche il decadimento del corpo, in una rappresentazione che racconta un conflitto autentico tra ciò che si vorrebbe divenire e ciò che ancora non è permesso essere. Una necessità che si avverte ulteriormente nel film *Un altare per la madre*, realizzato nel 1986 per la RAI Televisione. Adattamento dell'omonimo romanzo di Ferdinando Camon, appartenente al 'ciclo degli ultimi', il film segna una significativa differenza rispetto all'opera di partenza proprio in merito alla figura materna. La sacralizzazione del personaggio della madre, così definita e assoluta nel romanzo di Camon, assume ora una veste differente. Interpretato da Angela Winkler, il personaggio della madre torna ad essere una entità terrena, immersa nelle necessità del corpo: il dolore per le condizioni di vita, per le fatiche del lavoro contadino, ma anche la presenza dell'amore fisico, della nudità. L'esistere in quanto donna, e non solo in quanto entità trascesa, ideale, sacra per l'appunto. È questo un aspetto sul quale il film si sofferma. Un tratto distintivo determinante rispetto all'opera di Camon, considerato necessario negli intenti di Bruck.

Una ulteriore scelta di scrittura operata da Edith Bruck la si avverte nella sequenza di apertura. Il figlio, interpretato da Francesco Capitano, alla notizia della morte della madre, torna immediatamente verso casa, verso i luoghi della sua giovinezza da cui sembra mancare da lungo tempo. Si avverte qui una slegatura profonda rispetto all'opera letteraria, in cui l'intero racconto è vissuto, per tutti i protagonisti, all'interno di uno spazio preciso e delimitato, quello della vita contadina nella campagna veneta di metà Novecento, il solo spazio, per Camon, in cui poter contestualizzare tali eventi. Una differenza tutt'altro che secondaria e che, a ben vedere, sembra avvicinare il film al vissuto di Edith Bruck. La morte della madre coincide infatti, per il figlio, con la necessità di un ritorno alle proprie origini. Una dinamica che richiama inoltre gli eventi raccontati nel documentario *A látogatás* (*La visita*, 1982) di László Révész, dedicato a Edith Bruck e al suo commosso ritorno nel paese di nascita, a Tiszabercel, in Ungheria, in cui Bruck ritrova ciò che rimane della sua casa natale.

La stessa Edith Bruck ricorda come il personaggio della madre, la figura femminile al centro del film, abbia richiamato alla sua mente proprio la figura materna, in particolare per quella cultura contadina considerata come immutabile, "eterna" (Crespi, 1986, 16), condivisa anche a centinaia di chilometri di distanza, e affine tanto in Russia, quanto in Ungheria e in Italia: "Il film non è realistico, è lirico-poetico. Quando nove anni fa ho letto il libro di Camon l'ho sentito come qualcosa che apparteneva anche a me. La figura materna, il rimpianto che la circonda, è una figura della civiltà contadina, che è eterna ed universale", osserva Bruck (Alessi 1986, 25).

Proprio al rapporto con la madre, Edith Bruck ha del resto dedicato alcuni dei suoi libri più significativi, come *Lettera alla madre* (1988) da cui emerge la presenza di una ferita aperta e insanabile, legata alla perdita della madre durante l'Olocausto e a un ricordo fatto di infinito amore e di un lungo viatico di non detti, di evocazioni destinate a rimanere inascoltate: "Cara madre, carissima madre, madre amatissima, madre adorata, madre sconosciuta, madre sempre in collera, madre di tanti figli, madre cenere, madre!" (Bruck 2006, 138). Gabriella Romani evidenzia inoltre il tentativo di Bruck di invocare la figura materna quasi cercando di invertire i reciproci ruoli, nel tentativo di sfumare le differenze ("blurring the differences") presenti tra loro (Romani 2006, xvii). In *Privato*, Edith Bruck dirà di sentire di avere nei confronti della madre "un legame indissolubile, ma anche un'estraneità a volte insopportabilmente dolorosa" (Bruck 2010, 85).

Nel suo volume *Edith Bruck in the Mirror: Fictional Transitions and Cinematic Narratives*, Philip Balma offre una lettura comparativa molto puntuale tra il romanzo di Ferdinando Camon e il film di Edith Bruck, in particolare nel capitolo "Reciprocal Influences between Literature and Cinema", ritornando inoltre su una frase del romanzo *Un altare per la madre*: "Quando gli altri uccidono, bisogna salvare il più possibile. Quando gli altri muoiono, bisogna inventare una forma di immortalità" (Camon 2003, 53–54). Parole che si condensano attorno alla figura paterna, interpretata da Franco Nero, e che attestano la necessità di mantenere in vita coloro che non ci sono più attraverso la memoria, ma anche per mezzo di quell'altare da dedicare in questo caso alla moglie defunta.

In linea con il romanzo, anche su questo aspetto il film predilige sviluppare un lavoro per costruzioni analettiche, che riportano al passato, ai momenti in cui figlio e madre vivono i primi anni di comune affetto. Il primo di questi flashback si apre su un incendio, nel cuore della campagna, visto attraverso gli occhi del giovane figlio. Un evento assente dal romanzo di Camon e che nel film è destinato a riconnettersi, nel finale dell'opera, alle fiamme che provengono dal fuoco necessario per realizzare l'altare di rame. Quell'incendio iniziale è però destinato a lasciare una traccia profonda nel figlio, un segno permanente, un ricordo indelebile come solo le prime volte sanno essere. A ben vedere, questo incendio iniziatico sembra costituire un momento in grado di richiamare alla mente un altro incendio cinematografico osservato durante l'infanzia, quello mostrato da Tarkovskij nel suo *Zerkalo* (*Lo specchio*, 1975), quando i giovani figli assistono alle fiamme che avvolgono un casolare poco lontano dalla loro abitazione, proprio nei giorni che segnano la fine della relazione tra i loro genitori e il conseguente addio della figura paterna. Eventi destinati a rimanere nel tempo; ricordi di ferite vissute durante l'infanzia, e che ora, in età adulta, sembrano segnare l'intero corso del proprio passato.

I documentari per la RAI: *Nani come noi* e *Dietro il buio*

Di grande interesse appaiono oggi i documentari che Edith Bruck realizza per la RAI tra la fine degli Ottanta e i primi anni Novanta, andati in onda all'interno della rubrica *Storie vere* della RAI. Nel 1989 Edith Bruck realizza

Nani come noi, un documentario della durata di poco più di un'ora, in cui osserva e dà voce ai cosiddetti 'piccoli,' offrendo uno sguardo su un mondo in genere tenuto nascosto, cancellato dai media, quando non dalle stesse famiglie che vivono la presenza di questi figli, fratelli, parenti con un sentimento di vergogna. Edith Bruck li intervista e soprattutto mostra il loro quotidiano, i loro sogni, le loro abitudini: aspetti in nulla diversi da quelli dei cosiddetti 'non piccoli.' In un articolo dell'epoca, apparso su *La Repubblica*, Beniamino Placido enfatizza il "risentimento" (Placido 1989, 29) che trapela dalle parole dei protagonisti del documentario e il loro disagio nell'avvertire un senso di "indifferenza," se non di "disprezzo" (Placido 1989, 29) nei loro confronti. Nella prima parte del lavoro, Edith Bruck incontra Rosaria, una donna originaria di Gallipoli, ma che vive a Milano. Discute con lei della sua vita, delle sue abitudini, delle difficoltà riscontrate nel mondo del lavoro. Ad emergere è soprattutto la consapevolezza di Rosaria di non avere nulla in meno rispetto a coloro che le sono accanto a lavoro, e di sentire anzi di avere molto da dare: agli amici, ai familiari, a un mondo di persone che costantemente non fa che rimarcare una distanza, una differenza, quasi una impossibilità di condividere idee, esperienze, sentimenti. Nel suo articolo dedicato al film, Placido parla apertamente del "razzismo" (Placido 1989, 29) emanato da coloro che si considerano 'grandi.'

Nel 1994 viene presentato *Dietro il buio*, documentario dedicato al racconto della vita di alcune persone prive di vista alloggiate al Centro Regionale Sant'Alessio – Margherita di Savoia per i ciechi, a Roma. La questione della cecità è al centro del film dal primo all'ultimo istante. Il lavoro si apre infatti con una soggettiva rivolta a una tavoletta Braille, mentre le mani di una persona incidono il nome del documentario e il nome di Edith Bruck su di un foglio. I titoli di testa vengono allora 'letti' passando la mano sui segni incisi. In seguito trovano spazio i racconti di Rosa, Carlo, Lena e molti altri giovani ospitati dal Centro. La scoperta della cecità, il rapporto con la famiglia, le loro aspettative sul futuro, sull'amore, la loro relazione 'con gli altri,' con quei 'vedenti' spesso pronti a 'non vederli,' a ignorarli, addirittura a non salutarli. Sposata, madre di tre figli, psicologa, Lena racconta le difficoltà del suo rapportarsi alla società esterna, il suo sentirsi non accettata. Nonostante il curriculum, gli studi, l'educazione, Lena spiega come per molte altre persone lei non sia né dottoressa, né psicologa, ma rimanga semplicemente 'la cieca'.

"Che cos'è il colore?" chiede Edith Bruck a una ragazza. "Il colore per me non è qualcosa di definito. Non so dire che cos'è il colore." "E nei tuoi sogni vedi?". "No. Nel sogno non vedo. Però c'è la musica." Già la musica. Ascoltata, pensata, suonata, è la musica l'elemento che sembra unire tra loro le persone del Centro, con un ruolo decisivo per immaginare, e vedere se stessi in relazione al mondo. "Vivere nel buio è una cosa puramente inventata," dice un'altra giovane, "io non sono nel buio, non vivo nel buio. [...] Il buio è assenza. Forse se avessi visto non sarei chi sono adesso, e questo è importante." Un'affermazione di potenza, di possibilità espressive che superano un limite, sino ad annullarlo.

Terminato a inizio 1993, il documentario *Dietro il buio* andrà in onda solo a novembre del 1994, manifestando un ritardo non privo di conseguenze. In un articolo apparso ne *La Repubblica*, Edith Bruck evidenzia la fatica e il sentimento di frustrazione legato a questa lunga attesa, facendo leva sulla "consapevolezza politica" della RAI e sul dovere di porre attenzione alle cosiddette minoranze (Bruck 1994, 31). Un problema ancora oggi evidente e che solo la forza di Bruck riesce a piegare, con il suo desiderio di dare finalmente voce agli oppressi, agli indifesi, agli incompresi.

Il cinema nei libri di Edith Bruck

Nella produzione letteraria di Edith Bruck va evidenziato come, in alcuni dei suoi romanzi, l'elemento cinema trovi un preciso spazio, divenendo l'ambito di riferimento per lo sviluppo della sua narrazione. Il primo di questi è il romanzo breve *Transit*, scritto da Bruck nel 1978. In *Transit* l'elemento autobiografico si rivela al centro del racconto. A una giovane ragazza ebrea di nome Linda, sopravvissuta ai campi di concentramento, viene chiesto di fare da 'consulente' per un film in cui si racconteranno i fatti accaduti durante la sua infanzia.[5] Un viaggio che porta la protagonista nell'Europa centrale, in luoghi diversi ma simili a quelli della sua prigionia, con un passato che 'transita' e che riporta al presente i fantasmi di ieri, in uno scenario segnato ora dall'arroganza, dall'indifferenza, dalla sfrontatezza. *Transit* mostra come

---

[5] A proposito di richiami autobiografici, va inoltre osservato come alcuni momenti di *Transit* costituiscano un richiamo alla collaborazione di Edith Bruck in veste di consulente per il film *Kapò* (1960) di Gillo Pontecorvo.

essere ebrei possa ancora divenire motivo di violenza, come accade alla protagonista nel momento in cui torna in un negozio per cambiare un vestito. La tragedia ebraica appare come una sciagura irrisolta, una ferita pronta a riaprirsi ogni giorno.

Bruck non manca tuttavia di mettere in evidenza come questa insolenza non arrivi solamente dall'esterno, dalle persone che ancora vedono in una giovane ebrea una persona con meno dignità rispetto agli altri. Tali attacchi arrivano bensì anche da coloro con cui la protagonista si trova a lavorare, *in primis* da un regista interessato solo a proseguire il suo film, senza dare alcuna attenzione ai patimenti della giovane. L'ambiente del cinema narrato da Bruck appare allora come un abbraccio rivolto alla ragazza che, tuttavia, a poco a poco inizia a rivelarsi come una morsa capace di togliere il fiato, senza offrire alcuna difesa. Emerge un clima di sfiducia e incomprensione che porta Linda, questo il nome della giovane, a decidere di andarsene prima della fine del film: "'E perché ci lasci? Beata te che te ne vai' aggiunse [il produttore] e sembrava che m'avesse già dimenticato. Anche il regista m'ignorò quando gli comunicai che me ne andavo" (Bruck1978, 96). La storia narrata in *Transit* fu, per alcuni tempi, in predicato di divenire un film per la regia della stessa Bruck, in un'operazione produttiva che in seguito non trovò tuttavia esiti concreti.

Il secondo romanzo che mostra di avere una profonda connessione con l'ambito del cinema è *L'attrice*. Pubblicato nel 1995, è questo il lavoro più vicino alle atmosfere cinematografiche, da cui Bruck sembra attingere suggestioni e fascinazioni, disincanti e fallimenti. Un racconto che pare guardare da vicino alle vicende narrate, ad esempio, nel celebre *Sunset Boulevard* (*Viale del tramonto*, 1950) di Billy Wilder, con Gloria Swanson indimenticata protagonista e icona di un glorioso passato ora in decadenza. Il racconto di Bruck sembra rifarsi anche all'ideale seguito di *Viale del tramonto*: a quel *Fedora* (1978) con cui Wilder torna nuovamente a raccontarci le ferite, anche fisiche, che la macchina cinema può infierire su coloro che troppo ad esso concedono di sé. Anche per la protagonista del racconto di Bruck, lo spazio del set appare come l'unico ambiente in cui poter vivere appieno la propria esistenza. È questo il solo luogo in cui rivelarsi agli altri. Eppure, in questo caso, dietro la dimensione attoriale incarnata dalla protagonista, si cela un dramma ben più profondo, legato al vissuto personale di Edith Bruck e che, ancora una volta, ci porta all'esperienza dei campi di sterminio. Il suo nome è Linda, Linda Stone, richiamando dunque la protagonista di *Transit*. Ma Linda Stone è solo un *nom de plume*, sotto al quale si cela l'identità di Judith Adler: ragazza ebrea, deportata da giovane assieme alla famiglia nei campi di concentramento nazisti. Dopo aver perso la madre e il padre, è riuscita a sopravvivere a quell'esperienza orribile e ora, divenuta Linda, vive in America facendo l'attrice, una professione che le permette prima di tutto di continuare a recitare una parte, di essere qualcun'altra, di non dover fare i conti, giorno dopo giorno, con un passato tanto traumatico. Un principio di rimozione con cui, tuttavia, è quotidianamente chiamata a fare i conti. Richiamando la testimonianza di Primo Levi ne *I sommersi e i salvati*, Cristina Villa evidenza come il desiderio di Linda Stone di divenire "immemore" sia un sentimento diffuso tra coloro che hanno vissuto l'esperienza dell'Olocausto, in un tentativo costante e pervicace di reprimere il ricordo e, con esso, il dolore sconfinato prodotto da quell'evento:

> Per comprendere a fondo le ragioni della rimozione non si può non far riferimento a quel 'trattato' sui campi di concentramento che è *I sommersi e i salvati* di Primo Levi, un'analisi del mondo travolto dall'orrore e dei suoi protagonisti, vittime e carnefici. Esso può essere letto come vero e proprio commentario al romanzo di Edith Bruck, una guida alla comprensione del testo e della figura della protagonista. (Villa 2003, 87)

Come Levi, "fratello del lager" (cfr. Meschini 2022), Edith Bruck conosce bene tali meccanismi dell'inconscio e, ancor più, la difficoltà di vivere con il dolore che un tale ricordo produce in modo costante. *L'attrice* diviene allora un ulteriore momento di riflessione sul suo vissuto e sulle conseguenze dell'Olocausto. Ma anche sul come, per poter convivere con le faglie di questo passato, sia necessario un atto di schermatura. La professione di attrice scelta da Linda rivela allora inattese connessioni con la lingua scelta da Edith Bruck per scrivere. L'italiano, la lingua straniera che Bruck fa propria per i suoi romanzi, diviene una sorta di difesa per poter parlare del proprio passato senza avvertire un eccesso di dolore: una lingua "in grado di offrire il distacco necessario alla narrazione" (Guida 2007, 192) osserva Elisa Guida nel suo saggio *L'etica del sopravvissuto nell'estetica di Edith Bruck*. La stessa Edith Bruck evidenzia la necessità di una lingua differente da quella "materna" (Webster 1993, 174) per poter parlare dei drammi legati ai campi di concentramento:

> Di fronte alla lingua ungherese mi sento insopportabilmente nuda. Perché è la lingua materna, la lingua nativa, non c'è nessun'altra lingua al mondo che si possa sentire nella stessa profondità nello stesso modo, mi tocca fino al midollo. [...] Per me la lingua italiana è [...] una specie di difesa (Bruck 1999, 8).

Per rilanciare una carriera in declino, a Linda viene in seguito proposto di rivelare al pubblico la sua vera identità e di tornare a Dachau per realizzare un documentario sul suo passato. Il ritorno nei luoghi della sua prigionia non farà che accentuare l'impossibilità di raccontare sino in fondo l'atrocità degli eventi accaduti, rivelando la presenza di un trauma non superabile e precipitando la protagonista in uno stato di profonda e assoluta insicurezza.

> Si osservò a lungo e poi, piano piano, quasi a bocca chiusa pronunciò un nome: Judith Adler. Il suo vero nome, che la fece piangere con il pianto di una bambina a cui è stata strappata di mano la sua bambola preferita. Le lacrimone di trucco nero rigarono ben presto il volto pallido di Pierrot e insieme a quell'immagine le sembrava di inghiottire anche quell'immagine di sé bambina, che le si presentava così nitida e viva da far paura. Per sfuggirle tornò ad essere Linda Stone. (Bruck 1995, 19)

La condizione di attrice è la sola a consentire a Linda di mettere da parte un dolore inesprimibile: "Io non so fare nient'altro. Io non esisto se non faccio l'attrice. Non voglio parlare di me, della mia vita, del mio passato" (Bruck 1995, 53). Tuttavia Judith e il passato si mostrano a Linda con sempre più insistenza, fantasmi con cui fare necessariamente i conti, in un processo di "ridiasporizzazione" (Garloff 2005, 6) sempre più penoso e insopportabile. Realtà e finzione terminano allora per confondere i rispettivi piani, lasciando trapelare un sentimento di disagio sempre più marcato, destinato a sconfinare in uno stato di emarginazione, di perdita di identità.

Ancora una volta, il cinema sembra offrire alcune *nuance* entro cui sviluppare la trama de *L'attrice*. Si respirano le atmosfere disilluse e disperate di un film magistrale quale *Io la conoscevo bene* (1965) di Antonio Pietrangeli. L'età della protagonista è diversa, così come a cambiare sono le decisioni da compiere. Laddove la ragazza delusa dal mondo del cinema, nel film di Pietrangeli, decide di uccidersi, nel racconto di Bruck assistiamo invece a un ideale prosieguo di quegli eventi, a ciò che sarebbe potuto accadere se solo la protagonista fosse rimasta in vita, con il suo carico di ferite, disincanti, mancanze, eppure ancora intenzionata a rialzare la testa, a ritrovare un 'ruolo ideale' per se stessa. Le ragioni che guidano le due donne sono evidentemente differenti, eppure il romanzo di Bruck sembra mostrare un'attrazione verso quelle figure attoriali narrate dal cinema, in grado di interpretare l'intensa seduzione del set, il suo carico di promesse disattese e, al contempo, il tentativo di nascondere, dietro al ruolo di attrice, un doloroso passato.

Un'ultima riflessione a proposito del rapporto tra letteratura e cinema

Per concludere questo saggio credo sia opportuno ritornare al film *Improvviso*, come detto la prima opera da regista di Edith Bruck. In occasione della sua uscita, Bruck ebbe modo di riflettere sulle differenze emotive provate tra il suo esordio per il cinema e quello precedente avvenuto in ambito letterario. Una riflessione che non riguarda soltanto i diversi linguaggi espressivi, ma che si estende ad altri fattori, quali l'essere donna, ebrea, non italiana:

> Mi chiedono e mi chiedo quali siano le mie reazioni e sensazioni nel vedere il mio primo film finito, girato, montato, doppiato, arricchito di musica, missato, passato e ripassato in moviola scena dopo scena, rullo dopo rullo, riproiettato dai miei occhi appena chiusi e sognato di notte. Tralasciando la regia che già di per sé assorbe ogni energia psicofisica carica di creatività solitaria, malgrado il concorso di una troupe nel mio caso pronta e disponibile, mi sono trovata spesso insofferente nei riguardi delle fasi successive della lavorazione, impaziente pur nella mia grande pazienza per le lentezze meccaniche del procedimento, costretta a seguire il tutto dall'a alla zeta durante i cinque mesi di una maratona interiore ed esteriore che non lascia tregua. La mia facile irritabilità forse è stata la conseguenza naturale di una troppo lunga attesa (otto anni) di un progetto finalmente realizzatosi in storia intima, socialmente problematica; ma mi sembra fuori luogo elencare qui le ragioni di quel grave ritardo che veniva ad aggiungersi agli ostacoli che una scrittrice particolare ed appartata come me inevitabilmente era chiamata ad affrontare.
>
> Ora che ho debuttato nella regia, a film finito, la domanda che mi rivolgo spontanea ad ogni proiezione, che non saprei né oggi né in futuro sopportare da sola, è: tutto qui, dopo tanto? Me lo chiedo anche perché l'ansia per un film non è paragonabile a quella che si prova di fronte a un'opera letteraria, meno coinvolgente sotto il profilo industriale, né io sono costretta a rileggere i miei libri stampati per i quali nutro molto pudore dopo averli scritti, come invece capita purtroppo di passare e ripassare il film finito.
>
> Un libro pronto mi riempie di meraviglia, lo rigiro tra le mani, lo sfoglio, mi chiedo se l'ho scritto proprio io, così confezionato mi sembra meno vero, e la necessità interiore che mi ha spinto a scrivere la sento già consumata, superata e irripetibile e non resta che qualche attesa, appagata o delusa, per l'accoglienza o la

vendita, ma il libro ora è già al suo posto accanto agli altri. In confronto un film, anche se girato in stretta economia e con soldi pubblici (Rai e cinema di Stato), ti carica di una responsabilità che non diminuisce e aggiunge altre ansie alle aspettative, cui fanno eco i dubbi e le apatie dei rappresentanti dei due Enti che, ai miei occhi, tolto l'appaltatore sempre fiducioso, nel migliore dei casi assumono l'identità di maestri all'esame, di patrigni, di membri di un potere paternalistico, risvegliando e provocando in me insicurezze, non nel mio lavoro svolto con passione viscerale al limite delle mie possibilità, ma quelle ataviche del mio sesso, della minoranza cui appartengo e della classe da cui provengo, senza un nome che abbagli come un marchio di garanzia. (Bruck 1979b, 1–2)

I dubbi di Bruck toccano da vicino le sensazioni e le difficoltà nello sviluppare un discorso filmico in un contesto in cui essere una regista donna rappresenta ancora una condizione vissuta come anomalia, eccezione. Ma tali riflessioni avallano anche la necessità di rileggere (o rivedere) i suoi film alla luce del contesto culturale e produttivo in cui sono nati e sono stati realizzati. Un ambito non privo di insidie che ha inciso sulla scelta dei soggetti, nonché sulla definizione dei ruoli femminili all'interno dei film. Un alveo di riflessioni dal quale è opportuno ripartire per comprendere appieno, finalmente, l'opera per il cinema di Edith Bruck.

Bibliografia

Alessi, Rino, 1986, "La memoria è il coraggio di una madre contadina", *La Repubblica*, 7 ottobre, 25.

Balma, Philip, 2014, *Edith Bruck in the Mirror: Fictional Transitions and Cinematic Narratives*, Purdue University Press, West Lafayette.

Bignardi, Irene, 1999, *Memorie estorte a uno smemorato*, Feltrinelli, Milano.

Bruck, Edith, 1978, *Transit*, Marsilio, Venezia.

Bruck, Edith, 1979a, "Perché questo film" in *Improvviso*, cartella informativa a cura dell'Ufficio Stampa dell'INC, ItalNoleggio Cinematografico, Roma, 1.

Bruck, Edith, 1979b, "Il primo film" in *Improvviso*, 1–2.

Bruck, Edith, 1979c, "Il film" in *Improvviso*, 2.

Bruck, Edith, 1994, "Edith Bruck e il mondo dei ciechi", *La Repubblica*, 17 novembre, 31.

Bruck, Edith, 1995, *L'attrice*, Marsilio, Venezia.

Bruck, Edith, 1999, *Sul mestiere del poeta / A költői mesterségről*, Istituto italiano di cultura per l'Ungheria, Budapest, 3-44.

Bruck, Edith, 2006, *Lettera alla madre*, edited and introduced by Gabriella Romani, The Modern Language Association of America, New York.

Bruck, Edith, 2010, *Privato*, Postfazione di Gabriella Romani, Garzanti, Milano.

Bruck, Edith, 2014 [1999], *Signora Auschwitz. Il dono della parola*, Marsilio, Venezia.

Camon, Ferdinando, 2003, *Un altare per la madre*, Garzanti, Milano.

Crespi, Alberto, 1986, "Edith, la grande madre", *L'Unità*, 7 ottobre, 16.

Garloff, Katja, 2005, *Word from Abroad: Trauma and Displacement in Postwar German Jewish Writers*, Wayne State University Press, Detroit.

Guida, Elisa, 2007, "L'etica del sopravvissuto nell'estetica di Edith Bruck", *Cuadernos de Filología Italiana*, 14, 187-204.

Levi, Primo, 1987, "I sommersi e i salvati" in *Opere, I*, Einaudi, Torino, 653-822.

Meschini, Michela, 2022, "Il 'fratello del lager'. Edith Bruck ricorda Primo Levi" in Elisa Martínez Garrido, Francisco Javier Fernández Vallina (a cura di), *Primo Levi (1919-2019): memoria y escritura*, Guillermo Escolar, Madrid, 277-285.

Placido, Beniamino, 1989, "Piccoli arrabbiati e grandi razzisti", *La Repubblica*, 20 ottobre, 29.

Romani, Gabriella, 2006, "Introduction" in Edith Bruck, *Lettera alla madre*, edited and introduced by Gabriella Romani, vii-xxii.

Villa, Cristina, 2003, "La bambola di pietra: il dolore del ricordo, il ritorno del rimosso, l'incomunicabilità e il silenzio in *L'attrice* di Edith Bruck", *Carte Italiane*, 18, 83-99.

Webster, Brenda, 1993, "An Interview with Edith Bruck", *Thirteenth Moon*, 11, 170-175.

Note sugli autori

Enza Biagini è professore emerito dell'Università di Firenze dove ha insegnato Teoria della letteratura e Storia della critica letteraria. Tra i suoi saggi e studi teorici in volume si ricordano *La lettura, dall'explication de textes alla semiotica letteraria* (Sansoni 1979), *Racconto e teoria del romanzo* (Einaudi 1983), *Forme e funzioni della critica* (Pacini 1987), *Letteratura e motivazione* (Bulzoni 1998), *Teorie critiche del Novecento. Antologia di testi* (Carocci 2001/2013), *Saggi di Teoria della letteratura. Percorsi tematici* (FUP 2016), *L'interprete e il traduttore. Saggi di Teoria della letteratura* (FUP 2016), e le monografie, *Anna Banti* (Mursia 1978); *Simone de Beauvoir* (La Nuova Italia 1982), *Introduzione a Cesare Beccaria* (Laterza 1992). Ha tradotto *Les bouches inutiles*, di Simone de Beauvoir (Le Lettere 2009) e ha curato di Angela Bianchini, *I luoghi della memoria. Tre interviste* (Bulzoni 2011).

Denis Brotto è professore associato presso l'Università degli Studi di Padova dove tiene i corsi di Cinema digitale e Cultura visuale. I suoi ambiti di interesse sono legati all'estetica del cinema, al rapporto tra cinema e nuove tecnologie, al linguaggio cinematografico e alla cultura visuale. Si occupa inoltre dei rapporti tra linguaggio del cinema e linguaggio della letteratura. Tra le sue pubblicazioni i volumi *Osservare l'incanto. Il cinema e l'arte di Aleksandr Sokurov* (Ente dello spettacolo 2010), *Trame digitali. Cinema e nuove tecnologie* (Marsilio 2012) e *Jean Vigo* (Mimesis 2018). Ha curato il volume *François Truffaut. La letteratura al cinema* (Marsilio 2017) e co-curato con Attilio Motta i volumi *Interferenze* (Padova University Press 2019) e *Georges Simenon. La letteratura al cinema* (Marsilio 2020). All'attività di ricerca teorica si accompagna lo sviluppo di una ricerca in ambito realizzativo. Tra i suoi lavori si segnalano in particolare il film documentario *Logos Zanzotto* (2021), selezionato come evento speciale alle Giornate degli autori-Edipo Re del Festival del cinema di Venezia, e il film *La forma della memoria* (2022) dedicato agli otto secoli di storia dell'Università di Padova.

Carla Carotenuto è professoressa associata di Letteratura italiana contemporanea all'Università degli Studi di Macerata. I suoi campi di ricerca privilegiati sono la scrittura al femminile, gli studi di genere, la relazione madre-figlia, la dimensione patemica, la violenza contro le donne, la fragilità, la disabilità, le culture migranti. Ha curato edizioni di testi inediti e rari di autori del Novecento; ha pubblicato saggi e articoli su riviste e in volumi scientifici anche internazionali. Tra i suoi libri: Ugo Betti, *Novelle inedite e altri scritti con Appendice documentaria*, 2 tomi (Bulzoni 2008), *Identità femminile e conflittualità nella relazione madre-figlia. Sondaggi nella letteratura italiana contemporanea: Duranti, Sanvitale, Sereni* (Metauro 2012), *Libero Bigiaretti. Storie di sentimenti. Profilo critico con Appendice di testi rari* (Metauro 2014); con Michela Meschini, *Forme e modi del narrare. Proposte critiche sulla letteratura contemporanea* (Aras 2019). Di recente ha curato le riedizioni di *Disamore* (Halley 2022) e *I figli* (Halley 2023) di Libero Bigiaretti.

Jonathan Druker, professore ordinario di Italianistica alla Illinois State University, è specializzato in letteratura dell'Olocausto. Nel 2014 è stato ricercatore ospite al United States Holocaust Memorial Museum. È autore di *Primo Levi and Humanism after Auschwitz: Posthumanist Reflections* (Palgrave Macmillan 2009), uno studio sulle memorie leviane. Attualmente sta scrivendo un libro sulla *fiction* e la poesia di Levi. I suoi nuovi saggi su Levi includono "Ethical Grey Zones: On Coercion and Complicity in the Concentration Camp and Beyond" in *A Companion to the Holocaust* (Wiley-Blackwell 2020), e "Monstrous Births and Mad Scientists: Allegories of Holocaust Trauma in Primo Levi's *Natural Histories*" in *The Holocaust: Global Perspectives, National Narratives, Local Contexts* (Northwestern 2024). Nel 2018, insieme a L. Scott Lerner, ha curato un volume di saggi intitolato *The New Italy and the Jews: From Massimo D'Azeglio to Primo Levi* ("Annali d'italianistica," vol. 36).

Adalgisa Giorgio è docente onoraria nel Department of Politics, Languages and International Studies dell'Università di Bath (UK), dove ha diretto il programma di Italianistica dal 1991 al 2020, e Associate Fellow dell'Institute of Languages, Cultures and Societies dell'Università di Londra. È membro del comitato direttivo del Centre for the Study of Contemporary Women's Writing di questo Istituto e assumerà la co-direzione del Centre a settembre 2025. La sua ricerca verte sulla scrittura femminile italiana contemporanea, sulla scrittura napoletana del secondo dopoguerra e sulla diaspora italiana in Nuova Zelanda. Ha pubblicato su Edith Bruck, Fabrizia Ramondino, Marosia Castaldi. Le sue pubblicazioni recenti includono la co-curatela del

NOTE SUGLI AUTORI

volume *Motherhood in Literature and Culture: Interdisciplinary Perspectives from Europe* (Routledge 2018) e di un numero speciale di *Women's Studies International Forum* (2015) su maternità e migrazione in Europa, e la curatela di una sezione speciale del *Journal of Romance Studies* (2015) su maternità e lavoro in Italia. I suoi articoli sulle identità maori-italiane sono apparsi nel *New Zealand Journal of Psychology* (2019) e in *Social Identities* (2020). È co-editor della collana di Peter Lang, "Studies in Contemporary Women's Writing."

Natascia Mattucci è professoressa ordinaria di Filosofia politica all'Università di Macerata. Si occupa di esclusione politica, forme di dominio e violenza attraverso i classici della filosofia politica, i femminismi e gli studi di genere. Negli ultimi anni si è dedicata al linguaggio politico e alla filosofia della tecnica. Ha all'attivo numerosi scritti su Arendt, Kant, Anders, razzismo, studi di genere, populismo e linguaggio, tra cui segnaliamo *L'universale plurale* (Giappichelli 2006), *La politica esemplare* (FrancoAngeli 2012) e *Tecnocrazia e analfabetismo emotivo* (Mimesis 2018).

Michela Meschini è professoressa associata di Critica letteraria e letterature comparate presso l'Università di Macerata, dove insegna anche Culture letterarie dell'Europa contemporanea. Le sue ricerche vertono principalmente sugli studi *inter artes*, il postmodernismo letterario, la letteratura transnazionale e le scritture della Shoah. Ha pubblicato saggi in rivista e in volume su autori e autrici contemporanei (Calvino, Tabucchi, Pontiggia, Vorpsi, Ali Farah, Kuruvilla) e le monografie *Visioni postmoderne. Percorsi teorici e testuali ne* Le città invisibili *di Italo Calvino* (eum 2018) e *Antonio Tabucchi and the Visual Arts. Images, Visions, and Insights* (Peter Lang 2018). Ha firmato la prefazione alle ultime due raccolte poetiche di Edith Bruck, *Tempi* (La nave di Teseo 2021) e *Les dissonances* (Payot & Rivages 2025), pubblicato interviste con l'autrice e curato e introdotto il volume che ne raccoglie tutte le poesie dal 1975 al 1990: *Versi vissuti* (eum 2018).

Attilio Motta è professore associato di Letteratura italiana all'Università di Padova. Si è occupato di poesia popolare del Trecento (edizione critica dei *Cantari della Reina d'Oriente* di Antonio Pucci, con William Robins, Commissione per i testi di lingua 2007), di romanzo italiano del Settecento e di Ippolito Nievo, alla cui attività su rivista ha dedicato una dozzina di interventi e di cui ha curato, per l'Edizione Nazionale, gli *Scritti politici e d'attualità* (Marsilio 2015) e gli *Scritti di letteratura* (Marsilio 2023). Al Novecento ha dedicato la sua prima monografia, sul ripiegamento memorialistico dei critici a fine secolo (*L'intellettuale autobiografico*, Manni 2003), e numerosi saggi, su narratori come Pavese, Calvino e Primo Levi e sui rapporti tra letteratura e cinema (sulle transcodifiche, su registi/scrittori quali Nelo Risi, Gianni Amelio e Paolo Sorrentino, su cinema e romanzo). Tra i suoi lavori più recenti, un'inchiesta *à rebours* sulla fortuna letteraria di una frase latina da Fenoglio al Medioevo (*Storia d'un motto d'amore e d'amicizia*, Marsilio 2022) e l'edizione commentata degli scritti di Nievo *In difesa degli studenti. Col frammento di una lettera in difesa degli ebrei* (Padova UP 2024).

Eugenio Murrali è giornalista, scrittore e docente di liceo. Ha conseguito un PhD in Filologia e Storia del Mondo Antico presso la "Sapienza" di Roma e l'EHESS di Parigi. Giornalista professionista, collabora con Vatican News, il Foglio, il Corriere della Sera. Ha scritto con Dacia Maraini *Il sogno del teatro. Cronaca di una passione* (Rizzoli 2013), introdotto da Dario Fo, e la fiaba *Onda Marina e il drago Spento* (Perrone 2019). Per *Quaderni del '900*, è curatore di *Dacia Maraini: scrittura e impegno* (2020). Ha curato inoltre libri per diverse case editrici, tra questi: insieme a Paolo Di Paolo, il Meridiano Mondadori dedicato alle opere di Dacia Maraini e la raccolta delle poesie di Giorgio Albertazzi, per Cue Press. È nella giuria di rilevanti premi letterari. Nel 2023 è uscito il suo romanzo *Marguerite è stata qui* (Neri Pozza); ha collaborato alla stesura de *I frutti della memoria* di Edith Bruck (La nave di Teseo 2024).

Chiara Nannicini è docente di Letteratura italiana all'Università Saint-Louis, a Bruxelles. Ha insegnato in varie università internazionali (Paris 3, Paris 12, Caen, Lille 3, Namur, Regensburg e Gand) e si è occupata di Calvino, Perec e Bachmann, e più recentemente delle testimonianze di guerra e di resistenza. Il suo primo libro è stato pubblicato nel 2009 *La revanche de la discontinuité* (Peter Lang), seguito nel 2012 da *Ruptures du récit* (Le Manuscrit) e nel 2017 il saggio *Ricordate compagni?* (Cesati), in cui analizza le testimonianze dei reduci italiani dal lager di Flossenbürg. Ha co-curato diverse pubblicazioni collettive sulla testimonianza, come *L'écriture du témoignage* (Peter Lang 2021) e *Témoignage et intermédialité* (*Image and Narrative*,

23, 2, 2022). Dal 2021 è direttrice della collana "Histoires italiennes" presso l'editore parigino Le Manuscrit.

Gabriella Romani è professoressa ordinaria d'Italianistica presso la Seton Hall University, dove dirige l'Alberto Italian Studies Institute. Di Bruck ha tradotto in inglese (rispettivamente con Brenda Webster e David Yanoff) *Lettera alla madre* (*Letter to My Mother*, MLA 2006) e *Il pane perduto* (*Lost bread*, Paul Dry Books 2023) e ha scritto un saggio "Scrittrice italiana per caso" in postfazione a *Privato* (Garzanti 2010). Si occupa principalmente di Ottocento e di questioni legate al concetto di identità culturale nazionale. Ha pubblicato saggi su Castelnuovo, De Amicis, Fuà Fusinato, Nievo, Serao e Verga e la monografia *Postal Culture: Writing and Reading Letters in Post-Unification Italy* (University of Toronto Press 2013). È la curatrice di diversi volumi di saggi, tra cui, il più recente insieme a Ursula Fanning e Katharine Mitchell, *Matilde Serao International Profile, Reception and Networks* (Classiques Guarnier 2022). È una delle fondatrici e la presidente dell'associazione *Ottocentismi*.

Indice dei nomi

A
Achab 150, 151, 161
Adorno, Theodor W. 8, 18
Agamben, Giorgio 62, 72
Albertazzi, Silvia 159, 161, 224
Albini, Umberto 143
Aleichem, Sholem (Sholem Naumović Rabinović) 155
Alessi, Rino 210, 218
Allegra, Luciano 152, 161
Antonelli, Roberto 157, 162
Antonicelli, Franco 9, 153, 162
Arendt, Hannah 15, 61, 65–73, 120, 223
Ascarelli, Roberta 40

B
Bachtin, Mikhail 175, 183
Baldacci, Luigi 150, 162
Baldini, Anna 152, 162
Balma, Philip 25, 26, 26n, 31, 37, 38, 44n, 58, 93n, 104, 106, 126, 142, 158, 170n, 183, 205n, 211, 218
Barberis, Walter 152, 162
Bartolucci, Giuseppe 187n, 201
Bashevis Singer, Isaac 154, 160
Bassani, Giorgio 160, 183, 185
Bassi, Serena 160, 162
Battistini, Andrea 156n, 172n, 183
Beauvoir, Simone de 171, 183
Beccaria Rolfi, Lidia 109, 115, 116, 122, 221
Belpoliti, Marco 73, 144
Bellow, Saul 160
Benelli, Caterina 183
Benigni, Roberto 207
Benjamin, Walter 71
Benveniste, Émile 172n, 184
Benvenuti, Giuliana 159n, 162
Bergamasco, Elvira 16, 109, 115, 122

Berger, Zdane 154
Bertani, Odoardo 191, 200
Bevilacqua, Giuseppe 59
Brecht, Bertolt 188n
Biagini, Enza 17, 126n, 171n, 172n, 182n, 183
Bidussa, David 152n, 162
Biffi, Marco 92, 106
Bignardi, Irene 207, 218
Bilenchi, Romano 9
Blateau, Claudine 112
Bock, Gisela 83, 85
Boggio, Maricla 187, 188, 188n, 193, 194, 200, 201
Boldorini, Greta 194n, 200
Bolleau, Hélène 112
Bond, Emma 161, 162
Bondanella, Peter 158
Bonfigli, Marina 198
Borgese, Giulia 194, 201
Borowski, Tadeusz 53n, 58
Bosio, Maria 188n, 201
Brotto, Denis 18
Bruck, Edith (Edith Steinschreiber)
  Anna 188, 193, 194, 199, 200
  Andremo in città 9, 18, 203–204, 206–207
  Chi è Emmeline Pankhurst? [con Vera Marzot] 187, 188, 201
  Chi ti ama così 8, 9, 12, 16, 26–35, 83, 91–93, 104–105, 127, 131n, 137, 149, 149n, 151–153, 158, 172, 197n
  Dietro il buio 211–213
  Due stanze vuote 155n
  I frutti della memoria 9, 148n, 224
  Il pane perduto 7, 12, 16, 27–36, 75, 83, 125, 127n, 130–134, 130n, 131n, 138–139, 149n, 160, 172, 182, 197n, 199, 225

INDICE DEI NOMI

Il tatuaggio 29, 61, 84n, 125n, 133n, 169, 171n, 176
Improvviso 18, 204–209, 205n, 217
In difesa del padre 29, 125, 169
Itinerario 170
L'attrice 8, 83, 214–216
La rondine sul termosifone 28, 35, 85n, 139, 140n, 199
Le sacre nozze 33, 140, 153
Les dissonances 125n, 223
Lettera alla madre 5, 7, 12, 15, 26–34, 43–58, 69–75, 80–82, 84n, 93, 133–136, 154, 156, 158, 171, 174, 210, 225
Lettera da Francoforte 5, 16, 81, 109, 110, 111–122
Mio splendido disastro 27, 32–35, 139
Monologo 125n, 169
Nani come noi 211, 212
Nuda proprietà 140, 199
Per il tuo bene 194–195, 199–200
Privato 47n, 210, 225
Quale Sardegna? 205
Quanta stella c'è nel cielo 27, 88n, 32, 35–37, 138–139
Signora Auschwitz. Il dono della parola 11, 45n, 56n, 177
Sono Francesco 127, 140n
Specchi 17, 75, 82, 125, 134n, 170
Sulla porta 187–191, 199
Tempi 18, 29, 75, 82, 125, 133n, 134, 170, 179–181, 223
Ti lascio dormire 24, 29, 32, 35, 85n, 140
Transit 18, 213–215
Un altare per la madre 18, 203–206, 209–211
Versi vissuti 17, 75, 125, 133n, 135n, 170–171, 174–178, 197n, 223
Brugnolo, Furio 91
Burgio, Alberto 64
Burdett, Charles 160

C
Camon, Ferdinando 205, 206, 209–211
Capitano, Francesco 205n, 210
Caporossi, Patrizia 77
Car, Ronald 64
Carotenuto, Carla 15, 75n, 76, 78, 79n, 80
Carpi, Fabio 205
Cartago, Gabriella 92
Caruth, Cathy 44n
Casiraghi, Ugo 149n, 205
Castelnuovo, Nino 206
Caucia, Simona 188
Cavaglieri, Livia 187n
Cavaglion, Alberto 144
Cavarero, Adriana 78, 80
Ceccatty, René de 12, 19, 142
Cecchi, Emilio 152
Celan, Paul 55, 55n, 125n, 169
Cerbasi, Donato 91
Ceserani, Remo 157, 159n
Chagall, Marc 134, 134n, 154, 155n
Chaplin, Geraldine 206
Chemotti, Saveria 78
Ciccarelli, Andrea 158
Cigoli, Vittorio 77
Clementi, Federica K. 44n
Coleridge, Samuel Taylor 129n
Conrad, Joseph 70
Contarini, Silvia 80n
Cordin, Patrizia 86
Covi, Giovanna 86
Crespi, Alberto 210
Crisafulli, Fabrizio 187n
Croce, Benedetto 175
Cronyn, Hume 125n
Cucchi, Maurizio 139
Cutrufelli, Maria Rosa 75

D
D'Alessandro, Barbara 24n, 25, 25n, 34, 37n, 39, 55n, 59, 158, 162
Damrosch, David 159n
Defoe, Daniel 150

INDICE DEI NOMI

Delbo, Charlotte 16, 46, 46n, 109, 111–112, 111n, 154
Del Boca, Angelo 152n
Della Rocca, Roberto 155n, 160, 161
De Chiara, Ghigo 191
De Donato, Agnese 195n
De Matteis, Carlo 154, 182n
De Monticelli, Roberto 192
De Rogatis, Tiziana 160n
De Toma, Vincenzo 188
Derrida, Jacques 47
Desiato, Luca 154
Destefani, Sibilla 144, 164
Di Brizio, Giuseppe 153
Di Prospero, Graziella 196
Di Segni, Noemi 82
Dieckmann, Hans 134, 135
D'Intino, Franco 157n
Dolfi, Anna 128n, 182n
Dostoevskij, Fyodor 70
Druker, Jonathan 15, 53n
Duffy, Helena 24
Duprè, Natalie 157, 157n
Duranti, Francesca 79n
Duras, Marguerite 205

E
Eichmann, Adolph 72, 120
Elsner, Gianni 194
Endre, Ady 126n

F
Fabietti, Ugo 85
Falchi, Donatello 188
Fanning, Ursula 44, 58, 58n
Faulkner, William 70
Ferrante, Elena 78, 80, 83n, 84n
Ferréol, Andréa 205n
Fleury, Emmanuel 112
Fleury, Marie-Thérèse 112
Forché, Carolyn 125n
Fogu, Claudio 152n
Fortini, Laura 193n, 194n

Foucault, Michel 82n, 83, 84
Fournier Pellault, Hélène 111
Franchetti, Sara 188
Franco, Luca 187n
Frank, Anna 149–151
Frénaud, André 139
Freud, Sigmund 44n, 47, 54
Frosini, Deanna 194, 196

G
Gaiga, Silvia 107, 108, 145, 165
Garloff, Katja 216, 219
Garrone, Nico 187n, 201
Geerts, Walter 128n, 143
Gelmetti, Gianna 194, 196
Genette, Gérard 137n, 140, 143
Giacomoni, Paola 86
Giani Gallino, Tilde 143
Gillio, Gian Mario 47, 59
Gilmore, Leigh 46n, 59
Ginzburg, Natalia 151, 192
Giorgio, Adalgisa 10, 14–15, 16, 23, 26–27, 30, 39–40, 44n, 47n, 52n, 59, 72, 92n, 93, 104, 104n, 107, 134, 143
Giulietti, Federica 195
Gnisci, Armando 91
Gnoli, Antonio 104, 106
Goda, Norman J. W. 40
Goffman, Erving 81, 85, 87
Gordon, S. C. Robert 9, 19, 110, 123, 151, 154, 163
Gorrara, Claire 19, 39, 59, 107, 143
Gregg, Melissa 10, 19
Grieco, Giuseppe 191, 201
Guarnieri, Anna Maria 198
Guida, Elisa 92n, 93, 104n, 107, 127n, 143, 215, 219

H
Heinemann, Marlene E. 27, 30, 40, 158, 163
Heller, Agnes 10, 19
Herman, Judith Lewis 24–25, 40, 50n, 56, 60

INDICE DEI NOMI

Hirsch, Marianne 24n, 34, 37, 40, 55, 55n, 60
Horowitz, Sara 24, 24n, 40, 158, 164
Hosmer, Robert 128, 143

I
Illyés, Gyula 126n, 128, 143
Ionesco, Eugène 175, 184
Irigaray, Luce 76, 78, 78n, 79, 81n, 87

J
Jacob, Denise 113, 114
Jacob, Milou 113, 114
Jaeggy, Fleur 148
Janeczek, Helena 34, 148
Jankélévitch, Vladimir 8, 20
Jansen, Monica 107, 108, 145, 157, 163, 165
Jarre, Marina 148
Jay, Paul 159, 164
Jervis, John 10, 20
Jouve, Pierre Jean 128n
József, Attila 126n, 127-128, 131-132, 132n, 133, 135, 137, 142, 143, 160
Jung, Carl Gustav 134, 143

K
Kafka, Franz 70
Kansteiner, Wulf 163
Kavafis, Constantinos 128n
Kelso, Thomas 41
Kertész, Imre 110, 117, 123
Knott, Marie Luise 73
Kosztolányi, Dezső 126n
Kremer, S. Lillian 10, 20, 23, 24, 40, 158n, 164

L
LaCapra, Dominick 24, 41, 45, 46, 55, 60
Lahiri, Jhumpa 148, 159, 160n, 165
Laforgue, Jules 128n
Lanslots, Inge 157, 163

Lavagetto, Andreina 186
Lawrence, David Herbert 205
Leavitt, Charles 152, 164
Lebow, Richard Ned 163
Leiris, Michel 173n
Lejeune, Philippe 173n, 184, 185
Lenzi, Enrico 81n, 87
Lessing, Gotthold Ephraim 70
Levi, Primo 8-10, 16, 20, 55, 56, 62, 63, 70, 73, 81n, 87, 104, 107, 111, 123, 125, 125n, 129, 129n, 143, 144, 151, 152, 154, 155, 160, 162, 164, 165
Levis Sullam, Simon 37n, 41, 151, 152n, 164
Lombardo, Patrizia 10, 20
Lourie, Margaret 24n, 41
Lucamante, Stefania 10, 20, 24, 25, 41, 81, 87
Luckhurst, Roger 50n, 60
Luperini, Romano 156, 156n
Luzi, Mario 9
Luzzatto, Sergio 158

M
Maida, Bruno 109, 123
Magris, Claudio 160, 164
Magro, Fabio 91n, 175, 184
Mancini, Andrea 202
Manetti, Giuliano 194
Maraini, Dacia 84n, 87, 187, 188, 193, 193n, 200, 201, 202
Marchese, Lorenzo 129n, 144
Marconato, Nadia 109, 110, 123
Mariani, Anna Maria 178n, 184
Marinello, Maria 113, 123
Marsili Libelli, Piero 187n, 202
Martínez Garrido, Elisa 87, 107, 144, 219
Marzano, Michela 81, 81n, 83, 87
Marzot, Vera 188, 198, 201
Matera, Vincenzo 85, 86
Mattioda, Enrico 151, 164
Mattucci, Natascia 15, 61, 64, 71, 73

INDICE DEI NOMI

Mauceri, Maria Cristina 92, 107, 159n, 164
Mauro, Walter 152, 164
McKane, Richard 125n, 143
Melandri, Lea 83, 87, 88
Melville, Herman 70
Mengaldo, Pier Vincenzo 91, 93, 93n, 96, 104, 107
Merola, Nicola 156, 156n, 164
Meschini, Michela 16, 17, 39, 58, 65, 73, 74, 76, 80, 81, 81n, 85n, 86, 87, 92n, 107, 126, 127, 129, 135n, 142, 144, 169n, 171, 173, 175, 176, 179, 184, 185, 201, 215, 219
Metz, Christian 206
Mihăileanu, Radu 207
Millu, Liana 16, 41, 53, 59, 60, 107, 110, 117, 123
Mirabella, Michele 188
Missika, Dominique 114, 123
Monferrini, Michela 170n, 185
Monicelli, Mario 205
Montale, Eugenio 153, 164, 174n
Moravia, Alberto 188n, 189, 192, 202
Mordenti, Raul 126, 144, 179n, 185
Moriconi, Valeria 205n
Mortara Di Veroli, Elèna 149n, 155n, 164
Motta, Attilio 16, 127n, 147n
Muraro, Luisa 77, 87
Murrali, Eugenio 18, 187n, 193n, 202, 203n

N
Nannicini, Chiara 16
Nari, Aline 202
Neiger, Ada 86
Neumann, Erich 76, 78, 79, 79n, 80, 87, 134, 144
Nero, Franco 205n, 211
Nobili, Giuliana 85
Nussbaum, Martha C. 10, 20

O
Ofer, Dalia 10, 20, 158n, 164
Onofri, Massimo 156n, 164
Orecchia, Donatella 188, 202

P
Padoan, Daniela 91, 107
Padovani, Gianfranco 188
Page, Christiane 111n, 123
Pagis, Dan 125
Pagliarani, Elio 191, 192, 197, 202
Pandini, Attilio 152, 164
Panizzi, Letizia 158
Pankhurst, Emmeline 18, 187, 198, 201
Pankhurst, Richard 198
Papa Francesco (Papa Bergoglio) 12, 81, 83, 86, 87, 127, 127n, 132, 142, 170n, 184
Parati, Graziella 148n, 164
Pascoli, Giovanni 174n
Pasolini, Pier Paolo 189, 202
Pavoncello, Gloria 37, 37n, 41
Pedulla, Gabriele 158
Peitsch, Helmut 19, 39, 59, 107, 143
Pelligra, Biagio 195, 205n
Pepe, Tommaso 129, 144
Petőfi, Sándor 126, 135, 138, 138n, 144
Petrignani, Sandra 185
Pessoa, Fernando 116, 128, 128n, 143
Pietrangeli, Antonio 216
Pigna, Alfredo 149, 165
Piredda, Giorgio 195n
Placido, Beniamino 212, 219
Polezzi, Loredana 160, 162
Pontecorvo, Gillo 205, 213n
Portinari, Folco 155, 165
Pressburger, Giorgio 148
Pulga, Mirka 193n, 202

Q
Quadri, Franco 192

INDICE DEI NOMI

R
Raboni, Giovanni 61, 74, 176
Radnóti, Miklós 125, 126n, 127, 128, 128n, 135, 140n, 144
Radstone, Susannah 40
Rank, Otto 45, 45n, 55, 60
Révész, László B. 199, 210
Ricci, Mario 187, 201
Riccò, Giulia 160, 162
Ricœur, Paul 11, 20, 174n, 178, 178n, 185
Rigotti, Francesca 45, 60
Rilke, Rainer Maria 180, 186
Risi, Dino 170, 205
Risi, Nelo 18, 25, 29n, 41, 85n, 104, 127, 128, 128n, 135, 139, 140n, 143, 144, 149, 182, 192, 199, 203, 205, 206
Romani, Gabriella 17, 38, 41, 58, 84, 88, 93, 103n, 107, 160n, 162, 165, 169, 171n, 184, 185, 210, 219
Romeo, Caterina 148, 165
Rondeaux, France 112
Rondini, Andrea 73
Rooy, Ronald de 172n, 174n, 184
Rosato, Italo 129n, 144
Rose, Jacqueline 38, 41
Rossanda, Rossana 83, 88
Rosselli, Aldo 154, 155, 165, 194, 195, 197, 202
Rosselli, Giacomo 205
Roth, Philip 160
Rudolf, Anthony 125, 145
Rusconi, Marisa 150, 165
Rye, Gill 38, 41

S
Sabel, Valeria 195
Sachs, Nelly 125n
Šalamov, Varlam Tichonovič 62–63, 74
Sambuco, Patrizia 78, 82, 85, 88
Sanfilippo, Marina 24–25, 41, 92–93, 107
Santoni, Claudia 61, 73

Sanvitale, Francesca 26, 76, 77n, 78, 82, 83n, 84n, 86, 88
Scabini, Eugenia 77, 88
Sciacovelli, Antonio 123
Scalfi, Saviana 188, 193, 194
Scholem, Gershom 72
Schwartz, Howard 126n, 145
Schwarz, Bill 40
Ségeral, Nathalie 24, 41
Segre, Anna 37, 37n, 41
Segre, Cesare 129, 144
Seigworth, Gregory J. 10, 19
Sellari, Francesco 52n, 60
Selvatico Estense, Dianella 153, 165
Serino, Chiara 188, 198
Serkowska, Hanna 185
Sica, Paola 160, 160n, 165
Silvi, Maria Grazia 193, 202
Simenon, Georges 70
Smith, Valerie 24n, 40
Sonnino, Piera 115, 123
Sontag, Susan 205
Spagnoletti, Giacinto 150, 165
Spark, Muriel 128, 128n
Speelman, Raniero 107, 108, 145, 165
Spitzer, Leo 34, 40
Springer, Elisa 92, 107, 145, 165
Stanton Domna 24n, 41
Steffan, Paolo 126, 145, 171n, 175, 185
Stephens, Carmelle 27, 41
Strehler, Giorgio 188n
Swanson, Gloria 214

T
Tabucchi, Antonio 128, 128n
Tarabbia, Andrea 37n, 41
Tarkovskij, Andrei 211
Tedeschi, Giuliana (Giuliana Fiorentino Tedeschi) 59, 117, 123
Tellini, Gino 148n, 158, 165
Todorov, Tzvetan 62, 63, 74, 151, 165

INDICE DEI NOMI

Tolusso, Fulvio 188n
Tomassucci, Giovanna 58

U
Ungaretti, Giuseppe 174n
Urban, Maria Bonaria 157

V
Vallejo, César 127, 135
Vanon, Clemente 165
Vazzoler, Franco 202
Veil, Simone (Simone Jacob) 109, 113, 114
Versoni, Umberto 188
Vertovec, Steven 159, 165
vice 192
Vicinus, Martha 24n
Villa, Cristina 92, 92n, 107–108, 127, 145, 165, 215, 219
Villon, François 170n
Virdia, Ferdinando 153, 166
Vogelmann, Daniel 60

W
Watts, Stephen 125n, 143
Waxman Zoë Vania 25, 41

Webster, Brenda 215
Weitzman, Lenore J. 10, 20, 158n, 164
Wesker, Arnold 190
Wiesel, Elie 46, 51, 60
Wieviorka, Annette 11n, 172, 182n
Wilcock, Juan Rodolfo 148, 191, 202
Wilder, Billy 214
Winkler, Angela 205n, 209
Wood, Sharon 158

Y
Yanoff, David 162

Z
Zaccagnini, Edoardo 187n
Zaccuri, Alessandro 127n
Zambrano, Maria 80
Zanini, Luca 154
Zancan, Marina 75n, 78, 88
Zatelli, Ida 169n
Zavattini, Cesare 205, 206

233

www.ingramcontent.com/pod-product-compliance
Lightning Source LLC
Chambersburg PA
CBHW052018290426
44112CB00014B/2293